Bertram Salzmann · Eiserne Wege

Bertram Salzmann

Eiserne Wege

Die deutsche Nachkriegszeit (1945–1948) im Spiegel des literarischen Eisenbahnmotivs

M&P
VERLAG FÜR WISSENSCHAFT
UND FORSCHUNG

Die Deutsche Bibliothek – CIP-Einheitsaufnahme

Salzmann, Bertram:
Eiserne Wege : die deutsche Nachkriegszeit (1945 - 1948) im Spiegel des literarischen Eisenbahnmotivs / Bertram Salzmann.
– Stuttgart : M und P, Verl. für Wiss. und Forschung, 1994
ISBN 978-3-476-45057-9

ISBN 978-3-476-45057-9
ISBN 978-3-476-04214-9 (eBook)
DOI 10.1007/978-3-476-04214-9

M & P Verlag für Wissenschaft und Forschung
ein Verlag der J. B.Metzlerschen Verlagsbuchhandlung und
Carl Ernst Poeschel Verlag GmbH in Stuttgart

Ursprünglich erschienen bei J.B. Metzlersche Verlagsbuchhandlung und Carl Ernst Poeschel Verlag GmbH in Stuttgart 1994

Inhalt

Wir sind, mit dem irdisch befleckten Auge gesehn, in der Situation von Eisenbahnreisenden, die in einem langen Tunnel verunglückt sind, und zwar an einer Stelle, wo man das Licht des Anfangs nicht mehr sieht, das Licht des Endes aber nur so winzig, daß der Blick es immerfort suchen muß und immerfort verliert, wobei Anfang und Ende nicht einmal sicher sind. Rings um uns aber haben wir in der Verwirrung der Sinne oder in der Höchstempfindlichkeit der Sinne lauter Ungeheuer und ein je nach der Laune und Verwundung des Einzelnen entzückendes oder ermüdendes kaleidoskopisches Spiel.

Franz Kafka

I. ANBAHNUNG

Statt eines Fahrplans

„Nur für Regierungsvertreter", steht an dem Eisenbahnwagen, mit dem ein unter dem Pseudonym ‚Wendulin' publizierender Reporter der Nachkriegszeit 1947 durch Deutschland reist. Die Menschen, die in und auf dem völlig überfüllten Zug keinen Platz mehr finden, reagieren auf die Privilegierung der Politiker mit wütendem Protest:

> Als wir in Ulm hielten, war es längst Nacht geworden. Aus unserem Wagen als dem einzigen im Zuge fiel das Licht durch die vorhanglosen Fenster. Es zog die Menge der Reisenden an, die auch hier zurückbleiben mußten. Ein fauler Apfel, mit Schwung geworfen, zerplatzte auf der Scheibe unseres Abteils, und die Verwünschungen steigerten sich derart, daß ich den Schaffner suchen ging, um ihm zu sagen, er möge während des Aufenthaltes in den Stationen das Licht ausmachen. Das von der wütenden Menge meistgebrauchte Schimpfwort war: „Demokratie!".[1]

Als am 5. Oktober 1990, auf den Tag genau 43 Jahre nach dem Erscheinen der zitierten Reportage in der wohl wichtigsten Zeitschrift der Nachkriegszeit, dem von Alfred Andersch und Hans Werner Richter herausgegebenen *Ruf*, der Eisenbahnwaggon der ersten deutschen Bundeskanzler ins Untergeschoß des künftigen „Hauses der Geschichte" in Bonn eingesenkt wird, sind die Apfelreste abgewischt, und das einstige Schimpfwort der Abgehängten – „Demokratie!" – ist in der eingedeutschten Form „Wir sind das Volk!" zum Schlagwort der Angeschlossenen avanciert.

---

1 Wendulin: Äpfel und Ministerialräte. Ein Reisebericht. In: Der Ruf. Nr. 20 (5.10.1947). S. 4. Zitiert nach: In Deutschland unterwegs. Reportagen, Skizzen, Berichte 1945–1948. Hg.v. K.R. Scherpe. Stgt., 1983. S. 93f.

Politikern war das Ereignis am „Ende der Nachkriegszeit" willkommener Anlaß, die enge Bindung der deutschen Geschichte und Politik zur Schiene zu betonen. Dabei bemühten sie allerdings eher nostalgische Erinnerungen als Fakten von wirklich politischer Relevanz. Wer gedachte schon der Komplizenschaft der Bahn bei der Judendeportation während des „Dritten Reiches"? Und wer erinnerte sich im Januar 1991 daran, daß England den so umstrittenen Prozeß der Staatengründung Kuwaits seinerzeit vor allem eingeleitet hatte, um dem Bau der Eisenbahnlinie Berlin-Bagdad-Kuwait durch das eben unter Bismarck vereinigte Deutschland einen Riegel vorzuschieben?[2] – Der Prunkwaggon der deutschen Bundeskanzler ist nur ein Beispiel für die Verflechtung von deutscher Politik und Eisenbahnwesen, allerdings in der Tat ein sehr eindrucksvolles. Im Jahre 1937 für Hermann Göring gebaut, 1945 von den Alliierten beschlagnahmt, ab 1949 dann von den deutschen Kanzlern genutzt, ist er ein „Prunkstück deutscher Eisenbahngeschichte" und gleichzeitig ein „Symbol der Kontinuität ohne ‚Stunde Null'!"[3]

Damit ist ein wesentliches Stichwort für die vorliegende Arbeit gefallen. Allerdings muß der Terminus „Stunde Null" als Variable einer Erfahrung begriffen werden, die für die Zeitgenossen nicht immer mit dem 8. Mai 1945 zusammenfiel, sondern vielmehr je nach Schicksal in den ersten Nachkriegsjahren zu ganz unterschiedlichen Zeitpunkten gemacht wurde. Das Intervall von 1945–48, also die Zeit zwischen Kapitulation und Währungsreform bildet als unmittelbare Nachkriegszeit den geschichtlichen Rahmen dieser Erlebnisse.[4] Auf dem Hintergrund der zunehmenden Spannungen unter den Alliierten als dynamische Entwicklung zu verstehen, war sie doch in der Alltagsrealität der Menschen aller Zonen weitgehend einheitlich. Der Eindruck allgemeiner Zerstörung, die Sorge um die täglichen Bedarfsgüter, Wohnungsnot und Flüchtlingsprobleme blieben –

2 Vgl. Mohssen Massarrat: Der Golfkrieg. Historische, poltische, ökonomische und kulturelle Hintergründe. In: Nachgedanken zum Golfkrieg. Hg.v. G. Stein. Heidelberg, 1991. S. 30.

3 Friedrich W. Husemann: Beredte Zeugen von Jubel und Jammer. In: Deutsches Allgemeines Sonntagsblatt. Nr. 26 (28.6.91). S. 32.

4 Vgl. Harry Pross: Dialektik der Restauration. Ffm., 1965. S. 59: „‚Die Währung' wurde zum eigentlichen Jahr Null der neueren deutschen Geschichte."

trotz der Unterstützung des Marshall-Plans für die Westzonen ab Sommer 1947 – bis 1948 bestimmend. Im Zusammenhang dieser Erfahrungsmuster kommt der Eisenbahn ihre zeitspezifische Bedeutung zu.

Indem die vorliegende Arbeit diese Bedeutung anhand von Texten der deutschen Literatur untersucht, die die Situation in Deutschland unmittelbar nach dem Ende des Zweiten Weltkriegs zum Gegenstand haben, will sie freilich nicht nur als Museumsführer fungieren. Vielmehr ist mit ihrem Thema zugleich implizit schon eine These formuliert, die über das Interesse, das der Zeitgeschichtler Texten über das Eisenbahnfahren entgegenbringen mag, entschieden hinausweist. Wer nämlich die Darstellung dieses Zeitraums in der Literatur unter dem zweifellos eingeschränkten Blickwinkel des Eisenbahnmotivs untersuchen will, muß zur Legitimation seines Vorhabens davon ausgehen, daß die literarische Verarbeitung der Nachkriegszeit im Hinblick auf Themen, Motive und möglicherweise sogar hinsichtlich ihrer Poetik in wesentlicher und spezifischer Weise durch den Komplex der Bahn geprägt ist. Eine solche Abhängigkeit anhand von Texten über Eisenbahnfahrten im Nachkriegsdeutschland zu belegen, hat sich diese Arbeit in der Tat vorgenommen. So wenig dabei an einschlägiger Primärliteratur ein Mangel herrscht, so dürftig war doch bisher das motivspezifische Interesse der Literaturwissenschaft. Einer der wenigen, die sich im Fahrplan der Eisenbahnliteratur auskennen, ist Johannes Mahr, der in seiner mit Gedichten reich illustrierten Geschichte des Eisenbahnmotivs in der deutschen Literatur bis zum Expressionismus verheißt:

> Zugfahrten im Nachkriegsdeutschland – dies ist ein Thema, für das sich der Sammelaufwand lohnte. Es käme bei der Darstellung weniger darauf an, das Bild der Eisenbahnen herauszuarbeiten, das die Texte zeichnen. Die Leute waren viel zu beschäftigt mit sich selbst, als daß sie auch noch groß auf das Verkehrsmittel hätten achten können. Entscheidend wäre die Analyse des Bewußtseins jener, die im Zug fuhren.[5]

Bewußtseinsanalyse von Eisenbahnreisenden – das klingt wie Inspektion eines fahrenden Autos. Doch zum Glück war, wie zu zeigen sein wird, den Eisenbahnreisenden der Nachkriegsjahre ihr Verkehrsmittel durchaus nicht so gleichgültig wie es Johannes Mahr hier auf den ersten

---

5 Johannes Mahr: Eisenbahnen in der deutschen Dichtung. Der Wandel eines literarischen Motivs im 19. und im beginnenden 20. Jahrhundert. Mchn., 1982. S. 266.

Blick erscheint. Wenn also auch die Fahrpläne und Kursbücher der Zeit verloren sein mögen, so müssen wir doch weder auf schöngeistige Oden zurückgreifen, die Hans Magnus Enzensberger dem Verdikt unterwarf, so viel ungenauer zu sein,[6] noch auf psychologische Gutachten. Lesen wir stattdessen lieber die vorliegenden Texte über Bahnreisen nach 1945, die fast immer auch Texte über die Bahn sind. Sie ermöglichen sowohl Rückschlüsse auf das Bewußtsein derer, die dieses Verkehrsmittel benutzten, wie auch auf deren Bild von der Bahn.

Wie aber, so stellt sich sofort die Frage, läßt sich aus den Reiseberichten der Bewußtseinszustand der Reisenden rekonstruieren? Und wie kann man aus der Fülle ihrer dokumentierten Erlebnisse Erkenntnisse über die spezifische Rolle des Eisenbahnmotivs herausfiltern? – Ein Bericht, den Hermann Kasack in einem Brief vom 18. November 1945 über Eisenbahnfahrten in Nachkriegsdeutschland gibt, vermag hier erste Hinweise zu geben. Kasack arbeitete als Verlagslektor bei Peter Suhrkamp in Berlin und fuhr fast täglich mit der Bahn von seiner Heimatstadt Potsdam in die zerstörte Metropole. Bereits im Herbst 1944 hatte er in der *Neuen Rundschau* eine fingierte Erzählung unter dem Titel *Das Birkenwäldchen* veröffentlicht.[7] Dieser Text gab sich vordergründig als die harmlose Betrachtung eines Bahnreisenden, der auf der Strecke Potsdam-Berlin ein – tatsächlich existierendes – Birkenwäldchen passiert; er enthielt aber gleichzeitig verschlüsselte Nachrichten an Suhrkamp, der als politischer Häftling bei der GeStaPo einsaß und gelegentlich die eigentlich von ihm selbst herausgegebene *Rundschau* lesen durfte. Auch Kasacks 1947 erschienener, allegorischer Zeitroman *Die Stadt hinter dem Strom* beginnt mit einer von den Bahnfahrten des Autors inspirierten Passage: „Als der Zug die Geschwindigkeit verminderte und langsam über die große Flußbrücke fuhr, die unmittelbar vor der Endstation lag, trat Robert an das Fenster des Abteils und warf noch einen Blick auf das zurückliegende Land. Endlich am

---

6 Vgl. Hans Magnus Enzensberger: Ins Lesebuch für die Oberstufe. In: H.M.E.: Die Gedichte. Ffm., 1983. S. 81.

7 Hermann Kasack: Das Birkenwäldchen. In: H.K.: Mosaiksteine. Beiträge zu Literatur und Kunst. Ffm., 1956. S. 377–395.

Ziel!"[8] Das hohe Reflexionsniveau des Bahnreisenden Kasack, von dem diese literarischen Zeitdokumente zeugen, prägt nicht weniger den folgenden, zeitlich dazwischen liegenden Bericht:

> [...] will man nicht um fünf Uhr aufstehen, um um sechs zu reisen, so steht man um zehn Uhr auf dem zugigen Bahnsteig Charlottenhof, wartet anderthalb Stunden auf den „Vorortzug" aus Werder, der wegen der eingleisigen Strecke erst einen Güterzug im Gegenverkehr passieren lassen muß, erklimmt dann einen Platz in einem alten Personenzugwagen, der weder Fenster noch Frontaltüren hat. Man fährt natürlich dritter Klasse, denn in den beiden Wagen, die noch deutlich das Schild II. Klasse tragen, besteht überhaupt keine Sitzgelegenheit, weil nur noch das ganz niedrige Holzgestell vorhanden ist, während die Polsterbank und der Polsterrücken fort-organisiert sind. Der Zug hält sich in weiteren anderthalb Stunden bis Wannsee durch – denn er hält viel auf der „freien" Strecke (früher fuhr man 17 Minuten); er hält auch auf Bahnhöfen, z.B. in Babelsberg, wo die Leute nicht vom Perron aus, sondern von den Schwellen des ehemals vorhanden gewesenen Schienenstrangs daneben hoch- und niedersteigen, oder in Ufastadt, wo kürzlich ein Viertelmeter des Bahnsteigs abgeschlagen wurde – wie abgeknabbert schaut es aus – weil irgend eine Lokomotive oder ein Wagen zu breit geladen war und man ihm auf diese einfache Weise Durchlaß schaffen mußte. Bei jedem Halten des Zuges auf der Strecke ist man von skeptischer Erwartung erfüllt, ob sich etwa die Szenerie eines Wildwest-Bilds entwickelt – in Ufastadt sind ja bekanntlich Filmateliers – oder ob die Maschine am Zuge bleibt.[9]

Kasacks Bericht bildet den Hintergrund, auf dem weitere Texte zu lesen sein werden. Er vermittelt in aller Anschaulichkeit einen Eindruck von den mit der zeitgenössischen Eisenbahnreise verbundenen Problemen und zeigt zugleich schon eine Vielzahl typischer Merkmale, auf die noch zurückzukommen sein wird – beispielsweise das Trümmermotiv, die Konzentration auf den fehlenden Komfort oder die radikale Privilegierung der Bahn, der auch ein zu breiter Bahnsteig kurzerhand geopfert wird. Zunächst ist jedoch vor allem auf die beiden, für die Beschreibung des Autors entscheidenden Kategorien von Raum und Zeit hinzuweisen. Sie sind, in Minuten und an Orten gemessen, Parameter der Bewegung wie des Bewußtseins. Die bekannten Haltepunkte (Werder, Charlottenhof, Babelsberg, Ufastadt, Wannsee) wecken Erinnerungen und Phantasien, die unter dem Signal ei-

8 Hermann Kasack: Die Stadt hinter dem Strom. Durchgesehene Ausgabe. Ffm., 1956. S. 7.

9 Hermann Kasack; Hans Erich Nossack: Correspondance (1945–1949). Présentée par H. Giraud. In: Recherches Germaniques 2, 1972. S. 219.

ner Zeitenwende erzwungenen Aufenthalte (anderthalb Stunden Wartezeit, anderthalb Stunden „Durchwarten", „früher fuhr man 17 Minuten") stellen dem die Bilder einer zerbrochenen und zerschlagenen Wirklichkeit gegenüber.

Jede Eisenbahnfahrt ist so eine Bewußtseinsreise durch Raum und Zeit. Was den Raum betrifft, so ist zwischen den extensiven Räumen der Reiseumgebung (Landschaft, Zuginneres) und den Bewußtseinsinnenräumen des Reisenden zu unterscheiden. Beide sind zur „Realität" einer Reise zu zählen, durch beide bewegt sich der Zugreisende zugleich und beide können von ihm wahrgenommen und literarisch dokumentiert werden. Für die faktisch-realen räumlichen Gegebenheiten hat sich in der Literaturwissenschaft der Begriff „Lokal" eingebürgert. Auf dem Hintergrund der Bewußtseinsinnenräume der in diesem Lokal befindlichen Personen – in manchen Fällen auch nur des Autors – kann es als „gestalthafter Ausdruck menschlichen Empfindens" zum sinnbezogenen, symbolischen Raum werden.[10]

Zeitreisen sind Eisenbahnreisen dagegen zunächst insofern, als sie ein Zeitintervall zwischen Abfahrt und Ankunft, legen. Wer sich dem Takt des Fahrplans und dem Rhythmus der Räder ausliefert, beginnt deshalb eine Reise *durch* die Zeit – und zwar auch hier durch seine eigene und durch die seiner Umwelt. Er er-fährt Zeit: zunächst als Zeit seines persönlichen Erlebnisraumes „Gegenwart", der durch die Reise und ihre Ereignisse bestimmt wird. „Gegenwart" in einem anderen Sinne ist sie für ihn als Zeit eines kollektiven Erlebnisraumes, der in den Erinnerungsraum „Geschichte" eingebettet ist. Und schließlich erfährt er Zeit als Zeit des Existenzraumes „Welt", die in ihrem kosmisch-abstrakten Charakter als „die Zeit" schlechthin erscheint. Günther Eich, von dem in dieser Arbeit noch mehrfach die Rede sein wird, hat in seiner Rede über den Schriftsteller vor der Realität davon gesprochen, daß seiner Meinung nach das Unbehagen an der Wirklichkeit in dem liege, was man Zeit nennt, und dies mit der Absurdität des Gedankens begründet, daß der Augenblick, in dem er dies

10 Herman Meyer: Raumgestaltung und Raumsymbolik in der Erzählkunst. In: Landschaft und Raum in der Erzählung. Hg.v. A. Ritter. Darmstadt, 1975. S. 211.

sage, sofort der Vergangenheit angehöre.[11] Das Erlebnis solcher Flüchtigkeit ist eine besondere Erfahrung der Eisenbahnfahrt, da bei ihr Bewegung durch die Zeit und Bewegung durch den Raum miteinander korrespondieren, und diese Korrespondenz sinnfällig und bewußt wird.

Wenn aber bereits hier eine gewisse Abhängigkeit von Bewegung und Bewußtsein erkennbar wird, dann liegt es nahe zu vermuten, daß jeder der genannten Zeitdimensionen auf Seiten des Reisenden ein bestimmter Bewußtseinszustand entspricht. Im ersten Fall richtet sich das Bewußtsein an den unmittelbaren Realitäten der Reise aus, im zweiten Fall an der Bedeutung solcher Realitäten im Gesamtzusammenhang der Lebensverhältnisse und im dritten Fall an der Dimension der „Zeit an sich" als Rahmen aller geschichtlichen Lebensverhältnisse. Zwischen den einzelnen Dimensionen der Zeit kann sich der Reisende in seinem Bewußtsein hin und her bewegen – im Gegensatz zu anderen Lebenssituationen mit Muße und ohne Zwang, denn er *hat* Zeit: Reisezeit. Sie ist, nur durch die Fixpunkte von Abfahrt und Ankunft begrenzt, eine freie „Zwischenzeit". Gerade unter diesem Aspekt muß Wolfgang Minaty widersprochen werden, der im Vorwort zur Anthologie *Die Eisenbahn* bemerkt:

> Was in der Zeit nach dem I. Weltkrieg schon vorgezeichnet war, nämlich daß die Eisenbahn als literaturspezifischer Gegenstand zwar noch Beachtung gefunden, aber als literaturfähige Metapher weitgehend ausgedient hatte, schien sich nach der sogenannten Stunde Null zu wiederholen. Die Beseitigung der Trümmerlandschaften, der Aufbau neuer familiärer, ökonomischer und politischer Ordnungen, der Aufschwung im Individualverkehr machten die Eisenbahn – literarisch gesehen – uninteressant.[12]

Minaty übergeht und unterschlägt sechs wichtige Jahre „Eisenbahnliteratur", wenn er postuliert, erst Friedrich Dürrenmatt hätte „mit seiner phantastischen Erzählung *Der Tunnel* (1951) die Eisenbahn literarisch wieder gebrauchsfähig"[13] gemacht. Seine Behauptung läßt sich anhand der hier betrachteten Texte eindeutig widerlegen. Zum einen sind gerade

11 Vgl. Günter Eich: Der Schriftsteller vor der Realität. In: G.E.: Gesammelte Werke in vier Bänden. Rev. Ausg. Bd. IV: Vermischte Schriften. Hg.v. A. Vieregg. Ffm., 1991. S. 613.

12 Die Eisenbahn. Gedichte, Prosa, Bilder. Hg.v. W. Minaty. Ffm., 1984. S. 28.

13 Die Eisenbahn. A.a.O. S. 28. – Zu Dürrenmatts Erzählung vgl. das Kapitel IV.1 dieser Arbeit.

Trümmerlandschaft, soziale Desintegration und ökonomischer Notstand nach 1945 Kollektiverfahrungen, die in untrennbarem Zusammenhang mit der Rolle des Eisenbahnwesens dieser Zeit stehen. Zum anderen ist nach dem oben Erläuterten deutlich, daß die Menschen der Nachkriegszeit, geprägt „durch das Bewußtsein in einer ‚Zwischenzeit' zu leben",[14] in besonderer Weise für das Bild der Eisenbahnreise offen sein mußten. Es ist ein Leichtes, zu zeigen, daß die Eisenbahn und ihre Erlebnisumgebung somit durchaus als „literaturfähige Metapher" der Zeit betrachtet werden kann und auch entsprechend verwendet wurde. Um der übertragenen Bildlichkeit des Eisenbahnmotivs etwas abgewinnen zu können, tut man allerdings gut daran, zunächst die konkreten Bilder der Nachkriegszeit zu betrachten.

„Wir müssen von Texten ausgehen, auf die Literarhistoriker sonst kaum achten, von Broschüren und Zeitungsartikeln".[15] So leitet Johannes Mahr seine Textuntersuchung über „literarische Eisenbahnen" ein. Er meint damit die Publizistik der zwanziger und dreißiger Jahre des 19. Jahrhunderts. Obwohl die vorliegende Arbeit die Situation mehr als ein Jahrhundert später zum Thema hat, läßt sich dieser Leitsatz dennoch fast wörtlich übernehmen. Auch hier stammt die Textbasis zunächst aus dem journalistischen Bereich, genauer: aus der Reportageliteratur. Klaus R. Scherpe hat untersucht, was die zwar nicht rasenden, aber doch reisenden Reporter der Nachkriegspresse von der „wahrgenommenen und gedachten Wirklichkeit des erzwungenen Alltags" dokumentiert haben. „In unzähligen Varianten, die zu Stereotypen summierbar sind", findet er dabei „mehr oder weniger elaborierte Aufzeichnungen des ‚Unterwegs'".[16] Aus dieser Fülle des Materials wurde für die vorliegende Arbeit eine Auswahl getroffen. Neben der motivlichen Einschränkung auf Eisenbahnreisen war dabei vor allem das Kriterium der repräsentativen Funktion des einzelnen

---

14 Klaus R. Scherpe: Erzwungener Alltag. Wahrgenommene und gedachte Wirklichkeit in der Reportageliteratur der Nachkriegszeit. In: Hermand, Jost; Peitsch, Helmut; Scherpe, Klaus R. (Hrsg.): Nachkriegsliteratur in Westdeutschland 1945–1949. Schreibweisen, Gattungen, Institutionen. Bln., 1982. S. 58f.

15 Johannes Mahr: Eisenbahnen in der deutschen Dichtung. A.a.O. S. 25.

16 Klaus R. Scherpe: Erzwungener Alltag. A.a.O. S. 38.

Textes von Bedeutung. Zu vielen der zitierten Passagen gibt es Parallelstellen, die wichtigsten sind in den Anmerkungen genannt.

Scherpe hat in seiner Arbeit eine Vielzahl von Reportagen, die einem sozialkritischen „vertikalen Journalismus" im Sinne Tucholskys zuzurechnen sind, eingehend untersucht. Allerdings sind seine apodiktisch formulierten Werturteile über die behandelten Texte oft weniger interessant als seine Aussagen zum Status der Nachkriegsreportage selbst. Diese sieht er bestimmt durch „die Bedingungen der Zeitungs- und Zeitschriftenproduktion, die Voraussetzungen und die Fakten der gestörten gesellschaftlichen Kommunikation und die Ursachen und Folgen einer restringierten politischen Öffentlichkeit".[17] Diese Restriktionen waren vor allem eine Folge der Besatzungspolitik. Bis zum Jahr 1948, in dem in Westdeutschland die Fremdherrschaft durch die „Frankfurter Dokumente" und den in ihnen enthaltenen Auftrag zur politischen Neuordnung durchbrochen wurde, stand das öffentliche Leben unter alliierter Kontrolle. Unsicherheit und Ohnmachtsgefühle, verbunden mit dem Eindruck, in einem politischen und historischen Vakuum zu leben, waren die Folge. So sehr Zukunftsangst und Vergangenheitsbelastungen das Denken prägten, so wenig erschien die Gegenwart geeignet, zwischen beiden Polen produktiv zu vermitteln. Das Erlebnis dieser umfassenden Diskontinuität prägt auf immer wieder neue Weise die Texte der Zeit.

Was die publizistische Situation betrifft, so war diese in Deutschland bis zur Währungsreform dagegen fast paradiesisch. „Etwa 150 bis 250 kulturpolitische Zeitschriften, strengste Maßstäbe vorausgesetzt, gab es damals für ein paar Jahre".[18] Aus den von Walter Dirks und Eugen Kogon herausgegebenen *Frankfurter Heften* wird in dieser Arbeit ebenso zitiert werden wie aus den liberalkonservativen Zeitschriften *Wandlung* und *Gegenwart*. Der bis 1947 unter Alfred Andersch und Hans Werner Richter erschienene *Ruf* wurde bereits erwähnt. Außerdem ist die bis heute bestehende Wochenzeitung *Die Zeit* ebenso durch ein Mitglied ihres damaligen Herausgeberkreises vertreten wie die täglich erscheinende *Frankfurter Allgemeine Zeitung* (Marion Gräfin Dönhoff und Karl Korn). Dieser umfang-

---

17 Ebenda, S. 92.

18 Dietrich Thränhardt: Geschichte der Bundesrepublik Deutschland (Neue Historische Bibliothek). Ffm., 1986. S. 42.

reichen Presselandschaft kam nach Scherpe unter anderem die Aufgabe zu, durch Alltagserzählungen und -reflexionen in Reportageform ein gesellschaftliches Kommunikationsdefizit im zerstörten und aufgeteilten Deutschland auszugleichen. Dem „Mangel an Kommunikation zwischen den Zonen“[19] wurde in Stadtportraits und Erlebnisskizzen ein „ständig wiederkehrende[r] Schematismus der vorläufigen Vergewisserung“[20] entgegengesetzt, dessen allgemein bekanntes Alltagsgesicht zur Identifikation einlud: „Die faschistische Vergangenheit wird nach Möglichkeit als abgegolten betrachtet, die Gegenwart erscheint in ihrer unfreiwilligen Lebensfülle als unerfüllte Zeit, die Zukunft wird als noch unbestimmt und rätselhaft angesehen“.[21]

Diese etwas schematisierende Epochenanalyse Scherpes soll in der vorliegenden Arbeit um das Zentrum des Eisenbahnmotivs herum aufgefächert werden. Im ersten Hauptteil geht es um die Bedeutung der Bahn für Mobilität und Mentalität der Nachkriegsdeutschen, für ihre Realitätswahrnehmung und ihre Raumerfahrung. Es werden *Anhaltspunkte* für die These gesammelt, daß literarische Verarbeitungen der Nachkriegsjahre in ihren Darstellungsinhalten und ihrer Darstellungsweise entscheidend vom Komplex der Bahn geprägt sind. Im ersten Kapitel wird – nach einer Zustandsbeschreibung des Eisenbahnwesens im Jahr 1945 – in Auseinandersetzung mit Wolfgang Schivelbuschs Studie über die *Geschichte der Eisenbahnreise* der Frage nachgegangen, welche Bedeutung die kriegsbedingten Veränderungen bei der Bahn für das Zeit-, Landschafts- und Gesellschaftserlebnis der Reisenden hatten. Anhand von Auszügen aus einer Reportage über das Leben in der amerikanischen Besatzungszone wird das Verhältnis der Deutschen zu ihrer Bahn umrissen, um danach in den Reisenotizen von Max Frisch und Alfred Döblin die davon abweichende Außenperspektive zu untersuchen.

Auf der Basis dieser Bilder werden sodann spezifische Reisesituationen der Nachkriegszeit beleuchtet und ihre literarische Beschreibung motiv- sowie mentalitätsgeschichtlich ausgewertet. Die Gliederung der Arbeit ori-

19 Vgl. Klaus R. Scherpe: Erzwungener Alltag. A.a.O. S. 92.
20 Ebenda, S. 76.
21 Ebenda.

entiert sich dabei an Themenkomplexen, die sich im Laufe der Untersuchung als zentral erwiesen haben. Das Kapitel *Fensterbilder* befaßt sich mit den spezifischen Wahrnehmungsbedingungen des Eisenbahnreisenden und den damit verbundenen Erfahrungen der Distanz, der Fremdheit und der Gebrochenheit. Mit Dolf Sternberger und Günter Eich kommen hier zwei Autoren zu Wort, die für die vorliegende Arbeit von besonderer Bedeutung sind. Sternberger kann mit seinen Reiseessays wohl als der reflektierteste „Schienenschriftsteller" der Nachkriegsjahre gelten; in Eichs Werk ist die Bahn als sinnstiftendes Motiv durch alle Gattungen hindurch integriert. Eine nicht weniger wichtige Rolle spielt das Eisenbahnmotiv in der Prosa Heinrich Bölls, dessen Erzählung *Die Botschaft* zu Beginn des dritten Kapitels als Modell für die mit der Bahn verbundenen Suche nach einer neuen Topographie vorgestellt wird. Als vierter im Bunde der Bahnpoeten kommt schließlich Wolfgang Borchert zu Wort, der die raumerschließende Funktion des Schienennetzes zum Ausgangspunkt seiner Heimkehrererzählung *Die Stadt* gemacht hat. Der erste Exkurs mit dem kriminalistisch klingenden Titel *Lokaltermine* schließt daran die Frage an, welche Rolle in den „Eisenbahntexten" der Nachkriegszeit ein Erkennen eines Ereignisses in seiner geschichtlichen Dimension spielt, das sich dem Ort verdankt. Das literarische Motiv der Eisenbahnfahrt wird hier als „Ort" geschichtlicher Erinnerungsarbeit vorgeführt, deren Gegenstand vor allem der Krieg und die Judendeportation des „Dritten Reiches" sind.

Wie auch die „Aufarbeitung" der Nachkriegsgeschichte mit dem Eisenbahnmotiv verknüpft sein kann, belegt zum Auftakt des zweiten Hauptteils die Interpretation einer Bahnfahrt-Passage aus Günter Grass' Roman *Die Blechtrommel*. Zugleich wird damit die Betrachtung literarischer Zeitdokumente eröffnet, die das Leben der Nachkriegsdeutschen am Schienenstrang wiederspiegeln. Im Anschluß an den Entwurf einer Poetik des Raumes im ersten Teil wird hier der Versuch unternommen, eine Poetik des Alltags im Nachkriegsdeutschland herauszuarbeiten. Es geht dabei um Aufenthalte in Güterwaggons und Abteilen, auf Trittbrettern und Wagendächern, zwischen Koffern und Kohlen. Das erste Kapitel ist dabei der Kategorie des Körpers gewidmet, den die Not der Nachkriegsjahre zum Maß aller Dinge machte. Komfort, Nahrung, Kleidung, Zigaretten, Sexualität sind die Themen um die sich zahlreiche Berichte und Erzählungen über Eisenbahnfahrten herumgruppieren lassen. Das Verhältnis von

Mensch und Maschine beleuchtet der zweite Exkurs mit dem Titel *Metamorphosen des Körpers*, indem er die literarische Nähe des Eisenbahnmotivs zum Bereich des Animalischen und damit verbundene Macht- und Körperphantasien behandelt.

Ganz auf die Gattung der Reportage greift wiederum das Kapitel über die *Abteilgespräche* zurück. Als wichtigster Vertreter ist hier Hans Werner Richter zu nennen, der mit seinen *Unterhaltungen am Schienenstrang* einen Programmtext zu diesem Themenbereich geschrieben hat, und überhaupt als der Schriftsteller gelten kann, der in den Jahren nach 1945 die gesellschaftliche Situation in Deutschland mit am scharfsichtigsten analysiert und am prägnantesten dargestellt hat. Mit Richter machten sich viele Autoren die Tatsache zunutze, daß die von Scherpe für die Nachkriegsreportage aufgezeigte kommunikative Funktion auch für die Eisenbahnreise zutrifft – zum einen, weil sie eine wichtige Verbindung zwischen Bekannten herstellte, die räumlich getrennt lebten, zum anderen, weil sie in ihrem Verlauf selbst eine Vielzahl kommunikativer Situationen anbot. So kann sich der reisende Reporter seinen Text weitgehend diktieren lassen. Ein einfacher Koffer im Gepäcknetz, der ihn als „einen der vielen" kennzeichnet, erschließt ihm dabei mehr Material als er, mit Stenoblock oder Tonbandgerät ausgerüstet, je hätte einfangen können. Selber „unterwegs", weiß er nicht nur wovon, sondern auch für wen er schreibt. Die so entstandenen Texte dokumentieren auf eindrückliche Weise das Denken und Empfinden der Nachkriegsdeutschen.

Von *Zügen im Zwielicht* handelt das letzte Kapitel des zweiten Teils, in dem drei Einzelinterpretationen nochmals Schlaglichter auf die Verwendungs- und Gestaltungsmöglichkeiten des Eisenbahnmotivs werfen. Neben Bölls programmatischer Erzählung *Als der Krieg zu Ende war* und Eichs Kurzgeschichte *Züge im Nebel* wird hier Marlen Haushofers Prosa *Schreckliche Treue* kommentiert – ein Triptychon, das unter dem Aspekt des *Balanceakts am Schienenstrang* zusammengestellt ist. Thema der Texte ist die Bedrohung des individuellen und gesellschaftlichen Gleichgewichts, das durch die unruhige Fahrt mit der Bahn auf jeweils unterschiedliche aber doch immer treffende Weise symbolisiert wird. Zugleich verbinden sich hier mit dem Eisenbahnmotiv metaphysische und mythische Bilder, so daß die Bedeutung der Bahn für das gesellschaftliche Leben schließlich im Mythos von der „Schicksalsmacht auf Schienen" konzentriert werden kann.

In der Zusammenschau des letzten Teils wird auf dem Hintergrund der gewonnenen Erkenntnisse versucht, die besondere Rolle, die der Eisenbahn in der Literatur der unmittelbaren Nachkriegszeit, sowie in der literarischen Moderne überhaupt als Motiv, Metapher und Mythos zukommt, insgesamt zu entfalten. Wie der Titel seines Textes *Eisenbahnen, nachmittags und nachts* deutlich macht, ist es kein Zufall, daß dabei noch einmal Wolfgang Borchert eine zentrale Stellung einnimmt. Er hat wie kein anderer die Parallelität von Bahn und Mensch im Alltag nach 1945 zugespitzt und die vielen metaphorischen Anwendungen des Eisenbahnmotivs auf die Situation im Nachkriegsdeutschland in dem einen Satz „Sie sind wie wir!" verdichtet. Hier wird deutlich, wie sehr die Eisenbahn als entscheidendes literarisches Symbol der Nachkriegszeit gelten kann, eine Bedeutung, die sie trotz der *Anschlüsse* in der bundesrepublikanischen Literatur nur hier hat.

Es ist deutlich geworden, daß sich diese Arbeit, trotz der engen Verkoppelung von Nachkriegsreportage und Eisenbahn nicht auf Reportageliteratur beschränken will und kann. Zwar liegen aus den Jahren 1945–1948 zum hier behandelten Thema nur relativ wenige Texte anderer Gattungen vor – nach einer Veröffentlichung in der Hamburger Zeitung *Die Welt* sollte die Reportage gerade „den Roman ersetzen, der noch nicht geschrieben werden"[22] konnte – und im übrigen können auch die Kurzgeschichten von Eich oder Böll ihre Nähe zur Reportage teilweise nicht verleugnen. Aber es hieße doch, den Zug mit nur einem kleinen Teil der Fahrkarteninhaber abfahren zu lassen, wollte man die Waggons derer, die ihre Texte zwar erst nach 1948 geschrieben haben, sich aber inhaltlich mit der unmittelbaren Nachkriegszeit befassen, von vornherein abhängen. Gerade die hier vorliegenden Romanausschnitte ermöglichen nicht nur weitere Einblicke in die Situation der Nachkriegsjahre, sondern auch neue Erkenntnisse über die literarischen Verwendungsmöglichkeiten des Eisenbahnmo-

---

22 Menschen und Schicksale. Dies war mein Leben. Interview mit einer „politischen Frau", Vorspann. In: Die Welt, 02.04.1946. – Zur Bevorzugung der Kurzgeschichte vor dem Roman vgl. Frank Trommler: Realismus in der Prosa. In: Tendenzen der deutschen Literatur seit 1945. Hg.v. Th. Koebner. Stgt., 1971. S. 179–275, v.a. S. 221ff.

tivs. Das gilt auch für den 1953 veröffentlichten *Eisenbahntraum* von Günter Eich, der als ein Hörspiel die Palette der Gattungen ebenso erweitert wie das noch einmal zehn Jahre jüngere Schauspiel *Der Stellvertreter* von Rolf Hochhuth.

Es muß in diesem Zusammenhang auffallen, daß die Lyrik innerhalb der untersuchten Gattungen nur am Rande vertreten ist. Das erscheint umso erstaunlicher, als in der bisherigen Forschung zum Eisenbahnmotiv die Lyrik einen eindeutigen Vorrang behauptete.[23] Anhand der Ergebnisse der Lyrikforschung zur Nachkriegszeit läßt sich dieses Phänomen allerdings sehr plausibel erklären. Gustav Zürcher stellt in seiner Untersuchung zur „Trümmerlyrik" die Gründe dafür zusammen, daß diese Gattung nach 1945 ins politische und gesellschaftliche Abseits geriet: Die Dichter der älteren Generation, die wie Werner Bergengruen, Rudolf Alexander Schröder, Reinhold Schneider, Hans Carossa und andere den Markt zunächst bestimmten, huldigten alle einem Selbstverständnis des Dichters als eines in Zurückgezogenheit von der Welt lebenden Boten, der nur durch seine Abgrenzung von der prosaischen Wirklichkeit seine lyrische Botschaft gewinnen kann.[24] Ein durchaus repräsentatives Beispiel für diese Haltung, die auch das Verschwinden des Eisenbahnmotivs erklärt, ist das bezeichnenderweise mit *Der Bote* überschriebene Gedicht Carossas, das hier auszugsweise zitiert sei:

[...]

Die Bahnen meid ich,
wo Wagen jagen,

---

23 Vgl. das Übergewicht der Lyrik bei Johannes Mahr: Eisenbahnen in der deutschen Dichtung. A.a.O. S. 57–255; vom gleichen Autor auch „Tausend Eisenbahnen hasten ... Um Mich. Ich nur bin die Mitte!". Eisenbahngedichte aus der Zeit des deutschen Kaiserreiches. In: Technik in der deutschten Literatur. Hg.v. H. Segeberg. Ffm., 1987. S. 132–173; daneben: Gerhard Rademacher: Das Technik-Motiv in der deutschen Literatur und seine didaktische Relevanz. Am Beispiel des Eisenbahngedichtes im 19. und 20. Jahrhundert. Bern, 1981. (Europäische Hochschulschriften, Reihe 1, Band 425); außerdem die Anthologien Eisenbahnlyrik. Lieder und Balladen aus dem Reich der Schienen. Hg.v. L. Denecke u. W. Brügmann. Lpz., 1905 und Das eiserne Leben. Eine Sammlung von Eisenbahngedichten aus den Werken deutscher Dichter. Hg.v. F. Swoboda. Heilbronn, 1926.

24 Vgl. Gustav Zürcher: „Trümmerlyrik". Politische Lyrik 1945–1950. Kronberg/Ts., 1977. S. 25–40.

Die reichen Märkte,
Die falschen Fragen.

[...]

Rings brennen Städte,
Rings modern Leichen.
Ich geh vorüber,
Das sind nur Zeichen,

Mich zu verstören
In meiner Seele,
Daß ich vor Kummer
Den Weg verfehle...

[...][25]

Mied also die ältere Dichtergeneration die Bahnen nach 1945 nach Möglichkeit überhaupt, um ihren Weg nicht zu verfehlen, so verlegten auch die jüngeren Poeten das flüchtige Quartier ihrer Lyrik nach Kriegsende schnell „vom Wartesaal zum Wiesenrain".[26] Die vereinzelten lyrischen „Bilanzen des Überbleibsels" (Rühmkorf), wie sie sich vor allem bei Günter Eich auch in Verbindung mit dem Eisenbahnmotiv finden,[27] werden schon bald überwuchert von den neuen Blüten einer Naturlyrik, die an Weltfremdheit den metyphysisch-geschichtslosen Werken der „Dichterboten" nur wenig nachsteht. Wenn die vorliegende Untersuchung den Bereich der Lyrik also lediglich am Rande berücksichtigt, wird damit nur ein ohnehin fast leerer Waggon abgehängt. Das Eisenbahngedicht des 19. und frühen 20. Jahrhunderts hat erst in der Mitte der fünfziger Jahre wieder Nachfolger gefunden. Dazwischen verzeichnet der Fahrplan der Nachkriegsliteratur zehn Jahre Aufenthalt auf dem Lyrik-Bahnhof einer „kleinen heilen Welt".[28]

---

25 Hans Carossa: Der Bote. In: H.C.: Sämtliche Werke. Bd. I. Ffm., 1962. S. 89.

26 Peter Rühmkorf: Das lyrische Weltbild der Nachkriegsdeutschen. In: Bestandsaufnahme. Eine deutsche Bilanz 1962. Hg.v. H.W. Richter. Mchn. u.a., 1962. S. 451.

27 Vgl. von Günter Eich v.a. die Gedichte *Ausfahrender Zug; Gleise entlang; Bahndamm; Wartesaal.* In: G.E.: Gesammelte Werke in vier Bänden. Rev. Ausg. Bd. I: Die Gedichte. Die Maulwürfe. Hg.v. A. Vieregg. Ffm., 1991.

28 Vgl. Peter Rühmkorf: Das lyrische Weltbild der Nachkriegsdeutschen. A.a.O. S. 452.

II. ANHALTSPUNKTE

Vom erfahrenen Raum

1. „Wir fahren, als wenn nichts wäre."

Entdeckung eines perpetuum mobile

Berichte über Zugfahrten in der Nachkriegszeit sind Legion. Am Schienenstrang pulsierte das alltägliche Leben in allen seinen Haupt- und Nebensächlichkeiten. Wenn der „‚Kartoffelexpress', wie die Leute den großen Hamsterzug"[1] nannten, unterwegs war, oder Güterwagen mit Kohlen durch das Land rollten, dann schlug im Takt ihrer Räder das Herz einer ganzen, ums Überleben kämpfenden Nation. Unterwegs waren die Menschen auf ihren eisernen Wegen, um Verwandte und Freunde zu suchen, um Schwarzmarktware umzusetzen, oder einfach um bei weniger gebeutelten Bekannten eine Unterkunft zu finden. Zerschossene Waggons warfen Heimkehrer und Flüchtlinge ins deutsche Chaos und auf kalte Bahnsteige, der Bahnhof wurde zum Ort der verpaßten Anschlüsse und „zum Knotenpunkt des Elends".[2] Jede „Fahrt dauerte lange. Auf jeder Station blieb der Zug stehen und wartete. Niemand wußte, worauf er wartete. [...] Autos gab es noch nicht. Die alten Vehikel, die man hin und wieder sah, stammten noch aus der Vorkriegszeit: zweitaktige DKWs zumeist."[3]

Aber auch die Eisenbahn, die all die Bewegungen der geschundenen Massen erst ermöglichte, tat dies, obwohl sie selber dazu eigentlich nicht in der Lage war. Zu sehr hatte der Krieg auch an Lokomotiven und Bahnhöfen, an Schienenwegen und Waggons seine Spuren hinterlassen.

---

1 Elisabeth Langgässer: Untergetaucht. In: E.L.: Erzählungen. Hbg., 1964. S. 336.

2 J.A. Elten: Zwischen Bahnhof und Messe. Hannover. In: Der Ruf. Nr. 22 (15.11.1947). Zitiert nach: In Deutschland unterwegs. A.a.O. S. 86.

3 Hans Werner Richter: Bruchstücke der Erinnerung. In: Literaturmagazin 7. Nachkriegsliteratur. Hg.v. N. Born u. J. Manthey. Reinbek, 1977.

„Nicht Zerstörung von industriellen Anlagevermögen, sondern die Lähmung des Transportsystems durch Luftangriffe [war] Ursache des seit Mitte 1944 zu registrierenden Rückgangs der industriellen Erzeugung“ gewesen. „Von den vier großen Engpässen der Nachkriegszeit – Wohnraum, Ernährung, Energieversorgung und Verkehr – wirkte sich der Zusammenbruch des Verkehrs wohl am entscheidendsten aus“.[4]

> Von 4000 Lokomotiven stehen mehr als 2000 mit mehr oder minder großen Schäden still. 300.000 Güterwagen sind beschädigt und stehen auf kilometerlangen Abstellgleisen. 38.000 Waggons des US-TRANSPORTATION CORPS werden in den Dienst der deutschen Eisenbahn der Westzonen gestellt. [...] Oberbauten werden schwach. Tunnels müssen ausgebessert, Brücken instandgesetzt, Signalleitungen verbessert werden, es gibt kein Material, keine Facharbeiter. Aber die Eisenbahngewerkschaft droht mit Streik, wenn die früheren NS-Bahnräte und Verwaltungsorganisationen nicht entfernt werden können.
> An der Eisenbahn hängt das Leben der US-Zone.[5]

Was sich hier zunächst wie ein Bericht der Reichsbahn liest, stammt aus einer äußerst differenzierten Reportage von Kurt Joachim Fischer über das Leben in der amerikanischen Besatzungszone. Dies Wissen vorausgesetzt, fallen die umfangreichen statistischen Angaben und die detaillierte Problembeschreibung auf. Die Krise der Nachkriegszeit will Fischer exemplarisch an der Situation des Eisenbahnwesens verdeutlichen. Aber was sagen die Zahlenangaben über das Maß der Beschädigung an Waggons und Lokomotiven eigentlich aus angesichts einer allgegenwärtigen Ruinenlandschaft? Geht die Erwähnung von Material- und Arbeitskräftemangel über das hinaus, was jeder zeitgenössische Leser sowieso täglich erlebte? – Wenn man verstehen will, was die Zerstörungen im Eisenbahnwesen nach 1945 für das Leben bedeuteten, dann tut man gut daran, sich nochmals etwa 100 Jahre zurückzuerinnern, an die Zeit nämlich, da die Eisenbahn ihren Siegeszug durch Deutschland begann.

---

4 Eberhard Jäckel: Geschichtliche Grundlagen der BRD. In: Theodor Eschenburg: Jahre der Besatzung 1945–1949. (Geschichte der BRD, Bd. I). Stgt., Wiesbaden, 1983. S. 64.

5 Kurt J. Fischer: US-Zone 1947. In: Die Stunde Eins. Erzählungen, Reportagen, Essays aus der Nachkriegszeit. Hg.v. B. Schmidt u. H. Schwenger. Mchn., 1982. S. 84; zur Situation des Eisenbahnwesens in Deutschland in der „Stunde Null“ vgl. auch: Deutschland 1945. Alltag zwischen Krieg und Frieden in Berichten, Dokumenten und Bildern. Hg.v. K.-J. Ruhl. Darmstadt, 1984. S. 199f.

Wolfgang Schivelbusch hat in einer äußerst aufschlußreichen Studie die Geschichte der Eisenbahnreise seit der Industrialisierung nachgezeichnet. Nach Schivelbusch ist die „Vernichtung von Raum“ *der* Topos des 19. Jahrhunderts, um die frühe Wirkung der Eisenbahn zu beschreiben. Die Geschwindigkeit des neuen Verkehrsmittels verkürzte die traditionelle Reisezeit in einem Maß, daß das überlieferte Raum-Zeit-Kontinuum als zerstört erlebt wurde; der durchreiste Raum schrumpfte mit der Verkürzung der Reisezeit auf einen Bruchteil zusammen, er wurde vernichtet.[6] – Und 100 Jahre später? Die Zerstörungen im Eisenbahnwesen der Nachkriegszeit verursachen Regressionserscheinungen. Aus der ehemals so schnellen Schiene wird nun wieder ein langsamer Verkehrsweg. Noch einmal wird ein gewohntes Raum-Zeit-Verhältnis durchbrochen:

> Ich erkundige mich bei der Auskunft, wie lange ich bis zu der Insel in Vorpommern brauche. „Oh“, sagt eine sehr höfliche Frau lächelnd, „das ist schwierig. Da müssen Sie dreimal umsteigen, fahren zwölf Stunden und müssen zum Schluß noch 30 Kilometer laufen“. Ich bin betroffen. „Was, zwölf Stunden, und früher fuhr man drei Stunden mit dem D-Zug.“ Die höfliche Frau lächelt: „Ja, früher.“ Und ihr Lächeln scheint schon tausend Jahre alt zu sein.[7]

Ein tausendjähriges Lächeln, eine hundertjährige Bahn und eine zwölfstündige Reise: Die Dame am Bahnhof gibt nicht nur über eine Zug-, sondern auch über eine Zeitverbindung Auskunft. „Auferstehung des Raumes aus Ruinen des Krieges“ könnte man das Phänomen nennen, das für Hans Werner Richter hier die Bahnreise zur Odyssee werden läßt. Damit ist mehr als nur die Tatsache eines langen Unterwegsseins gemeint. Vielmehr ist davon auszugehen, daß sich wie im 19. Jahrhundert mit der neuen Raumerfahrung der Bahnreise auch nach 1945 Zeit-, Landschafts- und Gesellschaftserlebnis verändern. Wurde die Reisedauer für die frühen Fahrgäste der Bahn immer mehr zum Maß des Raumes – Entfernungen konnten plötzlich genau in Zeiteinheiten angegeben werden –, so erweist sich für die Nachkriegsgeneration der Raum wieder als

---

6 Vgl. Wolfgang Schivelbusch: Geschichte der Eisenbahnreise. Zur Industrialisierung von Raum und Zeit im 19. Jahrhundert. Mchn., Wien, 1977. S. 35ff.

7 Hans Werner Richter: „Wo sollen wir landen, wo treiben wir hin ...“ Skizzen von einer Reise in die östliche Zone. In: Der Ruf. Nr. 1/2 (15.8./1.9.1946). Zitiert nach: In Deutschland unterwegs. A.a.O. S. 192.

Maß der Zeit. Der ungewisse Zustand der Strecke bestimmt nun die Dauer der Reise und nicht mehr der Fahrplan. Die Reisenden von 1845 erlebten eine durch die Eisenbahn „induzierte Visualisierung des Landschaftserlebens".[8] Die am Fenster vorbeiziehende Landschaft zerfiel in die bewegte Bildfolge eines Films, synästhetische Landschaftswahrnehmung wurde unmöglich. Die mit der Geschwindigkeit des Zuges verbundene optische Reizzunahme wurde außerdem als Einschränkung des Sehvermögens empfunden[9] und führte zu einer Reduzierung räumlicher Tiefenschärfe sowie zur Einschränkung der Unterscheidungsfähigkeit beim Betrachter: sie ließ die Landschaft zur Kulisse verkümmern. Den Menschen in den Zügen hundert Jahre später wird dagegen bei langsamerem Tempo die Möglichkeit der Landschaftswahrnehmung während der Zugfahrt praktisch neu eröffnet. Der Blick aus dem Fenster vertreibt nun die Langweile, die er für Flaubert erst hervorrief.[10] Ging schließlich bei der frühen Nutzung der Eisenbahn als Personenbeförderungsmittel die Reisegemeinschaft der Postkutschenzeit verloren, weil die Reisedauer ein soziales Arrangement der Reisenden nicht mehr erforderte, so werden die Abteile und Waggons nach 1945, in denen sich Menschen viele Stunden gemeinsam aufhalten müssen, wieder zu Zentren der Kommunikation, zu kleinen sozialen Inseln in einer sonst von sozialer Desintegration geprägten Zeit. Vielleicht zum ersten Male gewinnt hier die Aufteilung des Abteils, das ja eigentlich ein auf die Schiene versetzter Kutschenraum ist,[11] wieder seine ursprüngliche Funktion.

Wenn an der Eisenbahn also nach 1945 das Leben „hängt", dann gilt das sowohl in ökonomischer als auch in gesellschaftlicher Hinsicht: Das auf die Bahn zentrierte Transportwesen von Gütern und Personen erweist sich als die Sozialversicherung der Zeit. Bezüglich der technischen Si-

---

8 Bernhard Waldenfels: Gänge durch die Landschaft. In: Landschaft. Hg.v. M. Smuda. Ffm., 1986. S. 39. – Vgl. dort auch die Ausführungen zu den folgenden Punkten.

9 Vgl. Wolfgang Schivelbusch: Geschichte der Eisenbahnreise. A.a.O., S. 54f.

10 Vgl. Gustave Flaubert: Correspondance. Paris, 1929. Bd. V. S. 153f: „Ich langweile mich derart in der Eisenbahn, daß ich nach fünf Minuten vor Stumpfsinn zu heulen beginne." Zitiert nach: Wolfgang Schivelbusch: Geschichte der Eisenbahnreise. A.a.O. S. 56.

11 Vgl. Wolfgang Schivelbusch: Geschichte der Eisenbahnreise. A.a.O. S. 70.

cherheit der Bahn gilt der Satz aber auch ganz konkret für das Leben der Fahrgäste. Das beweist ein als Gegenstück zu der oben zitierten Passage im Bericht über das Leben in der US-Zone wenige Seiten zuvor wiedergegebenes Gespräch mit dem Lokführer Wilhelm Fuchs, 58 Jahre alt:

> „Wenn ich meine Lok fahre, habe ich immer Angst. Einmal habe ich die Feuerung verloren – dann wieder verreckt mir eine Leitung nach der anderen – die Bremsen sind Scheiße – und wir fahren, als wenn nichts wäre. [...]"[12]

Die Anschauung, das lebende Bild stellt das Gegenüber zu den nackten Zahlen der Statistik. Wenn Fischer beides durch die ebenso moderne wie ambitionierte Form der Montage in seinem Text verknüpft, sucht er einer „unbedingten Pluralität der Wirklichkeitsphänomene"[13] gerecht zu werden, ohne das eine oder andere selbst zu bewerten. „Das reflexive Element in der Reportage wird in seine objektiven und subjektiven Bestandteile zerlegt, um es sodann wieder zusammenzusetzen und nutzbringend anzuwenden",[14] beschreibt Klaus R. Scherpe dieses Verfahren anhand eines ähnlich gebauten Textes von Rudolf Krämer-Badoni. Auch bei Fischer resultiert die Reflexion aus der gegenseitigen Bespiegelung der Montageelemente: „Wir fahren, als wenn nichts wäre", das ist in der Tat die Devise, mit der nach dem Ende des Krieges die Eisenbahn ihrem gesellschaftlichen Auftrag gerecht zu werden versuchte, nach der es aber – wie die oben zitierte Streikandrohung der Gewerkschaft beweist – auch in den gesellschaftlichen Führungsgremien weiterging. Die Beschlüsse der Alliierten im *Potsdamer Abkommen*, die auch die Bahn betrafen, wirkten nur kurz. Im Rahmen der Entnazifizierung sollten belastete Personen aus leitenden Positionen entfernt werden, und im Zuge der Demontagen wurde ein Teil des Schienennetzes eingleisig abmontiert. Doch als sich die Konfrontation unter den Alliierten zuspitzte, wurden beide Maßnahmen bald eingestellt bzw. nur noch mit geringem Nachdruck betrieben. Haben sich durch die so versäumte Demokratisierung hierarchisches Denken und beamtete Selbstherrlichkeit im Eisenbahnwesen bis heute gehalten, so blieb nach 1945 auch die Bedeutung der Bahn als

---

12 Kurt J. Fischer: US-Zone 1947. A.a.O. S. 76.

13 Klaus R. Scherpe: Erzwungener Alltag. A.a.O. S. 64.

14 Ebenda, S. 63.

Kriegsinstrument im politischen Bewußtsein präsent. Lokführer Wilhelm Fuchs:

> Ich bin sicher, daß es keinen Krieg gibt. Sonst würden die Russen nicht die Eisenbahnen eingleisig abmontieren. Wenn ich Europa erobern will, kann ich das nicht ohne Eisenbahnen machen – aber vielleicht ist Molotow kein Lok-Führer – vielleicht machen sie es doch mit Atombomben – sollen lieber Atom-Lokomotiven bauen.[15]

Die Alternative Eisenbahn–Atombombe macht, hier im authentischen Lokführer-Jargon formuliert, exemplarisch den qualitativen technischen Sprung deutlich, der sich mit dem Abwurf der Atombomben über Hiroshima und Nagasaki – und damit in der „Stunde Null" – abzeichnet. Die Eisenbahn, im 19. Jahrhundert selbst Produkt einer technischen und Motor einer industriellen Revolution, wird ihrerseits von der Technik des Industriezeitalters überholt. Die utopische Synthese „Atom-Lokomotiven" versucht den Schnittpunkt dieser Entwicklung als Klebepunkt festzuhalten – „als wenn nichts wäre". Einer als Bedrohung verstandenen Diskontinuität, einem als unaufhaltbar empfundenen geschichtlichen Entwicklungsprozeß wird hier die Anpassung an das Neue ohne Aufgabe des Alten entgegengesetzt. Man arrangiert sich mit den geänderten Verhältnissen, ohne bereits in ihnen heimisch zu sein. Das Überholte ist nicht auch schon überwunden. Auch im Atomzeitalter schreibt die Eisenbahn Geschichte, auch nach dem Waffenstillstand bleiben Militärstrategien aktuell.

Diese Kunst einer außerordentlichen Anpassungsfähigkeit, die Traditionen durch synthetisierende Transformationen bewahrt, charakterisiert die Nachkriegsmentalität der Besiegten. Mit dem absoluten Neuanfang einer „Stunde Null" war es nicht nur im Eisenbahnwesen nichts. Trotz der zunächst einschneidenden Maßnahmen der Alliierten in Politik, Wirtschaft und Militär ging das Leben für viele weiter „als wenn nichts wäre". Die alltäglichen Bedürfnisse erforderten es, die aktuellen Entwicklungen begünstigten es.[16] Wer das Fragebogen-Verfahren der Entnazifizierung passiert hatte, war reingewaschen und wurde gebraucht.

---

15 Kurt J. Fischer: US-Zone 1947. A.a.O. S. 76.

16 Vgl. Jost Hermand: Kultur im Wiederaufbau. Die Bundesrepublik Deutschland 1945–1965. Mchn., 1986. S. 24–29.

Politische Chamäleons hatten Konjunktur, und mancher Nazi wußte so mehr als nur sich selbst in die neuen Verhältnisse zu retten. Über den ideologischen Graben im Kopf waren die Brücken schnell gebaut, ließ sich das Ufer eines verblassenden Nationalsozialismus doch blendend mit dem eines aufkommenden Antikommunismus verbinden. Die Anschlußzüge standen schon bereit; Wilhelm Fuchs' utopische Synthese von Altem und Neuem repräsentiert in nuce auch die sehr realen Ausprägungen dieser Mentalität der Besiegten.

Eine ganz andere Bedeutung hat die Zerstörung des Eisenbahnwesens aus der Perspektive der Sieger. Der Schweizer Max Frisch, der 1946 eine Reise durch Deutschland unternimmt, berichtet in seinem Tagebuch von folgender Episode:

> Seit Straßburg, dessen Münster sich nur noch in der Dämmerung zeigte, haben wir Schlafwagen, und da wir am Morgen erwachen, sehen wir gerade die zerbombten Geleise von Karlsruhe. Ein wolkenloser Tag. Oft erscheint die Landschaft hinter einem Gitterwerk, das sich minutenlang hinzieht; es sind lauter verbrannte Eisenbahnwagen, ein Gestrüpp von rotem Rost. Später öffnen wir das Fenster im Korridor; wir sind in Pforzheim, wo man kaum noch ein Dach sieht, nichts als verzackte Mauern, Ruinen voll Schnee. Irgendwo raucht es aus einem Keller, und Kinder stehen auf einer verschneiten Straße, blicken uns zu. Constanze fährt zum erstenmal durch Deutschland; sie schüttelt den Kopf, als sie das sieht:
>
> „Vollkommen kaputt –."
>
> Ein Sieger, ein junger Offizier, der gerade durch den Korridor kommt und in den Speisewagen will, blickt sie an:
>
> „Gott sei Dank, Madame –".[17]

Zwischen Siegern und Besiegten steht der neutrale aber engagierte Besucher und Beobachter. Er kann sich das Privileg einer Informationsreise durch Deutschland leisten, die zugleich eine Bildungsreise ist: Frisch macht sich ein Bild und bildet sich eine Meinung. Zwischen dem Straßburger Münster und den Pforzheimer Mauerresten – eine Stadt, die in ihrer über fünfundsiebzigprozentigen Zerstörung auf Alfred Döblin

---

17 Max Frisch: Tagebuch 1946–1949. In: M.F.: Gesammelte Werke in zeitlicher Folge. Hg.v. H. Mayer Bd. II: 1944–1949. Ffm., 1976. S. 480f.

den „unmittelbaren Eindruck eines Strafgerichts“[18] machte, – streiten Landschaft und Eisenbahnmaterial noch um die Aufmerksamkeit des Betrachters. Aber selbst wenn das „Gitterwerk“ der zerstörten Waggons noch das Bild dominiert, hat sich die Natur die Torsi der Technik doch schon als „Gestrüpp von rotem Rost“ einverleibt. Hier hat ein Umwandlungsprozeß stattgefunden, der es dem Betrachter ermöglicht, „den als Physiognomie wahrgenommenen Aspekt erscheinender Naturgegenstände [wieder] als Sinneinheit“[19] und somit als „Landschaft“ zu erfahren – eine Wahrnehmung, die für die menschlichen Opfer der Katastrophe, deren zerbombte Wohnungen in Schnee versinken, noch nicht nachvollziehbar sein kann: „Es erweist sich als unmenschlich, wenn man von einem Menschen erwartet, daß er über seine eigenen Ruinen hinaussehe,“[20] notiert Frisch. Er als Hineinsehender fühlt sich den deutschen Kriegsopfern aber nicht nur aus Gründen der Menschlichkeit verbunden, sondern vor allem auch durch eine gemeinsame Sprache. „In der Bahn“ führt er die Vertrautheit mit der vorbeiziehenden Landschaft auf die Einheit der Sprache zurück, in der das Feld immer noch Feld heißt – und nicht, wie bei Reisen in der Schweiz, plötzlich champ oder campo –, um sich dann zu fragen: „Und die Menschen?“[21] Mit ihnen teilt der fünfunddreißigjährige Schweizer neben der Sprache auch die Existenzproblematik des Neubeginnenden, der sich von den Festlegungen der Geschichte loszureißen und als Unerkannter neu anzufangen versucht. „Warum reisen wir?“, fragt er in seinem Tagebuch und gibt sich selbst die Antwort: „Auch dies, damit wir Menschen begegnen, die nicht meinen, daß sie uns kennen ein für allemal; damit wir noch einmal erfahren, was uns in diesem Leben möglich sei –“.[22] Der Reisende sucht die „Möglichkeit, leibhaftig ein Entrinnen zu erfahren“,[23] schreibt ganz

18 Alfred Döblin: Schicksalsreise. Bericht und Bekenntnis. (Ausgewählte Werke in Einzelbänden). Solothurn u. Düsseldorf 1993. S. 316.

19 Manfred Smuda: Natur als ästhetischer Gegenstand und als Gegenstand der Ästhetik. Zur Konstitution von Landschaft. In: Landschaft. A.a.O. S. 48.

20 Max Frisch: Tagebuch 1946–1949. A.a.O. S. 383.

21 Ebenda, S. 525.

22 Ebenda, S. 369.

23 Gert Mattenklott: Die Wandlung des Reisenden. In: G.M.: Der übersinnliche Leib. Beiträge zur Metaphysik des Körpers. Reinbek, 1982. S. 170.

parallel Gert Mattenklott in seinem Essay über *Die Wandlung des Reisenden.* „Jeder wahre Reisende ist darum inkognito unterwegs. Der Name ist ja das Siegel der festgeschnürten Identität. Wer losfährt, will es lösen.“[24]

Max Frisch hat acht Jahre nach seiner Tagebucheintragung den Problemzusammenhang von Name, Reise und Sprache neu thematisiert. „Ich bin nicht Stiller“, leitet er die Geschichte eines Mannes ein, der auf der Flucht vor seiner Vergangenheit unausweichlich von den Bildern eingeholt wird, die sich andere von ihm machten und machen, um kurz darauf festzustellen: „Hätte ich mich im Zug nicht herbeigelassen, Deutsch zu reden, wäre mir möglicherweise alles erspart geblieben“.[25] Wie schon bei der Entstehung des Tagebuchs sind auch bei diesem Eingangsereignis des Romans Sprachverwandtschaft und Fortbewegungsmodus entscheidend. Für Stiller wird die Bahnreise in die Schweiz in gleichem Maße zum Verhängnis, wie sie für Frisch, der 1945 durch Deutschland fährt, den Durchbruch bedeutet. Diesen Durchbruch ermöglichte vor allem seine Fähigkeit, im Fremden das Eigene zu entdecken, und im Bild der Zerstörung die Kraft des Kreativen aufzuspüren. In der deutschen Ruinenlandschaft entwickelt sich der Schweizer Schwimmbadarchitekt so zu einem Autor von Weltrang, der das Chaos zu bewältigen sucht, indem er es in Literatur verwandelt. Wenn er dabei die menschlichen Opfer des Krieges mit dem Blick der Verbundenheit betrachtet, so bleibt dennoch eine unüberbrückbare Fremdheit bestehen. Denn es ist der Blick aus einem Zug mit Schlaf- und Speisewagen, der Blick aus dem Refugium eines Abteils, wie es das Land jenseits der Alpen schon während des Krieges war, ein Komfortblick in eine Welt ohne jede Bequemlichkeit. Er vermag die Trennung nicht zu überwinden, „obwohl es nur eine Glasscheibe ist“.[26] Vielmehr etabliert Frisch, indem er das Bild der Zerstörung, das sich ihm im Rahmen des Waggonfensters bietet, kunstvoll wie eine Landschaft beschreibt, geradezu eine Ästhetik des Elends.[27] Doch

---

24 Ebenda, S. 169.

25 Max Frisch: Stiller. Roman. In: M.F.: Gesammelte Werke. Bd. III: 1949–1956. A.a.O. S. 364.

26 Max Frisch: Tagebuch 1946–1949. A.a.O. S. 518.

27 Zum Zusammenhang von Landschaft und ästhetisierender Wahrnehumg bzw. Darstellung vgl. Manfred Smuda: A.a.O. S. 44–54.

die Reflexivität des Mediums Eisenbahn, das Objekt und Perspektive zugleich bestimmt, wirft den Autor wieder auf sich selbst zurück, so daß auch die Ästhetik des Elends in die Frage nach der eigenen Moral mündet:

> Kinder an den Bahndämmen, besonders wo die Züge wegen Zerstörungen etwas langsamer fahren; sie warten, daß wir etwas Eßbares hinauswerfen. Das Peinliche, es zu tun, wenn andere es sehen. Warum eigentlich? Auch Frauen, die an einer Barriere stehen oder auf freiem Feld; ohne Gebärde, stumm, graublaß und hager. Die Verlumpung erreicht einen Grad, den ich bisher nur in Serbien gesehen habe. Sechs Schienenarbeiter teilen sich in [!] die Brote, die unsere tschechischen Freunde gestrichen haben. Wir sind froh, nichts mehr zu haben, nicht mehr unterscheiden zu müssen. Krach auf dem Bahnsteig; jemand hat Zigaretten geworfen. Der Jüngling, der sie gewinnt: Schwindsucht, Wehrmachtsmütze, Schwarzhandel, Faustrecht, Syphilis.[28]

„Moral und Ästhetik erweisen sich als kongruent, untrennbar auch, ganz gleich, wie trotzig oder gelassen, wie milde oder wie wütend, mit welchem Stil, aus welcher Optik ein Autor sich an die Beschreibung oder bloße Schilderung des Humanen begeben mag“,[29] erläutert Heinrich Böll 1964 in den *Frankfurter Vorlesungen* seine „Poetik des Humanen“. So sehr die Tagebuchnotiz von Frisch diese These zu belegen scheint, so fraglich ist es doch, ob die Optik des Autors bei der Beschreibung des Humanen wirklich so unwesentlich ist, wie Böll das meint. Bei Frischs Momentaufnahmen haben wir es mit den Impressionen eines Außenstehenden zu tun, der, wenn nicht mehr als andere, so doch anders als die meisten sieht. So wird „die *Innensicht* der deutschen Verhältnisse [...] durch die Sichtweise der ausländischen Beobachter und deutschen Emigranten [...] nicht unwesentlich korrigiert und konterkariert.“[30] Das ist auch nicht weiter verwunderlich, können sie ihre Eindrücke doch an Maßstäben messen, die den Bewohnern der Überall-Trümmer-Landschaft längst abhanden gekommen sind: Der erfahrene Reisende aus dem Ausland weiß den Grad der Zerstörung und den der „Verlumpung“ relativ einzuschätzen – die hageren Frauen auf freiem Feld wissen nur, daß

---

28 Max Frisch: Tagebuch 1946–1949. A.a.O. S. 490.

29 Heinrich Böll: Frankfurter Vorlesungen. In: H.B.: Werke. Essayistische Schriften und Reden II: 1964–1972. Hg.v. B. Balzer. Köln, (o.J). S. 72.

30 Klaus R. Scherpe: Erzwungener Alltag. A.a.O. S. 49 (Hervorhebung im Original).

sie weder anzuziehen noch zu essen haben. Neben dem „Kaleidoskop unverständlicher Verrücktheiten“[31] steht so die Selbstverständlichkeit des Alltags. Mit ihrer Fähigkeit zu unterscheiden geraten die Repräsentanten der Außenperspektive in die Rolle eines Richters, dem im Hinblick auf die deutsche Vergangenheit schnell Bölls bohrendes „Wo warst du, Adam?“[32] auf der Zunge liegt. So erscheint die Moral aus der Sicht des Eisenbahnreisenden nicht nur als Angelpunkt der eigenen Ästhetik, sondern auch als Fluchtpunkt fremder Geschichte. Auch wenn Frisch sich eines wertenden Kommentars bewußt enthält, muß man noch nicht einmal Thomas Manns *Doktor Faustus* gelesen haben (der ja auch erst 1947 erschien), um in Schwindsucht, Faustrecht, Wehrmachtsmütze und Syphilis die nicht überwundenen Infektionen einer von „der Höhe wüster Triumphe“[33] beherrschten jüngsten Vergangenheit zu erkennen.

Die heuristische Funktion der Außenperspektive läßt sich besonders gut auch am Beispiel Alfred Döblins belegen. Als er Ende 1945 nach zwölfjährigem Exil als französischer Kulturoffizier nach Deutschland zurückkehrt, wird ihm das, was für die Deutschen schon wieder vertrauter Alltag ist, zum Anlaß schockartiger Erkenntnis. „Mich schauderts, ich muß wegblicken und bin bitter“, schreibt er, als er sieht, was das Land erduldet hat, während er selbst sich losreißen konnte. Angesichts des menschlichen Elends fügt er dann hinzu: „[...] sie haben noch nicht erfahren, was sie erfahren haben“.[34] Die Kehrseite von Döblins Betroffenheit, die er übrigens im Anschluß an die Eindrücke einer Eisenbahnfahrt formuliert, auf die noch zurückzukommen sein wird, ist seine satirische Kritik. Auch in ihr hat die Eisenbahn ihren Platz:

---

31 Günter Kunert: Fahren und Erfahren. In: G.K.: Im toten Winkel. Ein Hausbuch. Mchn., Wien, 1992. S. 106. (Vgl. zum Autor das Kapitel IV.1 dieser Arbeit; zum Motiv des Kaleidoskops auch das Kapitel *Fensterbilder*).

32 Heinrich Böll: Wo warst du, Adam? In: H.B.: Werke. Romane und Erzählungen I: 1947–1951. Hg.v. B. Balzer. Köln, (o.J.). S. 308ff.

33 Thomas Mann: Doktor Faustus. Das Leben des deutschen Tonsetzers Adrian Leverkühn erzählt von einem Freunde. (Gesammelte Werke in dreizehn Bänden, Bd. VI). Ffm., 1960. S. 676.

34 Alfred Döblin: Schicksalsreise. A.a.O. S. 309.

> Selten fahren Züge von dem Ort, an dem Sie sich befinden, direkt zu dem Ort, nach dem Sie wollen, die meisten Züge planen etwas anderes als Sie planen und es heißt, sich dem Willen der Eisenbahn unterwerfen. Falls die Züge gut gelaunt sind und fahren, sind sie überfüllt. Sie sind heimatstreu [!] und halten an jedem Ort, an jedem Dorf und es gibt unzählige Dörfer in jeder Zone. Diese Dörfer stehen in keinem Atlas und man ist nach einer kurzen Tagesreise enorm an Kenntnissen gewachsen. Ja nach einem halben Jahr Aufenthalt hier in diesem Lande und nur mäßiger Reisetätigkeit können Sie sich als Geographie-Professor niederlassen. Die Eisenbahn sorgt auch dafür, daß Sie sich bewegen: Sie müssen einsteigen und aussteigen, sehr oft, noch öfter. Sie müssen nämlich umsteigen. Das geschieht auch, um Ihnen zu zeigen: Es gibt viele Linien, und so schlimm ist es mit der Zerstörung im Lande doch nicht. So treibt die Eisenbahn Propaganda.[35]

Das Mobilitäts- und Mentalitätsmotto „Wir fahren, als wenn nichts wäre" wird hier zum Zielpunkt einer unnachsichtigen Ideologiekritik. Der personifizierten Bahn, der nicht nur ein eiserner „Wille" zugestanden, sondern auch die traditionellen Beamtentugenden launischer Willkür und provinzieller Bummelei vorgeworfen werden, steht das ohnmächtige Reisesubjekt gegenüber. Die Form der fiktiven Rede ermöglicht es ihm, sein eigenes Erlebnis des Ausgeliefertseins auf den Adressaten („Sie") zu projizieren. Sie ist aber zugleich auch Medium einer Invektive, die mit dem Wort „Propaganda" den Finger in eine noch nicht verheilte Wunde der nationalsozialistischen Vergangenheit legt.[36] Die propagandistische Funktion der Eisenbahn, wie Döblin sie sieht, steht in der Tradition ihres Mißbrauchs als Kriegsinstrument und Deportationsmittel. Das wiederum wirft ein Licht auf diejenigen, die in konservativbeschwichtigender Manier die Kriegsfolgen verharmlosen und der Diktatur des Führers nun das Diktat ihres Fahrplans folgen lassen wollen.

War die Eisenbahn also das letzte intakte Instrument Goebbelsscher Volksverführung? – Wer sich aufmerksam auf die Reise mit der Bahn begab, und ihren Schikanen die eigene Zähigkeit entgegensetzte, vermochte sich ihren reaktionären Werbungsversuchen leicht zu entziehen. Man fuhr dann zwar wenig, aber man erfuhr viel. Das verdankte man vor

---

35 Ebenda, S. 318f.

36 Vgl. den Artikel „Propaganda" in: Dolf Sternberger; Gerhard Storz; W.E. Süskind: Aus dem Wörterbuch des Unmenschen. Hbg., 1957. S. 90–95.

allem dem aufklärerischen Blickwinkel des Eisenbahnfensters. Daß auch Döblin von ihm zu profitieren wußte, wird sich noch zeigen. Zunächst soll jedoch diese, für das Thema der vorliegenden Arbeit zentrale Perspektive der Realitätswahrnehmung in der Nachkriegszeit einer genaueren Analyse unterzogen werden. Schon jetzt lassen sich allerdings folgende Punkte als erste Untersuchungsergebnisse festhalten:

1. Der Eisenbahn kam in der unmittelbaren Nachkriegszeit als einzig verfügbarem Massenverkehrsmittel für das Leben der gesamten Bevölkerung eine eminente Bedeutung zu.

2. Bedingt durch die großen Zerstörungen war die Reisegeschwindigkeit gering. Entsprechend veränderten sich die Raum- und Zeiterfahrung, die Wahrnehmungsbedingungen und das soziale Reiseverhalten.

3. Angesichts der gesellschaftlichen Anforderungen kam es im Eisenbahnwesen zu einer raschen Anpassung an die neuen Verhältnisse, doch trotz der dunklen Vergangenheit zu keiner wirklichen Neuordnung. Hierin spiegelt sich die nach 1945 weit verbreitete Tendenz, sich mit den veränderten Verhältnissen zu arrangieren, ohne jedoch selbst grundsätzlich etwas zu ändern.

4. Aufmerksamen Beobachtern bot die Bahnreise Gelegenheit, diese deutschen Verhältnisse aus distanzierter Perspektive kritisch in den Blick zu nehmen. Die Bahn wird auf diesem Hintergrund zu einem Ort des wertenden Urteils.

5. War sie einerseits gelegentlich selbst Gegenstand der Kritik, so verwiesen ihre besonderen Wahrnehmungsbedingungen andererseits den jeweiligen Betrachter auch auf sich selbst zurück. In den literarischen Reiseberichten der Zeit sind Moral und Ästhetik unmittelbar mit dieser besonderen Optik verknüpft.

2. Fensterbilder

Stadt – Land – Fluß – Ruine

Bahnreisen im Nachkriegsdeutschland, das sind Reisen durch Bilder der Zerstörung, durch Abdrücke der Geschichte in einer Trümmerlandschaft. Bei kaum einer anderen Gelegenheit traf der Eindruck der inneren und äußeren Verheerung so tief wie beim Blick aus dem fahrenden Zug. Diese Grunderfahrung des Trümmerreisenden kehrt in immer neuen Variationen wieder. Die Ruine wird zum „Symbol der Zeit",[1] ihre Beschreibung fordert zu den kühnsten Metaphern heraus. So wird der Erinnerung an den Zustand vor dem Inferno („Wieviel unheimliche Schönheit lag früher in dieser Gegend...") das Bild von Schornsteinen gegenübergestellt, die „wie steinerne Lebensbäume auf den Friedhöfen"[2] aus einem zerstörten Industriegebiet ragen. Eine zerbrochene Eisenbahnbrücke liegt als Symbol des Untergangs „wie ein gefällter Elefant"[3] im Wasser, der Turm der Berliner Gedächtniskirche gleicht einem ‚zerbeulten Spielzeug', die Wilhelmshallen sehen aus wie „von einem Riesengott nachlässig zertretene Kinderbauwerke",[4] und die Kölner Bahnhofshalle ist „ein Gerippe mit Brüchen".[5] Dresden „existiert nicht mehr. Man geht hindurch, als liefe man im Traum durch Sodom und Gomorra. Durch den Traum fahren mitunter klingelnde Straßenbahnen."[6] Alle bekannten Bilder, alle apokalyptischen Anspielungen genügen nicht, um das Ausmaß der Zerstörung wiederzugeben, in der jedes Zeichen von Normalität den Anschein des Absurden annehmen muß. „Auf den Schutthalden der

1 Alfred Döblin: Schicksalsreise. A.a.O. S. 307.

2 G. (Verfasserkürzel): Im Westen viel Neues. Interview mit dem Mann auf der Straße. In: Sie. Bln., 29.9. und 6.10.1946. Zitiert nach: In Deutschland unterwegs. A.a.O. S.127.

3 Alfred Döbin: Schicksalsreise. A.a.O. S. 307.

4 Hans Werner Richter: „Wo sollen wir landen, wo treiben wir hin..." A.a.O. S. 191f.

5 Maximilian Scheer: An Rhein und Ruhr. In: Ost und West 2 (1948) H.2. Zitiert nach: In Deutschland unterwegs. A.a.O. S. 202.

6 Erich Kästner: ... und dann fuhr ich nach Dresden. In: Die Neue Zeitung. Mchn., 30.9.1946. Zitiert nach: In Deutschland unterwegs. A.a.O. S. 253.

Städte schien [...] die menschliche Entwicklung an ihrem Endpunkt angelangt; die Wirklichkeit des Krieges war ‚zur Ruhe gekommen', in die Unwirklichkeit des Entsetzlichen übergegangen."[7]

Ganz anders dagegen zeigte sich die Lage auf dem Land, das von den großen Bombenangriffen verschont geblieben war. „Das flache Land sieht gepflegt aus. Wüst sind nur die Städte",[8] schreibt Alfred Döblin in seinem Bericht *Wie das Land 1946 aussieht*, und Max Frisch wird auf seiner Reise von den Eindrücken der unversehrten Landschaft fast überwältigt: „Schönes deutsches Land! Nichts als ein Wogen von fruchtbarer Weite, Hügel und weiße Wolken darüber, Kirchen, Bäume, Dörfer, die Umrisse nahender Gebirge". – Das ländliche „Paradies" und die Trümmerwüsten der Städte, Idylle und Inferno lagen oft nah beieinander. Als Ursache für die Mobilität der Menschen ist die Spannung zwischen Stadt und Land ebenso wichtig wie als Hintergrund für die starken Ambivalenzen in den Reiseschilderungen. Wo auf dem Land Verkehrswege und militärische Einrichtungen das Ziel von Angriffen gewesen waren, wurde das Nebeneinander von heiler Welt und höllischer Wirklichkeit allerdings zum Ineinander: „dann und wann ein Flugplatz, ein Glitzern von silbernen Bombern, die in langen Reihen stehen, einmal ein zerschossener Tank, der schräg im Graben liegt und mit seiner Kanone in den Himmel zeigt, einmal ein verbogener Propeller in der Wiese –".[9] Für Frisch verwandelt, wie schon in einer bereits im letzten Kapitel zitierten Tagebuchstelle, hier die Natur die Zeugnisse menschlichen Zerstörungswerkes in Elemente ästhetisch anmutender Landschaftsbilder.

Im Reisebericht eines entlassenen englischen Kriegsgefangenen vom Juni 1945 ist davon nichts zu spüren. Dort herrscht statistische Nüchternheit vor:

> Von Neustadt in Holstein bis Marburg an der Lahn. Fahrtdauer 48 Stunden. Wir machten Kreidestriche. Bei 165 zerschossenen Lokomotiven, 1350 ausgebrannten Güterwagen, 965 zerdepperten D- und Personenzugwagen hörten wir auf. Wir hatten keine Kreide mehr. Auf den großen Bahnhöfen standen die Gleisanlagen himmelwärts. Viele Bahnhöfe und Stellwerke waren nur noch

7 Hermann Glaser: So viel Anfang war nie. In: So viel Anfang war nie. Deutsche Städte 1945–1949. Hg.v. H.G. u.a. Bln., 1989. S. 10.

8 Alfred Döblin: Schicksalsreise. A.a.O. S. 315.

9 Max Frisch: Tagebuch 1946–1949. A.a.O. S. 379f.

Trümmerhaufen. Brücken sahen wir in den Flußläufen liegen. „Vor Ablauf von zehn Jahren ist in Deutschland an keinen geordneten Verkehr zu denken", meinte der Nachbar.[10]

Der, wie gezeigt, gründliche Irrtum des Nachbarn wird angesichts der ungeheuren Zerstörung verständlich. Es schien, als hätten die Folgen des Krieges den „Morgenthau-Plan" bereits überflüssig gemacht. Besonders deutlich wurde das Ausmaß des Zusammenbruchs, wenn man von Stadt zu Stadt reiste. „Der kaleidoskopartige Bericht über Deutschlandfahrten",[11] wie Gustav R. Hocke die Gattung der dabei entstehenden Texte 1946 nannte, findet sich in fast allen wichtigen Zeitschriften der Zeit. Er war freilich nicht nur geeignet, ein Bild von Deutschlands materieller Situation zu zeichnen, sondern auch von seinem inneren Zustand. Das „panoramatische Reisen"[12] des 19. Jahrhunderts erfuhr dabei eine neue Interpretation. Hatte Eichendorff noch die Bild- und Bewußtseinsunschärfen während einer Eisenbahnreise selbst empfunden wie den Blick durch ein „Kaleidoskop, wo die vorüberjagenden Landschaften, ehe man noch irgendeine Physiognomie gefaßt, immer neue Gesichter schneiden",[13] so zielt der Begriff bei Hocke auf das Ensemble der Reiseeindrücke, die ihrerseits aber durchaus deutlich voneinander abgrenzbar sind. Das Reisepanorama Eichendorffs war bedingt durch eine Geschwindigkeit, die „die wesentliche Erfahrung vorindustriellen Reisens",[14] nämlich den Vordergrund verschlang. Dolf Sternberger hat dieses Phänomen, vom Blick aus der Eisenbahn ausgehend, für die Wahrnehmung im 19. Jahrhundert überhaupt nachgewiesen: „Die Ausblicke aus den europäischen Fenstern haben ihre Tiefendimension vollends verloren, sind nur Teile einer und derselben Panoramenwelt geworden, die sich ringsumher zieht und überall nur bemalte Fläche ist."[15]

---

10 Süddeutsche Zeitung, 16.10.1952. Zitiert nach: Deutschland 1945. A.a.O. S. 199.

11 Gustav R. Hocke: Deutsche Kalligraphie oder Glanz und Elend der modernen Literatur. In: Der Ruf. Nr. 7 (15.11.1946), S. 9. Zitiert nach: Der Ruf. Unabhängige Blätter für die junge Generation. Eine Auswahl. Hg.v. H.A. Neunzig. Mchn., 1976. S. 172.

12 Wolfgang Schivelbusch: Geschichte der Eisenbahnreise. A.a.O. S. 51

13 Joseph von Eichendorff: Erlebtes. In: J.v.E.: Werke. Bd. II. Mchn., 1970. S. 895.

14 Wolfgang Schivelbusch: Geschichte der Eisenbahnreise. A.a.O. S. 61.

15 Dolf Sternberger: Panorama oder Ansichten vom 19. Jahrhundert. Hbg. ^{3}1955. S. 57; vgl. insgesamt S. 50ff.

Die langsame Bahnreise nach 1945 schließt also die Raumdimension der Tiefe neu auf. So kann sich der Reisende, wieder auf das Vordergründige konzentrieren, das sich durch seine Konturen von der Unschärfe des Panoramas abgrenzt, und zugleich vor der nur „bemalte[n] Fläche" wieder an Plastizität gewinnt.[16] Das ermöglicht und erfordert Unterscheidung, die freilich, wie die Tagebuchnotiz von Frisch zeigt, auch schmerzlich sein kann („Wir sind froh [...], nicht mehr unterscheiden zu müssen"[17]), denn im Prozeß dieser Unterscheidung stellt sich die Frage nach der eigenen Position. Der Betrachter des Fensterbildes wird selber ein Teil seines Vordergrundes, fühlt sich in die Umgebung eingebunden, die er durchreist und bezieht sie auf sich. War während einer Zugfahrt also die Gesamtheit der Kriegsfolgen unausweichlich präsent, dann mit ihr auch das Bewußtsein der eigenen Verstümmelungen. Es ist sicherlich kein Zufall, daß gerade Sternberger einer derjenigen ist, die nach 1945 aus diesem Wahrnehmungsgewinn des Eisenbahnreisenden schöpfen. In der von ihm mit herausgegebenen Nachkriegszeitschrift *Die Wandlung* hält der Achtunddreißigjährige Eindrücke von einer Bahnreise fest, die er „wohl Elegien nennen" könnte, „wenn es Gedichte wären":[18]

> Immer wieder aufgewühlte Bahnkörper, Gewirr verfilzter Schienen, die in die Luft starren, Reste zerschleuderter Lokomotiven, das Unterste zu oberst gekehrt.[19]

---

16 Zu den Begriffen „Fläche" und „Tiefe" bei der Darstellung von Raumeindrücken vgl. Heinrich Wölfflin: Kunstgeschichtliche Grundbegriffe. Das Problem der Stilentwicklung in der neueren Kunst. Basel, Stgt., [17]1984. S. 93–126.

17 Max Frisch: Tagebuch 1946–1949. A.a.O. S. 490. – Der von Bernhard Waldenfels auf die Schnelligkeit der Zugbewegung zurückgeführte Verlust an Unterscheidungsfähigkeit wird also nach 1945 zumindest teilweise kompensiert. Durch den beschriebenen Zugewinn an Tiefenschärfe ist auch die erwähnte Veränderung des Landschaftserlebnisses durch die Eisenbahn, die Reduzierung der Landschaft auf das Kulissenhafte, aufgehoben (vgl. das voranstehende Kapitel dieser Arbeit).

18 Dolf Sternberger: Gefühl der Fremde. Ffm., 1958. S. 7 (Vorwort). – Das Buch enthält einen gegenüber der Veröffentlichung in der *Wandlung* etwas veränderten Text. Im folgenden wird nach dem von Scherpe wiedergegebenen Text der Zeitschrift zitiert.

19 Dolf Sternberger: Reise in Deutschland – Sommer 1945. In: Die Wandlung 1 (1945/46). Zitiert nach: In Deutschland unterwegs. A.a.O. S. 164.

Eichendorffs Physiognomie der Landschaft wird hier zur Fratze des Todes. Aufgewühlte Bahn-Körper, verfilztes, in die Luft starrendes Schienengebein und zum Erliegen gebrachte Bewegung – das zerstörte Eisenbahndepot gleicht einem menschlichen Schlachtfeld.[20] Das Eisenbahnmotiv wird so zur emotional aufgeladenen Metapher, die an Erich Frieds Nachkriegsgedicht *Nachher* erinnert, in dem ebenfalls vom überwucherten Schlachtfeld die Rede ist: „Und grün wird alles / rund um die Knochen und Steine / die Wälder reichen / wieder hinab zum Meer".[21] Der Sieg der schöpferischen Natur über das menschliche Zerstörungswerk gehört zu den immer wiederkehrenden Motiven der Trümmerliteratur und Nachkriegskunst.[22] Dazu noch einmal Max Frisch, der angesichts der Reste von Frankfurt auch in der Stadt das Ineinander von geschichtlich bedingtem Schrecken und natürlicher Schönheit entdeckt:

> [...] die Ruinen stehen nicht, sondern versinken in ihrem eigenen Schutt, und oft erinnert es mich an die heimatlichen Berge, schmale Ziegenwege führen über die Hügel von Geröll, und was noch steht, sind die bizarren Türme eines verwitterten Grates; einmal eine Abortröhre, die in den blauen Himmel ragt, drei Anschlüsse zeigen, wo die Stockwerke waren. So stapft man umher, die Hände in den Hosentaschen, weiß eigentlich nicht, wohin man schauen soll. Es ist alles, wie man es von Bildern kennt; aber es ist, und manchmal ist man erstaunt, daß es ein weiteres Erwachen nicht gibt; es bleibt dabei: das Gras, das in den Häusern wächst, der Löwenzahn in den Kirchen, und plötzlich kann man sich vorstellen, wie es weiterwächst, wie sich ein Urwald über unsere Städte zieht, langsam, unaufhaltsam, ein menschenloses Gedeihen, ein Schweigen aus Disteln und Moos, eine geschichtslose Erde, dazu das Zwitschern der Vögel, Frühling, Sommer und Herbst, Atem der Jahre, die niemand mehr zählt –[23]

---

20 Interessanterweise hat diese anthropomorphisierende Darstellung Sternbergers eine Parallele beim Schweden Stig Dagerman: „Neben den Gleisen liegen Personenwagen mit zerschmetterten Dachhauben, ein ausgebrannter D-Zugwagen ist in das verrostete Skelett eines zertrümmerten Schlafwagens gestürzt, zwei Güterwagen lehnen trotzig auf ihren Kanten, aus den Trümmern ragen Leichenteile der Fahrgestelle." (S.D: Deutschland, Herbst 1946. In: Europa in Trümmern. Augenzeugenberichte aus den Jahren 1944-1948. Ges. v. H.M. Enzensberger. Ffm., 1990. S. 209).

21 Erich Fried: Befreiung von der Flucht. Gedichte und Gegengedichte. Erweiterte Neuauflage. Düsseldorf, 1983. S. 96.

22 Vgl. z.B. *Berlin am Meer* von Werner Heldt. In: Soviel Anfang war nie. A.a.O. S.11.

23 Max Frisch: Tagebuch 1946–1949. A.a.O. S. 374f.

Solche Träume von Geschichtslosigkeit sind Dolf Sternberger ebenso fremd wie jede Ruinenromantik.[24] Er beantwortet auf seine Weise die nach dem Krieg eifrig diskutierte Frage, „ob dieses Grün als Fortschritt oder als Rückschritt anzusehen ist".[25] Nicht als Schrottplatz der Geschichte führt er die Eisenbahntrümmer vor, sondern als einen Ort, da Geschehenes trotz aller aktuellen Überwucherungen mahnende Präsenz gewinnt. Indem in der zitierten Passage dynamische Partizipien die Aufzählung der statischen Szenerieelemente durchziehen, bleibt dem Standbild des Schreckens der Vorgang der Zerstörung eingeschrieben. Sprache und Motiv leisten so gemeinsam eine Verknüpfung der Zeitebenen, die den Topos einer durch den Krieg verkehrten Welt neu illuminiert („das Unterste zu oberst gekehrt"). Wenn in dem „je nach der Laune und Verwundung des Einzelnen entzückende[n] oder ermüdende[n] kaleidoskopische[n] Spiel"[26] der Reiseimpressionen neben den Schlacht- und Trümmerfeldern auch bei Sternberger die Blumenwiesen erscheinen, dann liegt darin zwar ein weiterer Beleg für die Nähe von Schönheit und Schrecken. Beide werden hier aber gerade nicht durch eine Ästhetisierung des Grauens verschmolzen, sondern nebeneinander gestellt. Kurz vor der oben zitierten Stelle heißt es in Sternbergers Bericht:

> Zuerst saß ich oben auf der Kante. Der Abend war herrlich klar, und als wir durch die Wetterau fuhren, duftete das Korn, und der Blick schlang die dunkelroten Blumenfelder in sich ein. Heute morgen – in der Trümmerstadt – hatte ich nicht gewußt und hätte auch nicht für möglich gehalten, daß es irgendwo Felder und Gärten gibt.[27]

Diese Art der Landschaftserfahrung ist schon wieder näher am Erleben Eichendorffs. In der Synästhesie der Wahrnehmung verschmelzen Duft und Bild zu *einem* Genuß, und dabei wird etwas wiedergewonnen, was beim Aufkommen der Bahnreise verlorengegangen war. Die Eisenbahn, einst Motor der industrialisierten Welt, ermöglicht nun plötzlich

---

24 Vgl. z.B. Eberhard Hempel: Ruinenschönheit. In: Zeitschrift für Kunst. Jg. 2 (1948). S. 76ff.

25 Stig Dagerman: Deutschland, Herbst 1946. A.a.O. S. 199.

26 Franz Kafka: Hochzeitsvorbereitungen auf dem Lande und andere Prosa aus dem Nachlaß. (Gesammelte Werke. Hg.v. M. Brod). Ffm., 1989. S. 54.

27 Dolf Sternberger: Reise in Deutschland – Sommer 1945. A.a.O. S. 163.

romantische Naturerfahrung, wenn von der mobilen Warte des Waggons die Klarheit und Herrlichkeit der Landschaft betrachtet wird. Doch anders als bei Eichendorff drängt es das Ich nicht in die unwiderstehliche Magie dieser Welt hinein. Das verhindert neben dem Kontrast der Erinnerung vor allem die Bewegung des Zuges, die den Natureindruck zur flüchtigen Impression degradiert. Das bunte Leben der Landschaft wird hier vielmehr genau anders herum verinnerlicht, verschlungen!

„Was man vom Eisenbahnfenster sieht, ist kein intimer Genuß. Es ist ein geographisch-kultureller Genuß",[28] hatte bereits Oskar Bie in einem 1897 erschienenen Artikel formuliert. Den „eigentümliche[n] Natursinn, der vom Eisenbahnfenster aus gleichsam nur gebunden und käfighaft sich befriedigt",[29] beschrieb jedoch auch er schon als ein ‚gieriges Einsaugen' der Landschaft durch die Fenster. Sternberger setzt diese Linie fort. Auch er, der den Käfig des Waggons unter sich läßt, sucht die ungebundene Befriedigung eines intimen Genußbedürfnisses – seines Hungers. Der Duft des Korns und der Anblick der Blumen verbinden sich ihm zu einem doppelt appetitanregenden Sinnesreiz, auf den er freilich vom fahrenden Waggon aus nur mit visuellem Zugriff reagieren kann. Doch die gierige Einverleibung des sich bietenden Bildes ist nicht nur ein hungerbedingter Reflex. Sie sucht auch die Beziehung von innen und außen umzukehren, und macht damit einen Vorgang der Entfremdung rückgängig, den die später renommierte Journalistin Marion Gräfin Dönhoff in einer Reisebeschreibung der Nachkriegszeit auf die Fahrt mit der Bahn selbst zurückführt:

> Jede Eisenbahnfahrt ist ein Erlebnis. Nicht nur, weil man immer von neuem darüber erstaunt, wieviel Menschen in einen Waggon hineingehen und wie mannigfaltig die Variationsbreite der verschiedenen Temperamente ist – also nicht nur wegen dem, was drinnen im Wagen vor sich geht, sondern auch in bezug auf das, was draußen vorüberzieht. Wobei dies nun wirklich eine optische Täuschung ist, denn das „Draußen", das Fremde in dem objektiven Bild der Landschaft, sind ja doch zweifelsohne die Reisenden beziehungsweise der Zug. Wahrscheinlich liegt es an diesem Subjekt-Objektwandel, daß mich Eisenbahnfahren immer traurig macht. Es ist etwas Merkwürdiges, wenn aus dem, was ei-

28 Oskar Bie: Fahrrad-Ästhetik. In: Der Kunstwart. Rundschau über Dichtung, Theater, Musik und bildende Künste 10. 1897. Zitiert nach: Theorie des literarischen Jugendstils. Hg.v. J. Mathes. Stgt., 1984. S. 68.

29 Ebenda.

gentlich das Leben ist, eine Landschaft wird, die an einem vorbeigleitet mit Stoppelfeldern, Kartoffelfeuern und weidendem Vieh – flüchtige Bilder, die man nicht festhalten kann und für die man selber nur ein Fremdling ist.[30]

Der Text scheint allgemein, und doch liegt ihm eine spezifische Erfahrung der Nachkriegszeit zugrunde, denn es ist die Angst, sich selbst „draußen" fühlen zu müssen, die den Eisenbahnreisenden der optischen Täuschung zum Opfer fallen läßt. „Ja, dieses neue Verhältnis zum Draußen ist eine Beschränkung und eine Kraft",[31] schreibt Marie Luise Kaschnitz in ihrem *Tagebuch 1945*. Wie Gräfin Dönhoff stammt auch sie aus einem alten Adelsgeschlecht, also bereits aus ex-klusivem Milieu. Und wie bei der Gräfin der Entwurf einer Einheit von Mensch und Landschaft aus der Perspektive der Eisenbahnreisenden an der eigenen geographischen und sozialen Fremdheit scheitert, so mißlingt auch ihr Versuch, die Landschaft ihrer Heimat 1945 noch einmal aus einer ähnlichen Perspektive, nämlich „gleichsam wie aus dem Vogelfluge darzustellen".[32] Die Gräfin war durch den Krieg ihrer Güter beraubt und aus ihrer ostpreußischen Heimat vertrieben worden. Aber auch die nicht vertriebene Freifrau von Kaschnitz hatten die Kriegsjahre um „Besitz" und Geborgenheit gebracht: „Ich habe während des ganzen Krieges nicht eine jener Fahrten gemacht, auf denen wir so ungestüm und achtlos von Bergen und Tälern Besitz ergriffen. Solche Fahrten waren in früheren Zeiten nichts Seltenes, wie es überhaupt nicht ungewohnt war, mit dem Herzen hier und dort, in eigenen wie in fremden Zuständen heimisch zu sein."[33]

Damit ist es nach 1945 vorbei. Heimat hat ihre Heimatlichkeit verloren und das fremde Draußen wird zur Bedrohung. Gaston Bachelard hat diese Erfahrung, die für Gräfin Dönhoff die einer Eisenbahnfahrt ist, die „Zerstückelungsdialektik"[34] von Drinnen und Draußen genannt. Mit ihr kehrt sich der traditionelle Charakter der Bahnreise in sein Gegenteil um:

---

30 Marion Gräfin Dönhoff: Menschen im Abteil. In: Die Zeit. Hbg., 18.09.1947. Zitiert nach: In Deutschland unterwegs. A.a.O. S. 105.

31 Marie Luise Kaschnitz: Tagebuch 1945. In: M.L.K.: Gesammelte Werke. Hg.v. Chr. Büttrich u. N. Miller. Bd. VII: Die essayistische Prosa. Ffm., 1989. S. 421.

32 Ebenda, S. 420.

33 Ebenda.

34 Gaston Bachelard: Poetik des Raumes. Aus dem Französichen übertr. v. K. Leonhard. Mchn., 1960. (Literatur als Kunst). S. 242.

Ursprünglich diente sie der kontrollierten Konfrontation mit dem Fremden, das dadurch allmählich vertraut werden sollte. Hier führt sie dagegen zur schockartigen Auseinandersetzung mit dem Vertrauten, das fremd geworden ist. Dem einstmaligen Ausflug, der die Einkehr in der Fremde ermöglichen sollte, steht so die Heimkehr gegenüber, die sich als Exilierung erweist.[35] Gräfin Dönhoff und Marie Luise Kaschnitz erleben beide die Angst derer, die – wie Wolfgang Borchert es formuliert – „nach Hause kommen [oder zumindest nach Hause kommen wollen] und die dann doch nicht nach Hause kommen, weil für sie kein Zuhause mehr da ist. Und ihr Zuhause ist dann draußen vor der Tür".[36]

Bei Gräfin Dönhoff ist das Bewußtsein, daß die beschriebene optische Täuschung in tieferem Sinne einen Entfremdungsprozeß zu dem, was „eigentlich das Leben ist", bedeutet, aufs engste an die aufklärerische Leistung des Fenstermotivs geknüpft, wie sie Gotthart Frühsorge untersucht hat. Auch in den Fensterszenen bei Hofmannsthal sieht er ein Mittel, „Haltungen sichtbar zu machen zu dem, was die Zeit ‚Leben' nennt".[37] Bei Keller und Raabe werden nach Frühsorge darüber hinaus „Fensterblicke zu Momenten der subjektiven Irritation", zu Augenblicken „der Aufklärung über sich selbst, über die jeweilige individuelle Situation, die als Objektivation der historischen Lage verstanden werden soll".[38]

Man tut gut daran, diese Aussagen an die der Untersuchung zugrunde liegenden Texte rückgebunden zu sehen. Dennoch passen sie nur zu gut auch auf die Bahnfenster-Bilder der Nachkriegszeit. Auch hier ermöglichen Fensterblicke Aussicht auf das „Leben" und zugleich Einsichten ins eigene Innere. Darin liegt wohl der Hauptgrund dafür, warum um das Privileg des Fensterplatzes oft so energisch gekämpft wurde. Entspre-

---

35 Vgl. den programmatischen Titel von Walter Kolbenhoffs Nachkriegsroman *Heimkehr in die Fremde* aus dem Jahr 1949.

36 Wolfgang Borchert: Draußen vor der Tür. Ein Stück, das kein Theater spielen und kein Publikum sehen will. In: W.B.: Das Gesamtwerk. Mit einem biographischen Nachwort v. B. Meyer-Marwitz. Hbg., 1949. S. 102.

37 Gotthardt Frühsorge: Fenster: Augenblicke der Aufklärung über Leben und Arbeit. Zur Funktionsgeschichte eines literarischen Motivs. In: Euphorion. Zeitschrift für Literaturgeschichte. Bd. 77. 1983. S. 348.

38 Ebenda, S. 353.

chend ist in der Literatur der Nachkriegszeit das Fenster – wie es Richard Alewyn schon bei Eichendorff festgestellt hat – nicht nur „pleonastisches Requisit“,[39] sondern zugleich Formel für die Öffnung in einen erlebten Raum. Diesen nehmen die Reisenden freilich in einer extremen Flüchtigkeit wahr, denn indem die Bewegung des Zuges die Bewegungen des eigentlichen Lebens übertrifft, läßt sie die Welt in eine Folge stehender, lebloser Bilder zerfallen. Sie sind weder festzuhalten, noch bieten sie Halt. Vielmehr werfen sie den Betrachter auf sich selbst zurück – das Waggonfenster wird zum Spiegel. Dieses Moment der Reflexivität, das auch schon bei Frisch aufgefallen war, ist insofern von besonderer Bedeutung, als das Fenster ansonsten als ein Medium der Distanzierung gelten kann. Wie eine Riesenbrille mit Scheuklappen bewirkt es „ – durch das zwischengeschaltete Glas – die Objektivierung des Angeschauten, eine Wirkung wie auf den Angeschauten, so auch auf den Brillenträger selbst, dem sie, wie durch Autosuggestion, das Gefühl von Unvoreingenommenheit und Sachlichkeit vermittelt.“[40] Gert Mattenklott sieht in solchen Mitteln der Distanzierung ebenso „Tarnungen der Selbsterkenntnis“ wie Ausprägungen eines „kalten Auges“,[41] das das Objekt ohne innere Beteiligung als Opfer fixiert.

Ganz anders bei Sternberger. Bei ihm findet die Kontaktaufnahme zur Außenwelt bezeichnenderweise nicht hinter einem Abteilfenster, sondern von der oberen Kante eines Güterwaggons statt und entspricht damit der visuellen In-Besitz-Nahme der Landschaft bei Marie Luise Kaschnitz. Der Schritt hinaus, um „draußen“ an der Natur selbst in freier genießender Betrachtung teilzuhaben, läßt die objektivierende Barriere des Fensters hinter sich und ermöglicht es, die Intensität des Sehens in einem freien Blick zu steigern. Was dabei bleibt, ist freilich die Begrenzung durch die Bewegung des Zuges, die den Fahrgast zum Besucher eines mobilen Museums macht, in dem nur die räumliche Beziehung von Objekt und Subjekt verkehrt ist. Der Betrachter und nicht die Gegenstandswelt ist gefangen; er schaut heraus statt hinein, wobei jedoch die Grund-

39 Richard Alewyn: Eichendorffs Symbolismus. In: R.A.: Probleme und Gestalten. Essays. Ffm., 1974. S. 243.

40 Gert Mattenklott: Kalte Augen. In: G.M.: Der übersinnliche Leib. A.a.O. S. 49.

41 Ebenda.

regel wie in jedem Museum: „alles sehen, nichts anfassen" lautet. Mit dem visuellen „Verschlingen" der Blumenfelder verstößt Sternberger gegen diese Maxime. Seine fast gewaltsame, persönliche Aneignung der Dinge geschieht mit einem „heißen Auge", das die Distanz zwischen Betrachter und Betrachtetem zusammenschmelzen läßt. Wo er die vorbeifliegenden Felder ins Auge faßt, entspricht sein Blick dem eines Landmannes, dem die Landschaft im Akt des Sehens das Bewußtsein persönlicher Freiheit, weil wirtschaftlicher Unabhängigkeit vermittelt. Für den Nicht-Bauern muß nach 1945 dagegen gerade hier die eigene Unfreiheit und Abhängigkeit, die eigene Armut und der eigene Hunger – sowohl in materieller als vor allem auch in ideeller Hinsicht – schmerzlich bewußt werden. Nur „die furchtbar gleichgültigen Gesichter der Obdachlosen" vor Augen, hatte man vergessen, „daß es noch Männer gibt, die am Abend vor ihrem Scheunentor die Sense dengeln, und Frauen, die auch in diesen Jahren keinen Augenblick aufgehört haben, ihre altgewohnten Geschäfte zu versehen."[42] Wer sich das Werk ihrer Hände im verschlingenden Blick aneignet, sucht dieses Defizit an Vertrautheit und Heimatlichkeit durch einen visuellen Mundraub zu kompensieren.

Die Fragwürdigkeit eines solchen Genusses thematisiert Günter Eich in seiner Erzählung *Zwischen zwei Stationen*,[43] die ebenfalls vom Erlebnis der Fremdheit ausgeht. Der Text handelt von einer Bahnfahrt, in deren Verlauf zwei verkrüppelte Soldaten einer „Frau [...] am Fenster" erklären, warum sie aus Deutschland in ihre Heimat, die ehemaligen deutschen Ostgebiete, die inzwischen polnisch geworden sind, zurückkehren wollen: „Hier will man nichts von uns wissen [...] und man hat nichts für uns übrig", bemerkt der eine, und der andere ergänzt: „Es ist sehr schön, wenn man weiß, wo man hingehört". Der Ich-Erzähler hört dem scheinbar unbeteiligt zu:

42 Marie Luise Kaschnitz: Tagebuch 1945. A.a.O., S. 422.

43 Günter Eich: Zwischen zwei Stationen. In: G.E.: Gesammelte Werke. Bd. IV. A.a.O. S. 293f.

> Ich blickte aus dem Fenster. Es war im Sommer, auf manchen Feldern hatte die Ernte schon begonnen, man sah die ersten Kornmandeln. Es war ein schöner Tag. Durfte man sich freuen?

Das in den Blick kommende Bild entspricht ziemlich genau dem Sternbergers. Aber der Betrachter sieht hier durch ein Fenster, das als Grenze zwischen der von körperlichem und seelischem Elend geprägten Innenwelt und einer idyllischen Außenwelt zum Anlaß einer kritischen Reflexion über das Verhältnis von Natur und Geschichte wird. Die Frage „Durfte man sich freuen?" entzieht das eigene Harmonie- und Genußbedürfnis einer vorschnellen Befriedigung. Sie zwingt zur Auseinandersetzung mit der Ambivalenz von natürlicher Heils- und geschichtlicher Unheilserfahrung und führt nach dem Ineinander von Schönheit und Grauen bei Frisch und dem Nebeneinander bei Sternberger hier nun das schroffe Gegeneinander vor. Es bestimmt die Aussage der Erzählung in entscheidender Weise, daß an ihr Ende eine Parallele zum Fensterblick des Ich-Erzählers gestellt ist. Auch die Frau, die zwar das Heimweh der Soldaten teilt, es aber für „furchtbar" hält, deshalb Pole zu werden, schaut hinaus:

> Die Frau schwieg und blickte verärgert weg, zum Fenster hinaus, wo man die Weizenfelder unterm Sonnenlicht sah.

Es bleibt offen, wie die Reisende, die hier durch den Fensterblick vor der Problematik des Innenlebens flieht, die Barriere des Fensters erlebt. Aber der Erzähler hat bereits deutlich gemacht, daß die Schönheit der Landschaft draußen – durch die Alliteration „Sonnenlicht sah" auch lautlich dargestellt – als Grund zur Freude nur bedingt taugt. Wie schon bei Frisch verbindet auch hier die Optik des Reisenden Ästhetik und Moral. Ist es da Zufall, daß einer der beiden Soldaten, die ihr Handeln selber als eindeutig und widerspruchsfrei betrachten, auf einem Auge blind ist? Sicher ist jedenfalls, daß die In-Frage-Stellung seiner Position durch die Frau ebenso wie die Problematisierung ihrer Reaktion durch den Erzähler zumindest eine doppelte, wenn nicht sogar eine dreifache Perspektive erfordert. Mehrere einander relativierende Perspektiven sind aber das Kennzeichen literarischer Ironie. Als dritte im Bunde gesellt sie sich hier Moral und Ästhetik hinzu, unauffällig und bescheiden, ganz so, wie sich der Erzähler für die Fahrt zwischen zwei Stationen der Abteilgemeinschaft anschließt. Und doch ist es vor allem diesem „Kunstmittel des Indirekten“[44] zuzuschreiben, wenn dem Rezipienten des Textes an dieser Stelle ein Fragezeichen zum Lesezeichen wird. Eich, der für die Frage als dichterisches Prinzip optiert,[45] läßt seinen Erzähler mit der Bahn auch allen Antworten davonfahren.

Untersucht wurde in diesem Kapitel die spezifische Perspektive des Eisenbahnreisenden und ihrer Bedeutung für die Wahrnehmung der Nachkriegsrealität. Neben dem technischen und organisatorischen Stand des Verkehrsmittels Eisenbahn wurden dabei der sozialen Status der Reisenden, ihre persönlichen Interessen und Wahrnehmungsvoraussetzungen ebenso berücksichtigt wie ihre Einbindung in die Mentalität bestimmter gesellschaftlicher Gruppen.[46] Die Ergebnisse sind:

1. Dem Reisenden bietet sich beim Blick hinaus ein Panorama der Zerstörung, dessen einzelne Komponenten plastisch hervortreten.
2. Mit den äußeren Zerstörungen werden auch die eigenen Verstümmelungen bewußt; das Waggonfenster wird zum Spiegel.
3. Indem der Reisende sich von den Vorgängen „draußen“ ausgeschlossen fühlt, konstatiert er einen Entfremdungsprozeß zu dem, was eigentlich Leben ist.
4. Ein Versuch, dies zu überwinden besteht darin, im Akt des Sehens eine Aufhebung des Äußeren im Inneren anzustreben.
5. Die Fragwürdigkeit dessen, was so als Leben wahr- und aufgenommen wird, kann anhand der ironischen Diskrepanz von Außen und Innen bewußt werden. Der Fensterblick entwickelt sich so von einer Möglichkeit der visuellen Welterschließung zum Medium einer kritisch-produktiven Verunsicherung.

---

44 Günter Eich: Rede zur Verleihung des Georg-Büchner-Preises 1959. In: G.E.: Gesammelte Werke. Bd. IV. A.a.O. S. 620.

45 Vgl. ebenda.

46 Vgl. die Erwähnung dieser Kriterien als zentrale Wahrnehmungsvorraussetzungen auf Reisen bei Peter J. Brenner: Die Erfahrung der Fremde. Zur Entwicklung einer Wahrnehmungsform in der Geschichte des Reiseberichts. In: P.J.B. (Hrsg.): Der Reisebericht. Die Entwicklung einer Gattung in der deutschen Literatur. Ffm., 1989. S. 27.

3. Auf der Suche nach dem verlorenen Ort

Die Wiederentdeckung des Raumes

Mit der Fensterperspektive ist eine zentrale Wahrnehmungsvoraussetzung des Nachkriegsreisenden untersucht worden. Die Aussichten, die das Abteilfenster bot, waren für ihn von ähnlicher Wichtigkeit, wie für uns die Einsichten, die durch diese Motivanalyse ermöglicht wurden. Um jedoch dem Eindruck vorzubeugen, die Menschen der Nachkriegszeit seien vor allem der schönen Ausblicksmöglichkeit wegen mit dem Zug gefahren, sei schon hier auf die entscheidende Bedeutung der Bahn als einzig verfügbares Massenverkehrsmittel hingewiesen. Entlang der Schienen schlug man die tägliche Schlacht ums Überleben. Bevor jedoch diese These ausführlich belegt werden soll, ist zunächst noch ein anderes, für die Situation des Bahnreisenden zentrales Moment in den Blick zu nehmen, nämlich die spezifischen Bedingungen seiner Raumerfahrung.

Diese war 1945 vor allem durch die Ambivalenz eines Befreiungserlebnisses bestimmt, das zugleich der Beginn einer Besatzungszeit war. Der just bejubelten Öffnung neuer Räume stand ihre baldige Wiederbeschränkung durch die Zonengrenzen gegenüber. Nur mit Passierschein oder von Kindern unter zwölf Jahren durften diese „unsichtbare[n], aber sehr fühlbare[n] Mauern quer durchs Land“[1] überquert werden. Alfred Andersch beschreibt im *Ruf* eine abenteuerliche Reise von Frankfurt nach Köln, auf der er ohne Visum durch die französische Zone muß. Selbst vom bestochenen Zugschaffner als blinder Passagier auf der Toilette versteckt, betrachtet er vom Fenster aus das Schicksal derer, die, aufgrund geringerer Raffinesse, im wahrsten Sinne des Wortes „das Nachsehen“ haben:

> Auf dem Bahnsteig steht ein Häuflein Menschen, das dem Zug nachsieht. Die deutsche „Grenz“-Polizei hatte sie herausgeholt. Weil sie keine Papiere besaßen, müssen sie nun hundert Mark bezahlen und dürfen erst mit dem nächsten Zug weiterfahren. Denn um von Koblenz nach Köln zu fahren, braucht man als Deutscher heute Papiere. Deutsche Polizei veranlaßt das. Kein Franzose läßt sich bei dieser Prozedur blicken. Denn die Franzosen wissen ja, daß die Deutschen das

1 Dolf Sternberger: Reise in Deutschland – Sommer 1945. A.a.O. S. 155.

sehr gut erledigen. Daß die Deutschen noch immer jeden Befehl befolgen, den man ihnen gibt. Daß die Deutschen aus der Geschichte niemals lernen werden.[2]

Die Szene offenbart beispielhaft die Widersprüche der Zeit: Auf engstem Raume eingesperrt, gelingt Andersch die Überwindung von Grenzen, die ihrerseits in Folge einer „großen Befreiung“ gezogen worden sind. Die Überwachung dieser Grenzen wird aber nicht von den „Befreiern“ geleistet, sondern von den Besetzten selbst. Deren vormals verdammter Untertanengeist ist jenen nun Garant genug für die gewissenhafte Befolgung ihrer Befehle. Anderschs polemische Kritik gilt somit der Praxis der Besatzer ebenso wie den „unbelehrbaren Deutschen“. Die Bahn mit ihrem Angestellten wird dagegen zum Komplizen eines anarchischen Individuums, das sich seine räumliche Bewegungsfreiheit selbst erobert, wo sie ihm von den alten und neuen Exekutoren staatlicher Gewalt vorenthalten werden soll.

Anderschs Text regt an, die spezifische Raumerfahrung der Nachkriegszeit in ihren Auswirkungen auf die Art der Raumbeschreibung in der Literatur dieser Epoche genauer zu untersuchen, denn in der Beschreibung von Räumen wird „immer auch der Akt ihrer Erfassung und Verarbeitung thematisch“.[3] So erscheint an dieser Stelle eine kleine Phänomenologie des Raumes und seiner literarischen Beschreibung aus der Perspektive des Nachkriegsreisenden angebracht. Je nach Art und Grad der leiblichen Bewegung läßt sich mit Bernhard Waldenfels der Raum in einen „Stimmungsraum“, einen „Handlungsraum“ und einen „Anschauungsraum“ untergliedern.[4] Betrachten wir zunächst den „Handlungsraum“. Er ist für den Reisenden durch die Bewegung des Zuges während der Fahrt aufs Interieur begrenzt und wird in diesem Sinne Gegenstand des folgenden Kapitels sein. In größerem Rahmen gesehen, um-

---

2 Alfred Andersch: Der richtige Nährboden für die Demokratie. Bericht von einer Reise in den deutschen Westen. In: Der Ruf. H. 11 (15.1.47). Zitiert nach: Der Ruf. Eine deutsche Nachkriegszeitschrift. Hg.v. H. Schwab-Felisch. Mchn., 1962. S. 274.

3 Eckhard Lobsien: Landschaft in Texten. Zu Geschichte und Phänomenologie der literarischen Beschreibung. Stgt., 1981. (Studien zur allgemeinen und vergleichenden Literaturwissenschaft, 23). S. 82.

4 Vgl. Bernhard Waldenfels: Gänge durch die Landschaft. In: Landschaft. A.a.O. S. 33f. Waldenfels betont die raumbildende Kraft der leiblichen Bewegung als zentrales Kriterium seiner Analyse.

faßt er aber auch den gesamten Raum, der dem Reisenden durch das Transportmittel Eisenbahn erschlossen wird. Auf diesem Hintergrund war die Bahn in den Jahren nach 1945 in der Tat *das* Medium der Raumerfahrung. Mit ihrer Hilfe ließ sich der enge Rahmen der eigenen Bewegungsmöglichkeiten erweitern. Dieser war nicht nur durch die Zonengrenzen, sondern auch durch schlechte Lebensbedingungen und persönliche Schuldverstrickungen gesteckt. Beides war beim „Weiterkommen" hinderlich, und beidem suchte man durch die Flucht mit der Bahn in neue Lebensräume zu entkommen.

Das verstärkte freilich noch die schon vorhandene Desorientierung. Man hatte sich in Räumen zu bewegen, die einem entweder völlig fremd waren, oder aber durch den Krieg und seine Folgen ihre frühere Vertrautheit verloren hatten. Oft stimmte die Topographie der Erinnerung nicht mehr mit der realen überein. Daß die Räume ihre „Einfürallemal-Solidität einbüßen, daß sie statt dessen intelligibel und vor allem mobil werden",[5] ist freilich auch eine Folge jeder Reise. In der besonderen Situation der unmittelbaren Nachkriegszeit ließ sich jedoch mit der Bahn der in Bewegung geratene Raum neu erschließen, wenn man sich selbst in Bewegung setzte. Außerdem bot sie ein geographisches Orientierungsnetz, mit dessen Hilfe man sich im Durcheinander der menschlichen Mobilität zurechtfinden konnte. Selbst die Namen der kleinsten Orte bekommen deshalb in den Reiseberichten der Zeit so großes Gewicht. Sie sind Wegmarken, die der Reisende im durchreisten Raum zurückläßt, und zugleich Mosaiksteinchen einer neuen Landkarte, auf der er sich selber sucht.

Das geographische Raumproblem hat eine Parallele auf literarischer Ebene. Denn ebenso überholt wie die von den Alliierten erbeuteten, „wunderschön kollorierte[n] Stadtpläne"[6] von Heinrich Bölls vollkommen zerstörter Heimatstadt Köln waren auch die poetisch eingefärbten „Muster von Regen und Schonung",[7] die Günter Eich in seinem Gedicht

---

5 Gert Mattenklott: Die Wandlung des Reisenden. A.a.O. S. 166.

6 Janet Flanner: Köln, 19. März 1945. In: Europa in Trümmern. A.a.O. S. 83.

7 Günter Eich: Ungültige Landkarte. In: G.E.: Gesammelte Werke in vier Bänden. Bd. I. A.a.O. S. 133. – Das Gedicht trägt in der Niederschrift Eichs aus dem Jahr 1962 den Titel *Landkarte 1948*. Eine ältere Fassung ist mit *Topographie* überschrieben und beginnt wohl nicht zufällig mit den Versen: „Das Muster / aus Feldwegen und Eisen-

Ungültige Landkarte beschreibt. „Unsere Literatur hat keine Orte. Die ungeheure, oft mühselige Anstrengung der Nachkriegliteratur hat ja darin bestanden, Orte und Nachbarschaft wiederzufinden."[8] Dieser Satz aus Heinrich Bölls *Frankfurter Vorlesungen* bestätigt den programmatischen Charakter, den die allgemeine räumliche Neuorientierung für die Literatur der Nachkriegszeit hat. Auch in ihr galt es, Positionsbestimmungen vorzunehmen, um eine den Zeitereignissen angemessene Sprache wiederzugewinnen. „Etwas aus einer fremden Sprache ins Gelände der eigenen Sprache hinüberzubringen, ist eine Möglichkeit, Grund unter den Füßen zu finden",[9] beschreibt Böll diese Bemühungen selbst mit topographischer Terminologie unter Hinweis auf seine Übersetzungsprojekte. Seine Klage, man habe „noch nicht begriffen, was es bedeutete, im Jahre 1945 auch nur eine halbe Seite deutscher Prosa zu schreiben",[10] ist der Seufzer eines Nachkriegsschriftstellers, der erfahren hat, daß sich poetische Räume weit schwieriger neu erschließen lassen, als geographische. Als er, siebenundzwanzig Jahre alt, aus der Kriegsgefangenschaft nach Köln zurückkehrte, wurde „das Gefühl, befreit zu sein",[11] zum Anstoß, die schriftstellerische Arbeit wieder aufzunehmen. Der physischen Befreiung, die Bewegungsräume neu eröffnete, entsprach ein „literarischer Befreiungsprozeß",[12] den Böll durch die Rezeption ausländischer Autoren erfuhr.[13] Obwohl er meinte, „bei Null anfangen" zu müssen, orientierte er sich an den Größen der englisch- und französischsprachigen Literatur. Hemingway allen voran wurde für ihn das, was die Bahn für die Protagonisten seiner frühen Prosatexte darstellt: eine richtungsweisende Fortbewegungshilfe in noch lange nicht vertrautem Gelände.[14]

---

bahn, / (und Eisenbahndamm) / Schonung(en) und (Weizensteppe)"; vgl. ebenda, S. 484.

8 Heinrich Böll: Frankfurter Vorlesungen. A.a.O. S. 57.

9 Ebenda, S. 61.

10 Ebenda, S. 57.

11 „Ich habe nichts über den Krieg aufgeschrieben". Ein Gespräch mit Heinrich Böll und Hermann Lenz. In: Literaturmagazin 7. A.a.O. S. 33.

12 „Ich habe nichts über den Krieg aufgeschrieben". A.a.O. S. 50.

13 Heinrich Böll: „Weil dieses Volk so verachtet wurde, wollte ich dazugehören[...]". In: H.B.: Werke. Interviews I. Hg.v. B. Balzer. Köln, (o.J.). S. 245.

14 Die Rede vom nicht mehr vertrauten Gelände durchzieht Bölls *Frankfurter Vorlesungen*. Sie variierend spricht er auch vom „vergifteten" und „verminten Gelände" (vgl. Heinrich Böll: Frankfurter Vorlesungen. A.a.O. S. 66 u. Heinrich Böll: Das Gelände ist

Doch so wie bei Böll der produktionsstimulierende Einfluß der ausländischen Literatur durch die stilbildende Kraft überlagert wurde, den die Begegnung mit der zertrümmerten Wirklichkeit und ihre Thematisierung in den Zeitschriften der Zeit für seinen „kritischen Realismus" bedeutete,[15] so tritt bei ihm auch der raumerschließenden Funktion der Eisenbahn ein zweiter Aspekt zur Seite: Die Versuche einer Wiedergewinnung des Raumes bilden die Folie, auf der sich die Problematik des Reisenden als eines Heimatlosen abzeichnet. Die Nachkriegserzählungen Bölls handeln nur zu oft von Ankunft, Abschied oder Aufenthalt auf Bahnhöfen und geben so die Erfahrung des „Nicht-seßhaft-seins" ebenso wieder wie die dauernde Suche nach Orten der Sicherheit und Geborgenheit. „Das Modell Wartesaal, abfahren, unterwegs sein, ankommen, wieder abfahren, nirgendwo richtig ankommen..."[16] wird hier zum literarischen Muster auf biographischem Grund.[17] Böll illustriert es durch den toposhaften Gebrauch des unpünktlich – oder pünktlich – abfahrenden und ankommenden Zuges, dem schicksalshafte Gewalt über das Leben des Reisenden zuzukommen scheint. Das gilt nicht nur für die noch im Krieg spielenden Erzählungen *Der Zug war pünktlich* und *Aufenthalt in X.* Auch der Ich-Erzähler am Nachkriegszug nach Schweden in der Geschichte *Abschied* zuckt unter der Stimme des Bahnsteigansagers „zusammen, als schwinge sie eine große, graue, behördliche Peitsche durch die Halle", da sie genau über ihm, „amtlich und sauber", die Abfahrt des Zuges verkündet.[18] Von anarchistischer Komplizenschaft der Bahn, wie sie bei Andersch festzustellen war, ist hier nichts mehr zu spü-

---

noch lange nicht entmint. In: H.B.: Vermintes Gelände. Essayistische Schriften 1977–1981. Köln, 1982. S. 69–83).

15 Böll selbst hebt den *Ruf*, das *Goldene Tor* und das *Karussell* aus den zahlreichen Zeitschriften der Nachkriegszeit hervor (vgl. Heinrich Böll: Eine deutsche Erinnerung. In: H.B.: Werke. Interviews I. A.a.O. S. 597). Im *Karussell* wurde 1947 auch die im folgenden behandelte Erzählung *Die Botschaft* erstmals veröffentlicht.

16 Heinrich Böll; Chr. Linder: Drei Tage im März. In: H.B.: Werke. Interviews I. A.a.O. S. 372.

17 Böll selbst nennt die häufigen Umzüge seiner Eltern und das dauernde „Unterwegssein im Krieg und nach dem Krieg" als eigene Erfahrungsbelege für „das Wartesaalhafte, nicht Endgültige" in seinem Werk (ebenda, S. 378). – Zum Zusammenhang von Wartessaal- und Nullpunktsituation vgl. auch: H.B.; Walter Warnach: Die unverlierbare Geschichte. In: H.B.: Werke. Interviews I. A.a.O., S. 27f.

18 Heinrich Böll: Abschied. In: H.B.: Werke. Romane und Erzählungen I. A.a.O. S. 220.

ren, im Gegenteil. Böll, der sich vom teilweise Anarchischen des Nachkriegszustands an anderen Stellen durchaus auch fasziniert zeigt (obgleich er es nicht so nennen will[19]), beschreibt hier das Eisenbahnwesen als ungebrochene Bastion bedrohlicher, deutscher Staatsgewalt. Und wenn am Ende der Erzählung *Die Botschaft*[20] die Ansage einer fünfundneunzigminütigen Zugverspätung den wartenden Reisenden zu einem verlängerten Aufenthalt in einem jener „Drecknester [verdammt], wo man sich vergebens fragt, warum die Eisenbahn dort eine Station errichtet hat", dann weckt „der Mann mit der roten Mütze", der in der mythischen Überzeichnung Bölls wie ein beamteter Höllenwärter erscheint, damit bei ihm das Gefühl, er sei für sein „ganzes Leben in Gefangenschaft geraten":[21]

> Aber dann wurde die Tür jäh aufgerissen, und der Mann mit der roten Mütze, diensteifrigen Gesichts, schrie, als ob er es in die Wartehalle eines großen Bahnhofs rufen müsse: „Personenzug nach Köln fünfundneunzig Minuten Verspätung!".

Wird dem Ich-Erzähler seine eigene Abhängigkeit von der Bahn am Ende der Geschichte zum Verhängnis, so hat er zu Beginn der Erzählung allerdings vom Bahnanschluß des Dorfes „am Ende der Welt" profitiert. Dem Waggon entstiegen, stand er, der der Frau eines gefallenen Freundes hier die Botschaft von dessen Tod zu überbringen hat, zwar der sich auftuenden Topographie drohender Abgründe hilf- und orientierungslos gegenüber („ich wußte nicht, wen ich nach dem Weg fragen sollte"); den Weg bis hierher aber hatte ihm eben die Bahn so leicht gemacht. Indem diese raumerschließende Funktion nicht gewürdigt, sondern stattdessen alles, was in diesem Ort zur Eisenbahn gehört, als auf groteske Weise deplaziert beschrieben wird, entlarvt Böll, dem man an dieser Stelle nur eine sehr geringe epische Distanz zu seinem Ich-Erzähler zugestehen darf, es als Irrtum, im schnell reparierten Eisenbahnwesen ein Zeichen für eine schon wieder intakte Gesellschaft zu sehen. Er will gerade daran

19 Vgl. „Ich habe nichts über den Krieg aufgeschrieben." A.a.O. S. 57.

20 Heinrich Böll: Die Botschaft. In: H.B.: Werke. Romane und Erzählungen I. A.a.O. S. 9–13.

21 Zum Bahnhof als Ort der Verdammnis vgl. auch Bölls spätere Erzählung *Der Bahnhof von Zimpren* (1958). In: H.B.: Werke. Romane und Erzählungen III: 1954–1959. A.a.O. S. 282–291.

erinnern, „daß die Zerstörungen in unserer Welt nicht nur äußerer Art sind und nicht so geringfügiger Natur, daß man sich anmaßen kann, sie in wenigen Jahren zu heilen".[22] Dem „großen Schild mit hochtönendem Namen", das auf dem Bahnhof zum ersten Wegweiser wird, folgt zwar noch – „deutlich und klar mit weißen Buchstaben auf blauem Grund" – ein Hauptstraßen-Schild. Doch sobald man hinter die mit neuen Straßenschildern schnell versehbare, öffentlichen Fassade[23] in den Bereich des Privaten blickt, beweist das Gegenbild einer „von einem kahlen Heckenrosenstrauch überwachsen[en]" Hausnummer, daß auch in diesem Dorf die vergangenen Jahre mit ihrem orientierungsbedrohlichen Wildwuchs Spuren hinterlassen haben, und nur die „Bahnhofsuhr" offensichtlich anders geht als alle übrigen. Im Areal der „völligen Hoffnungslosigkeit", durch das sich der Besucher „langsam und unheimlich vorsichtig" tasten muß, wirkt das an sich schon groteske Zukunftssignal des Bahnhofsvorstehers doppelt absurd.

Man hat dieser frühen Erzählung Bölls – lange sah man darin irrtümlich seine Erstpublikation – oft programmatischen Charakter zugesprochen, meistens unter Hinweis auf den Satz, den der vom Schmerz der Frau betroffene Besucher äußert: „Da wußte ich, daß der Krieg niemals zu Ende sein würde, niemals, solange noch irgendwo eine Wunde blutete, die er geschlagen hat." Hier schienen Krieg und Nachkrieg als *die* Böllschen Themen formuliert. Doch Bernd Balzer hat zurecht bemerkt, daß nicht der Krieg an sich, sondern vielmehr die in ihm nur konkretisierte Erfahrung der Sinnlosigkeit die zentrale Motivation war, aus der Böll 1949 schrieb.[24] So endet der „gebrochene Kriegsroman"[25] *Wo warst du, Adam?* – an seiner Schlußpassage ließe sich der Versuch einer Wiedergewinnung des verlorenen Raumes ebenso zeigen, wie an den

---

22 Heinrich Böll: Bekenntnis zur Trümmerliteratur. In: H.B.: Werke. Essayistische Schriften und Reden I. A.a.O. S. 35.

23 Nach der Besetzung Deutschlands wurden Straßen, die den Namen nationalsozialistischer Politiker getragen hatten, aus Mangel an neuen Persönlichkeiten oft einfach in „Haupt-" oder „Bahnhof-Straße" usw. umbenannt (vgl. z.B. das Umschlagfoto von Deutschland 1945. A.a.O).

24 Vgl. zum ganzen Komplex: Bernd Balzer: Heinrich Bölls Werke: Anarchie und Zärtlichkeit. In: Heinrich Böll: Werke. Romane und Erzählungen I. A.a.O. S. 14ff.

25 Böll selbst spricht im Zusammenhang mit der Blut-und-Boden Literatur des „Dritten Reiches" von der „ungebrochenen Kriegsliteratur" (Heinrich Böll: Werkstattgespräch mit Horst Bieneck. In: H.B.: Werke. Interviews I. A.a.O. S. 20).

frühen Erzählungen[26] – mit dem absurden Tod des heimkehrende Soldaten Feinhals auf der Schwelle seines Elternhauses im Moment des Kriegsendes: „Sinnlos, dachte er, wie vollkommen sinnlos".[27] – Die Sinnlosigkeit kriegerischer Bewegungen, von der Böll auch an anderer Stelle spricht,[28] findet ihre Fortsetzung in der scheinbaren Absurdität der Bewegungen, die sich während der Nachkriegszeit rund um die Eisenbahn abspielen. Derart begründet, läßt sich dann doch mit Recht von einer programmatischen Bedeutung der behandelten Erzählung sprechen.

Die raumerschließende Funktion des Schienennetzes ist auch das Ausgangsmotiv in der 1946 entstandenen Heimkehrererzählung *Die Stadt* von Wolfgang Borchert.[29] In ihr geht „ein Nächtlicher [...] auf den Schienen" seiner Heimatstadt Hamburg entgegen. Vor ihm „lagen die Schienen im Mond. Und die Schienen liefen silbern auf das Helle zu. Und das Helle am Himmel in dieser Nacht, das Helle war Hamburg." Hamburg, *die Stadt*, ist als Geburtsort Borcherts für ihn zugleich der „Wille zu sein".[30] In der nächtlichen Einsamkeit des Wanderers bedeutet ihr Licht die Verheißung von Wärme und Geborgenheit. Die Schienen weisen als Lichtfäden den Weg dorthin, sind aber selbst „kalt". Sie verbinden nicht nur die Orte miteinander, sondern vermitteln auch die Zustände. „Der Mann mit der Lampe", den der Nächtliche am Schienenstrang trifft, sieht davon allerdings nichts. Er meint vielmehr, den Heimkehrer aufklären zu müssen: „So ist das aber nicht [...]. Das ist hell da, oh ja, aber unter den hellen Laternen gehn auch nur welche, die Hunger haben." Dies spricht der Leuchtenträger, der Luzifer, der Versucher. Er

26 Feinhals geht seinen Weg im Geiste voraus: „Er hatte nur noch zehn Minuten zu gehen, geradeaus durch die Gärten, dann links herum zwischen Heusers und Hoppenraths durch, ein Stück Hauptstraße hinunter, und er war zu Hause." (Heinrich Böll: Wo warst du, Adam? A.a.O. S. 446.) Doch schon die sechs Granaten, die den wiederzugewinnenden Raum treffen, bevor die siebte schließlich auch Feinhals und sein „zu Hause" zerfetzt, degradieren das im Gedächtnis bewahrte, friedliche Bild des Raumes zur unwiederbringlichen Illusion.

27 Heinrich Böll: Wo warst du, Adam? A.a.O. S. 447.

28 Vgl. Heinrich Böll; Chr. Linder: Drei Tage im März. A.a.O. S. 372: „Wenn Sie den Krieg abstrakt sehen, sehen Sie ja eine vielvielvielmilliardenfache sinnlose Bewegung, von einzelnen und Massen; völlig unabhängig, völlig unpolitisch gesehen ist er eine irrsinnige Bewegung."

29 Wolfgang Borchert: Die Stadt. In: W.B.: Das Gesamtwerk. A.a.O. S. 69–71.

30 Wolfgang Borchert: Hamburg. Ebenda, S. 72.

ist ein Gleichmacher und ein Miesmacher; er ist der Tod. Der Heimkehrer jedoch ist auf der Suche nach dem Leben, dem „einzigen Leben". Der Weg der Lokomotive, die im Vorbeifahren „wie ein riesiges Kind voll Heimweh" aufweint, ist auch sein Weg; die Eisenbahngeräusche, von Borchert selbst als „Sinnklänge für das ewige menschliche Unterwegs, den ewigen Abschied, die ewige Ankunft"[31] geliebt, sind seine Sprache. Leben aber ist für ihn: „Angst haben. Und Freude haben. Angst haben, daß man unter den Zug kommt. Und Freude, daß man nicht unter den Zug gekommen ist. Freude, daß man weitergehen kann." Nicht nur das unmittelbare Nebeneinander von Gefährdung und Bewahrung belegt, daß die Hauptfigur der Erzählung die Bahn ambivalent erlebt. Führt doch einerseits der eiserne Weg den „Nächtlichen" ins Licht, wie die heiligen drei Könige der Stern nach Bethlehem; andererseits ist es jedoch gerade die aufweinende Lokomotive, die „die Nacht zur Nacht" macht. Für den, der auf der Suche nach dem „einzigen Leben" ist, ist die Eisenbahn nicht nur eine Chiffre der Heimkehr und der Erlösung, sondern auch eine Metapher des „ewigen Unterwegs". Bei Borchert erscheint sie sowohl als geographische Orientierungshilfe wie als Bild für die eigene Orientierungsbedürftigkeit.

Dem „Anschauungsraum", der die zweite Komponente im Waldenfelsischen Modell bildet, galt das Interesse bereits im Kapitel *Fensterbilder*. Er wurde 1945 ebenfalls durch die Erfahrung der Befreiung verändert. Diktatur und Krieg hatten ja nicht nur die Handlungsräume der Menschen durch Stacheldraht und Gefängnismauern begrenzt – Thomas Mann sprach vom „dickwandigen Folterkeller zu dem der Hitlerismus Deutschland gemacht hatte"[32] –, sondern durch ideologische Scheuklappen und Schlagläden der Angst auch auf ihre Anschauungsräume eingewirkt: Man durfte oder wollte nicht sehen, was geschah. Am Ende des Krieges nun mußte es vielen so vorkommen, als ob ihnen – mit einer Kleistschen Hyperbel gesprochen – mit einem Mal die Augenlider weggeschnitten wären.

---

31 Bernhard Mayer-Marwitz: Biographisches Nachwort. In: Wolfgang Borchert: Das Gesamtwerk. A.a.O. S. 336.

32 Thomas Mann: Die Lager. In: Th.M.: Gesammelte Werke in dreizehn Bänden. Bd. XII: Reden und Aufsätze 4. Ffm., 1960. S. 951.

Für den Eisenbahnreisenden nun scheint das zunächst nicht von Bedeutung. Sein Anschauungsraum wird nach wie vor vom gleichen Fensterrahmen, bzw. denselben Abteilwänden begrenzt. Und doch spiegelt sich die beschriebene Entwicklung auch hier wider, und zwar sogar im doppelten Sinne: zum einen, weil die Eisenbahn nicht nur Massenbeförderungs- sondern auch Massenkommunikationsmittel[33] war und somit ganz entscheidend zur Verbreitung der neugewonnenen Anschauungen beitrug; zum anderen, weil die Fensterperspektive des Eisenbahnreisenden wie geschaffen dafür schien, von der neuen Anschauungsfreiheit den effektivsten Gebrauch zu machen. Den reisenden Autoren ging es dabei vor allem darum, die inneren Widersprüche der Zeit auf der Ebene unmittelbarer Betrachtung zu erfassen. An Alfred Anderschs Reisebericht wurde dieses Verfahren bereits analysiert. Die bei ihm festzustellende „aggressive und emphatische Art der Kommentierung“[34] nennt Klaus R. Scherpe als Kriterium der „Situationssreportage“. Demgegenüber zeichne sich eine „Reflexionsreportage“ durch „eine eher kontemplative Reflexion des Erfahrungsmaterials“[35] aus. Voraussetzung dafür sei allerdings, was Andersch auch als allererste Bedingung einer neuen gesellschaftlichen Sinngebung forderte, nämlich „Zeit nachzudenken“.[36] *Die* freilich hatte der Eisenbahnreisende der Nachkriegsjahre. Aber nicht nur das. Auch seine äußere Lage, die mit einer „in der Bewegung stillgestellte[n] Wahrnehmung“ der „Haltung des Flaneurs“[37] entsprach, beförderte das reflexive Element. So ist es also nicht verwunderlich, wenn im folgenden Textabschnitt von Ernst Brücher die Bahnfahrkarte lediglich gekauft zu werden scheint, um mit ihr ins Reich ungestörten Nachdenkens fliehen zu können:

33 Der Postverkehr in den einzelnen Zone wurde zwar schon im Sommer 1945 wieder aufgenommen; zwischen den Zonen blieb die Kommunikation jedoch noch weit länger auf persönliche Kontakte angewiesen, zumal auch das Pressewesen auf die jeweiligen Zonen beschränkt war (vgl. Deutschland 1945. A.a.O. S. 198).

34 Klaus R. Scherpe: Erzwungener Alltag. A.a.O. S. 43.

35 Ebenda, S. 53.

36 Alfred Andersch: Das Unbehagen in der Politik In: Frankfurter Hefte 2. 1947. S. 916.

37 Klaus Scherpe: Erzwungener Alltag. A.a.O. S.'59.

> Ich bin zum Bahnhof gelaufen und habe mir eine Fahrkarte gekauft. Ich habe auf den Zug gewartet und konnte mich nicht vom Fleck rühren. Und ich fuhr weg und blickte aus dem Fenster und zitterte. Ich dachte an die kleine Buchverkäuferin im Laden, die geweint hatte und sagte: „Ich halte es nicht mehr aus..." Was denn, fragt ihr? Ja, was denn! Das ist weiter nichts als ein Gefühl, ein schrecklich zerstörendes, vernichtendes Gefühl der Angst; einer grauenvollen Angst vor dem völligen Verlassensein, der völligen Aufgabe aller menschlicher Beziehungen; das ist die Furcht vor dem anderen, die Furcht vor dem Absinken und Verlorengehen. – Der Zug raste durchs dunkle Land; rechts und links waren die Schienen weggerissen, die Signale abgeschweist; nur hier und da ein Licht. An erleuchteten Laderampen standen Kisten zu Hunderten im Regen.[38]

Reflektierte Erinnerung und Fensterblick verbinden sich hier – nur durch einen Gedankenstrich getrennt – zur literarischen Symbolszene. Den inneren Erfahrungen der Angst, der Verlassenheit und der Beziehungslosigkeit entspricht die äußere Szenerie der dunklen Landschaft mit ihren zerstörten Verbindungswegen und verschwundenen Kommunikationeinrichtungen. Wie schon nach der Hegelschen Ästhetik nicht die Gegenstände einer Landschaftsdarstellung es sind, die „den Kern ihres Inhalts" ausmachen, sondern „die Lebendigkeit und Seele der subjektiven Anschauung und Ausführung", mit der der Wahrnehmende bzw. Darstellende „nicht nur ein bloßes Abbild äußerer Objekte, sondern zugleich sich selbst und sein Inneres liefert",[39] so gibt auch hier die Beschreibung eines von zerstörter Technik bestimmten Landschaftsbildes eher Auskunft über innere Befindlichkeiten als äußere Gegebenheiten. Die vorwurfsvolle Wendung an den unverständigen Leser („Was denn, fragt ihr? Ja, was denn!") mündet schließlich in die (er-)klärende Ausleuchtung einer Wirklichkeit, die die existentielle Krise des „unbehausten"[40] Individuums ins Universale wendet. Im Regen stehen, metaphorisch gesprochen, natürlich nicht nur die Kisten.

---

38 Ernst Brücher: „Wenn sie etwas sagten, sprachen sie von der Arbeit". Ein Reisebericht aus der Ostzone. In: Der Ruf 1 (1946/47). Nr. 13. Zitiert nach: In Deutschland unterwegs. A.a.O. S. 182.

39 Georg Wilhelm Friedrich Hegel: Vorlesungen über die Ästhetik. Hg. v. F. Bassenge. Ffm., (o.J.) Bd. II. S. 181.

40 Vgl. Hans Egon Holthusen: Der unbehauste Mensch. Themen und Probleme der modernen Literatur. Mchn., 1951.

In einer Art Umkehrung von Anderschs Versuch, „die Konkretisierung der Erfahrungswirklichkeit zur Erkenntnis der gesellschaftlichen Wirklichkeit“[41] voranzutreiben, geht es Brücher hier darum, den „innere[n] Mechanismus des Denkens durch die äußerliche Konkretion der Szene sichtbar“[42] zu machen. Dieser symbolisch überwölbte Realismus ist typisch für die Prosa der Zeit, aber dennoch nicht neu. Eckhard Lobsien nennt Jean Paul als Stammvater dieses Verfahrens,[43] und Herman Meyer hat es exemplarisch in der Anfangspassage von Theodor Fontanes Roman *Die Poggenpuhls* (1895/96) nachgewiesen. Dort wird die „wundervolle Aussicht“ beschrieben, „die von den Vorderfenstern [des Poggenpuhlschen Hauses] aus auf die Grabdenkmäler und Erbbegräbnisse des Matthäikirchhofs, von den Hinterfenstern aus auf einige zur Kulmstraße gehörige Rückfronten ging, an deren einer man, in abwechselnd roten und blauen Buchstaben, die Worte ‚Schulzes Bonbonfabrik‘ lesen konnte“.[44] Dieses „kahle und beziehungslose Nebeneinander“ von Feudalem und Proletarischem interpretiert Meyer als „vorausdeutende Verkörperung [...] des ganzen sozialen und seelischen Problems, das in diesem Roman ausgebreitet wird.“[45]

Sucht man hierzu weitere Nachkriegsparallelen, so tut man gut daran, zugleich die Konzeption des Waldenfelsischen „Stimmungsraumes“ zu berücksichtigen; denn ein Raum mit einem derart „geistigen Charakter“ ist immer auch „gestalthafter Ausdruck menschlichen Empfindens“.[46] Waldenfels definiert seinen „Stimmungsraum“, als eine Art „Hintergrund des Handlungs- und Anschauungsraumes“[47] der „auf den so oder so befindlichen Leib [...] bezogen ist.“[48] Das freilich kann alles und nichts bedeuten. Gemeint ist wohl der Raum, der sich unter dem Einfluß äußerer Gegebenheiten im Innern des Individuums seinen Stimmungen öffnet.

41 Klaus R. Scherpe: Erzwungener Alltag. A.a.O. S. 56.

42 Ebenda, S. 43.

43 Vgl. Eckhard Lobsien: Landschaft in Texten. A.a.O. S. 83.

44 Theodor Fontane: Die Poggenpuhls. In: Th. F.: Sämtliche Werke. Romane, Erzählungen, Gedichte. Bd. IV. Hg.v. W. Keitl. Darmstadt, 1963. S. 479.

45 Herman Meyer: Raumgestaltung und Raumsymbolik in der Erzählkunst. A.a.O. S. 212.

46 Ebenda, S. 211.

47 Bernhard Waldenfels: Gänge durch die Landschaft. A.a.O. S. 35.

48 Ebenda, S. 33f.

Die folgende Textpassage von Alfred Döblin liefert nicht nur für dessen Phänomenologie einen aufschlußreichen Beitrag, sondern bietet zugleich eine interessante Parallele zum zitierten Romaneingang Fontanes:

> Du siehst die Felder, wohlausgerichtet, ein ordentliches Land. Sie haben die Wiesen gesäubert, die Wege glatt gezogen. Der deutsche Wald, so viel besungen! Die Bäume stehen kahl, einige tragen noch ihr buntes Herbstlaub. [...]
>
> Nun wird es deutlicher: Trümmerhaufen, Löcher, Granat- oder Bombenkrat[er]. Da hinten Reste von Häusern. Dann wieder Obstbäume kahl, mit Stützen. Ein Holzschneidewerk intakt, die Häuser daneben zerstört.
>
> Auf dem Feld stehen Kinder und winken dem Zug zu. Der Himmel bezieht sich. Wir fahren an Gruppen zerbrochener und verbrannter Wagen, verbogenen und zerknickten Gehäusen vorbei. Drüben erscheint eine dunkle Linie, das sind Berge, der Schwarzwald, wir fahren weit entfernt von ihm an seinem Fuße hin.
>
> Dort liegen in sauberen Haufen blauweiße Knollen beieinander, ausgezogene Rüben. Der Ort heißt „Achern". Unberührt Fabriken mit vielen Schornsteinen, aber keiner raucht. Es macht alles einen trüben toten Eindruck. Hier ist etwas geschehen, aber jetzt ist es vorbei.
>
> Schmucke Häuschen mit roten Schindeldächern. Der Dampf der Lokomotive bildet vor meinem Fenster weiße Ballen, die sich in Flocken auflösen. Wir fahren durch einen Ort „Ottersweier", ich lese auf einem Blechschild „Kaisers Brustkaramellen", friedliche Zeiten, in denen man etwas gegen den Husten tat.[49]

Die kleine Reminiszens an die Majorin Poggenpuhl, die „beständig an Husten litt und aller Sparsamkeit ungeachtet zu gutem Teil von Gerstenbonbons und Brustkaramellen lebte",[50] ist sicherlich unbeabsichtigt, aber nicht die einzige Parallele. Die anfängliche Erwähnung des „deutschen Waldes",[51] der als Sinnbild einer nationalen Identität steht wie eh und je,

---

49 Alfred Döblin: Schicksalsreise. A.a.O. S. 308. Bezeichnenderweise ist gerade dieser Textabschnitt für mehrere Anthologien ausgewählt worden (vgl. Vaterland, Muttersprache. Deutsche Schriftsteller und ihr Staat seit 1945. Ein Nachlesebuch für die Oberstufe. Bln., 1979. S. 26f. und: Zeitgeschehen 1900–1970 in deutschsprachiger Literatur. London, 1975. S. 130–132).

50 Theodor Fontane: Die Poggenpuhls. A.a.O. S. 479.

51 In dieser Erwähnung des „deutschen Waldes" schwingt viel von dem mit, was Gaston Bachelard unter dem Stichwort der „Unermeßlichkeit des Waldes" analysiert hat (vgl. G.B.: Poetik des Raumes. A.a.O. S. 214ff.) – Das Motiv des Waldes im Werke Döblins hat Günter Grass untersucht (vgl. G.G.: Über meinen Lehrer Döblin. Rede zum 10. Todestag Döblins. In: G.G.: Werkausgabe in zehn Bänden. Hg.v. V. Neuhaus. Bd. IX: Essays, Reden, Briefe, Kommentare. Hg.v. D. Hermes. Darmstadt, Neuwied, 1987. S. 251ff.)

erhebt das „Lokal" auch hier zum „sinnbezogenen Raum".[52] Ebenso ist das „kahle, beziehungslose Nebeneinander" der Szenerieelemente, das schon Meyer auffiel, durch die karge Form der Aufzählung in knappen, parataktischen Nominalsätzen akzentuiert, auch hier gegeben. In der syntaktischen Struktur des Textes kann man ein Formprinzip Döblins sehen, mit dem er seiner Erfahrung einer „zerbrochenen Welt"[53] Ausdruck verleiht. Dagegen liest sich der Abschnitt auf der Inhaltsebene zunächst wie eine Illustration seiner These von der propagandistischen Funktion der Bahn.[54] Deutsche Ordentlichkeit und Sauberkeit wird vorgeführt, als wäre nichts gewesen. „Die liebe Ordnung", wie sie der Held Friedrich Becker in Döblins Roman *November 1918* nennt, ist scheinbar nicht einmal im Laufe des Krieges abhanden gekommen – oder ist die als „segensreiche Himmelstochter"[55] ironisch attackierte Herrin preußischer Gesellschaftsnormen nur schon wieder auferstanden? Nicht zu unrecht nennt Hans Mayer die Döblinsche Schilderung der Revolutionsereignisse von 1918 einen „historische[n] Roman, der in jedem Augenblick die Gegenwart meint. Das Ende eines Ersten Weltkriegs wird berichtet: in Erwartung der Folgen eines Zweiten".[56]

Diese Folgen erscheinen zunächst freilich nicht – auch hier ein Beleg für die besondere Situation der ländlichen Gebiete.[57] Doch im zweiten Abschnitt der zitierten Passage zerbricht das Panorama der Unversehrtheit in einzelne, widersprüchliche Bildfragmente. Dabei offenbart sich dem Betrachter Döblin, der in seinen sonstigen Schriften nachdrücklich einem dem Naturprozeß analogen Verständnis von Geschichte anhängt,[58] eine unüberbrückbare Diskrepanz zwischen Geschichte und Natur. Diese spiegelt sich in Motiven der Zerstörung während jene in solchen unge-

52 Herman Meyer: Raumgestaltung und Raumsymbolik in der Erzählkunst. A.a.O. S. 211.

53 Vgl. Adalbert Wichert: Alfred Döblins historisches Denken. Zur Poetik des modernen Geschichtsromans. Stgt., 1978. (Germanistische Abhandlungen, 48). S. 23–25.

54 Vgl. das Ende des Kapitels „*Wir fahren, als wenn nichts wäre...*".

55 Alfred Döblin: November 1918. Eine deutsche Revolution. Erzählwerk in drei Teilen. Bd. II,1: Verratenes Volk. (Ausgewählte Werke in Einzelbänden). Olten u. Freiburg, 1991. S. 103.

56 Hans Mayer: Die umerzogene Literatur. Deutsche Schriftsteller und Bücher 1945–1967. Bln., 1988. S. 69.

57 Vgl. den Anfang des Kapitels Fensterbilder.

58 Vgl. Adalbert Wichert: Alfred Döblins historisches Denken. A.a.O., S. 75ff.

brochenen Lebens erscheint. Die Interpretation des Reisenden am Abteilfenster, der beide Komponenten dennoch in einem gedanklichen Schluß zu vereinigen sucht, fällt denn auch merkwürdig inadäquat aus: „Hier ist etwas geschehen, aber jetzt ist es vorbei." Dieses Fazit macht zwar den Versuch, der reaktionären Propagandaparole „Das Leben geht weiter..." die Antithese eines klaren Schnitts entgegenzusetzen. Aber indem Döblin – der Naturwissenschaftler, der gleichzeitig Autor historischer Romane ist, – durch die Betonung des Naturbildes den Selbstwert der geschichtlichen Erscheinung beschränkt, wird seine Formel in ihrer positiven Wendung dem „trüben und toten" Gesamteindruck, den der Text auch beim Leser hinterläßt, nicht gerecht.

Viel eher als in dem durch sie vermittelten Sinn liegt denn der Wert der Döblinschen Reisebeschreibung auch im Potential ihrer Wirkung. Dieses wiederum speist sich aus der Eindrücklichkeit der wahrgenommenen Wirklichkeit. Der „Stimmungsraum", der sich dabei öffnet, ist weit mehr als nur der „Hintergrund" einer – trostlosen – Anschauung. In der erzählerischen Selbstbeschränkung Döblins auf die Rolle eines distanzierten Registrators, die er durch deutende Kommentierung nur hin und wieder durchbricht, wird er zum eigentlichen Vordergrund des Fensterbildes. So sind die winkenden Kinder, die in der ausgestorbenen Landschaft wie kleine, hilflose Marionetten wirken, nicht vorrangig Repräsentanten des vorbeiziehenden sozialen Raumes; sie bevölkern vielmehr vor allem den „Stimmungsraum" des Betrachters. Und im Banne dunkler Melancholie wahrgenommen, ist auch die Bonbon-Werbeschrift, die bei Fontane noch symbolisch-vorausdeutenden Charakter hatte, lediglich Anlaß einer elegienhafter Rückbesinnung: „friedliche Zeiten, in denen man etwas gegen den Husten tat."

Die „bedeutungsvolle Auszeichnung der Wahrnehmung des Gegenstands gegen über der dem Gegenstand eigenen Bedeutung"[59] läßt sich im Falle Döblins auf das Zusammenspiel zweier Komponenten zurückführen, von denen eine das Wahrnehmungs- und die andere das Darstellungsverhalten bestimmt: So scheint der durch das Verkehrsmittel erzwungenen Reduktion der Wahrnehmung aufs Visuelle eine in Bezug auf das wahrgenommene Objekt festzustellende Einschränkung erzählerischer Möglichkeiten zu entsprechen. Im Döblinschen Textabschnitt ha-

59 Klaus R. Scherpe: Erzwungener Alltag. A.a.O. S. 58.

ben wir es mit der distanziert wirkenden Enumeration eines Registrators zu tun, der die Aufzählung von Gesehenem an die Stelle einer Erzählung von Geschehendem setzt. Dies ist ein Indiz dafür, daß die Sinnkonzentration auf den „Stimmungsraum" des Betrachters hier unter anderem daher rührt, daß ihm der erzählerische Zugriff auf den betrachteten sozialen Raum versperrt ist; – und das nicht nur durch Dampfwolken vor dem Abteilfenster, sondern vielmehr wegen einer aufs Visuelle eingeschränkten Wahrnehmung und einer allgemeinen sozialen Fremdheit, die beim Exilanten Döblin nicht verwundern kann. Diese Vermutung wird dadurch bestätigt, daß sich das Erzählverhalten sofort wieder ändert, sobald Döblin dem Zug entstiegen ist und die damit verbundenen Beschränkungen hinter sich gelassen hat. „Auf der Straße", wo das alltägliche Leben den Betrachter zwangsläufig umspült, steht wieder die soziale Komponente im Zentrum. Und auch das Fazit angesichts des Elends lautet hier ganz anders: „Es ist schwer. Ich möchte helfen."[60]

Es war das Ziel dieses Arbeitsabschnitts, der Wahrnehmung und Darstellung von Räumen in der Literatur der unmittelbaren Nachkriegszeit anhand des Eisenbahnmotivs nachzuspüren. Untersucht wurden dabei die einzelnen Komponenten des „Handlungs-", des „Anschauungs-" und des „Stimmungsraumes". Die Ergebnisse seien in folgenden Stichpunkten festgehalten:

1. Die grundlegende Raumerfahrung der Zeit war die der Befreiung, der in ständiger Ambivalenz das Erlebnis erneuter Einschränkungen gegenüberstand.

2. Medium der Befreiungserfahrung wie auch Instrument zur Überwindung neuer Schranken war die Eisenbahn, die als geographisches Orientierungsnetz eine Neuerschließung des Raumes begünstigte.

3. Diese Bedeutung der Bahn reetablierte die schicksalsbestimmende Kraft staatlicher Gewalt in einer ansonsten stark anarchisch geprägten Gesellschaft und verstärkte so die beschriebene Ambivalenzerfahrung.

4. Literarisch gesehen, war die Bahnreise interessant, weil hier das Phänomen einer gegenseitige Vermittlung von äußerer Realität und reflektierendem Bewußtsein des Reisenden außergewöhnliche Einblicke in die Lage von Mensch und Gesellschaft ermöglichte.

60 Alfred Döblin: Schicksalsreise. A.a.O., S. 309.

5. Im selben Maße, wie die Bahnreise so der Reflexion gesellschaftlichen Lebens dienen konnte, erschwerte sie gleichzeitig den direkten Zugriff auf den durchreisten sozialen Raum. Hieraus erklärt sich die Konzentration auf die im eigenen Innern erzeugten Stimmungen und auf indirekte Beschreibungen in Entwürfen symbolischer Raumkonzeptionen.

Exkurs: Lokaltermine

Der Tatort als Denkmal

Die Überschrift dieses Abschnitts klingt kriminalistisch, zielt aber auf Umfassenderes. Anregungen eines Aufsatzes von Anke Bennholdt-Thomsen aufnehmend, soll in ihm nach der „Relevanz des literarisch vermittelten Raumes für das Geschichtsbewußtsein" eines Autors gefragt werden. Welche Rolle spielt in den „Eisenbahntexten" der Nachkriegszeit, für die Raumerfahrung und Raumerschließung von so zentraler Bedeutung sind, das „Erkennen eines Ereignisses in seiner geschichtlichen Dimension, das sich dem Ort verdankt"?[61] Alfred Döblin nimmt im betrachteten Textabschnitt den Raum, den das Waggonfenster seiner Anschauung darbietet, als Abfolge von Orten wahr, und zwar nicht nur hinsichtlich der Dörfer, die er passiert und namentlich erwähnt, sondern auch in Bezug auf das Ensemble der Eindrücke, die sich zu Tableaus einzelner „Orte" zusammenschließen – gerade so, wie die Sätze ihrer Beschreibung zu größeren Abschnitten. Die Ablösung eines als „Ort" betrachteten Objektzusammenhangs durch den nächsten, ist im Text durch Adverbien wie „nun", „dann", „dort" gekennzeichnet. Wie die Betrachtung des Abschnitts gezeigt hat führen die „Orte" hier allerdings nur sehr bedingt zum angemessenen „Erkennen eines Ereignisses in seiner geschichtlichen Dimension", weil der Autor gegen allen Augenschein an einem Verständnis von Geschichte und Natur als aufeinander

61 Anke Bennholdt-Thomsen: Die Bedeutung des Ortes für das literarische Geschichtsbewußtsein. In: Geschichte als Literatur. Formen und Grenzen der Repräsentation von Vergangenheit. Hg.v. H. Eggert, U. Profitlich, K.R. Scherpe. Stgt., 1990. S. 128.

bezogener Korelate *einer* Entwicklung festhält. Dennoch sind die bereisten Orte – wie der folgende Auszug noch einmal belegen wird – auch für Döblin wichtige Anhaltspunkte der Erinnerung:

> Und da fließt der Rhein. Was taucht in mir auf? Rhein, das war früher ein Wort voller Inhalte. Jetzt fällt mir „Krieg“ und „strategische Grenze“ ein, nur Bitteres. [...]
>
> Still, allein im Coupe fahre ich über den Strom. Und dies ist Deutschland. Ich greife nach einer Zeitung neben mir: Wann betrete ich das Land wieder? Am 3.3.33 fuhr meine Familie über die Grenze. Welches Datum heute? Die Zufälle, die Zeichen, die Winke! (Ich dachte, das hätte mich losgelassen), – betroffen lasse ich das Blatt sinken und betrachte die Zahl noch einmal, der neunte November! Revolutionsdatum von 1918, Datum eines Zusammenbruchs, einer verpfuschten Revolution.
>
> Wird alles wieder so kläglich wie damals verlaufen? Soll und muß es nicht hier, auch hier eine Erneuerung geben?[62]

Die Sätze stehen wenige Zeilen vor der bereits behandelten Passage. Der Anblick des „deutschen Stroms“ evoziert Bilder deutscher Geschichte; das Datum der Tageszeitung zitiert deren Bezugsrahmen. Nicht nur meint Döblins historisches „Erzählwerk“ über die Ereignisse von 1918 stets auch die Gegenwart – seine Beschreibungen des Hier und Jetzt verweisen auch immer zurück auf die Geschichte. So kann der Ort, an dem individuelle Biographie und politische Historie konvergieren, als Ort des Wiedersehens zu einem Denkmal werden, das gleichzeitig Mahnmal ist und die Frage evoziert: „Wird alles wieder so kläglich wie damals verlaufen?“[63]

Daß Orte, die für den einzelnen biographische Bedeutung haben, im selben Maße wie die „Orte der Katastrophen [...] Gradmesser einer gärenden Zeit“[64] sein können, betont auch eine Autorin, die in dieser Arbeit bereits erwähnt wurde. Marie Luise Kaschnitz, die 1973 unter dem Titel *Orte*[65] ihre letzten Prosastücke veröffentlichte, versuchte sich auch in

62 Alfred Döblin: Schicksalsreise. A.a.O. S. 307.

63 Schon während des Krieges hatte sich der 9. November 1918 als ein Trauma für Hitler wie für die Alliierten erwiesen. „Kein 9. November 1918 mehr!“ war auf beiden Seiten oberste Parole. (Vgl. Golo Mann: Deutsche Geschichte des XX. Jahrhunderts. Ffm., Wien, Zürich, 1966. S. 469f.)

64 Marie Luise Kaschnitz: Tagebuch 1945. A.a.O. S. 421.

65 Marie Luise Kaschnitz: Orte. Aufzeichnungen. Ffm., 1973.

ihrem *Tagebuch 1945* schon als Dichterin des Ortes. Entscheidend für ihr literarisches Geschichtsbewußtsein war die Landschaft ihrer Heimat und das Haus ihres Vaters. Dagegen trägt für den Ich-Erzähler in Johann Schuhs Prosa *Die Schwalben überm Bett*[66] wie schon bei Döblin wiederum eine Gegend am Rhein die Züge des „Erinnerungsortes". Im Jahr 1947 durchreist er sie mit der Bahn. Zwei Jahre zuvor – im Februar 1945 waren alliierte Truppen bis zum Rhein vorgestoßen – hat er dort eine Kriegsnacht erlebt, in der er sich vorkam wie „unter einer gewaltigen Glocke gefangen [...], an die von außen einer mit einem höllischen Klöppel schlägt." Die kurze Erzählung handelt nun allerdings weder von einer Rückkehr an diesen Ort – der Erzähler fährt ja nur an ihm vorbei –, noch eigentlich von einem Wieder*sehen*, denn es ist erneut dunkel:

> Drüben war der Rhein. Damals, im Februar vor zwei Jahren, waren Scheinwerfer da, die ihn die ganze Nacht beleuchteten. Heute konnte ich ihn in der Dämmerung nur ahnen.

Die „Ahnung" allein genügt freilich schon, um die Erinnerung wachzurufen. Der Ort, der ebenso im Dunkeln bleibt, wie das, was in jener Nacht dort eigentlich geschehen ist, chiffriert den Anhaltspunkt, den ein Ort als solcher dem Gedächtnis bieten kann, „insofern er, über die Zeiten hinweg, als ‚Tatort' des Ereignisses vorhanden"[67] bleibt. In Schuhs Erzählung wird ihm allerdings ein anderer Ort gegenübergestellt, nämlich das Haus einer „Bahnmeisterei", in dem eine Mitreisende während des Krieges ihre Habe untergestellt hatte. „Nach dem Zusammenbruch" – der Hausherr war bald wieder zurück, „er war ja nur bei der Bahn in Norwegen" – sollte es von „Männern mit Gewehren" durchsucht werden, wobei sich jedoch deren Anführer durch einige Schwalbennester im Schlafzimmer von der Beschlagnahmung abhalten ließ: „Gute Vögel, gutes Haus!", habe er geschlossen, erklärt die Reisende einer mitfahrenden Bekannten.

Ort der Bewährung und Ort der Bewahrung, Tatort und Ort der ungeschehenen Tat – indem Schuh Gedanken des Ich-Erzählers und Bericht

---

66 Johann Schuh: Die Schwalben überm Bett. In: Tausend Gramm. Ein deutsches Bekenntnis in dreißig Geschichten aus dem Jahr 1949. Hg.v. W. Weyrauch. Überarb. u. erw. Neuaufl. Reinbek, 1989. S. 67–69.

67 Anke Benholdt-Thomsen: Die Bedeutung des Ortes für das literarische Geschichtsbewußtsein. A.a.O., S. 128.

der Frau in ständigem Wechsel aufeinanderfolgen läßt, gestaltet er ein kontrapunktisches Erinnerungsduett. Der Meister der Bahn ist darin zugleich auch Herr des behüteten Hauses, während der Fahr-Gast als unbehauster Fremder im überfüllten Zug zwar menschliche Nähe aber doch keine Geborgenheit erfahren kann:

> Im Nebenabteil sangen sie Lieder, die ich nicht kannte. Neue Lieder wohl, wie sie die Zeit gedichtet hat. Sie hörten sich jämmerlich an, diese Lieder.
>
> Mein Schienbein rieb sich an den runden Knien einer Blondine mittleren Alters, die einen Spankorb auf dem Schoß hatte, aus dem sie fortwährend Obst aß. Sie unterhielt sich mit einer anderen, die ich im Rücken hatte. Das Gespräch ging gewissermaßen durch mich hindurch.

Es ist eine Besonderheit der Eisenbahnreise, daß man sich auf ihr den Sinneseindrücken seiner Umgebung nicht entziehen kann, zumal wenn der Zug überfüllt ist. Dem jämmerlichen Gesang aus dem Nachbarabteil ist der Ich-Erzähler ebenso ausgesetzt, wie dem „durchdringenden" Gespräch der Frauen und dem erinnerungsgesättigten Blick aus dem Fenster. Dort sieht er in der Dunkelheit schließlich nur noch einen breiten „Streifen weißen Lichtes" am Himmel, der jedoch, gemessen an der Kriegsnacht („wie schauderhaft war doch damals die Finsternis"), wie ein Silberstreif am Horizont erscheint: „als habe man vergessen, ihn [den Himmel] vollends zuzumachen." Aber gegenläufig zur positiven Entwicklung in der Erzählung der Frau, in der die Schwalben, ganz im Sinne des Volksglaubens, ein Haus vor Unheil bewahren, verdüstert sich das Fensterbild zunehmend. Am Ende des Textes folgen auf ihren Bericht die drei Sätze:

> „So ein Blödsinn", sagte die Frau mit dem Spankorb halblaut und tat dann, als habe sie gehustet.
> Im Nebenabteil sangen sie nicht mehr.
> Der Himmel war zu.

Der Abbruch des Gesprächs, das Verstummen des Gesangs, das Verlöschen des Lichts und der Schluß der Erzählung fallen zusammen. Die gegenläufigen Tendenzen in den Wahrnehmungen des Ich-Erzählers, die nur in der Zwangssituation der Bahnreise einander vermittelbar waren, haben jedoch Spannungen erzeugt, die bestehen bleiben. Kontrastiv zum erinnernden Bewußtsein des Erzählers sind im Gesang als Beschwörung einer „neuen Zeit" und in der Erzählung der Frau als Zitation einer

„besseren Vergangenheit" gesellschaftliche Verdrängungs- und Bewältigungstendenzen gestaltet, die jedoch dem dunklen Erinnerungsort letztlich keine hellere Realität entgegenzusetzen vermögen, weil durch sie die notwendige „Trauerarbeit"[68] nicht geleistet wird. Gleichzeitig weist die Unvereinbarkeit der dargestellten, individuellen Erlebnishorizonte auf das Fehlen eines kollektiven Geschichtsbewußtseins hin, an dem sich der einzelne mit seinen Erfahrungen orientieren könnte. Wo der eine apokalyptische Szenen durchstehen muß, sorgt sich die andere allein um ihre sieben Sachen; was ihr wiederum als göttliche Fügung erscheint, ist dem neidischen Gegenüber nur „Blödsinn".

Auch die Orte, auf die sich nach 1945 ein kollektives Geschichtsbewußtsein mehr als auf alle anderen eigentlich hätte gründen müssen, verfügten ohne Ausnahme über einen Bahnanschluß: Auschwitz, Buchenwald, Dachau, Bergen-Belsen... Während des „Dritten Reiches" waren Juden und andere Gefangene jahrelang auf dem Schienenweg in die Konzentrationslager gebracht worden und hatten – Spitze des Zynismus – noch die Fahrkarten dafür selbst lösen müssen: Kinder unter zehn Jahren bezahlten die Hälfte, die unter vier fuhren umsonst.[69] 1963 erschien ein Drama, das diesen Aspekt der nationalsozialistischen Gewaltherrschaft aufzuarbeiteten versuchte. Rolf Hochhuths Stück *Der Stellvertreter*, in das umfangreiches dokumentarisches Material eingearbeitet ist, enthält die Ankunftsszene eines Gefangenentransports an der Rampe in Auschwitz:

> Nach dem letzten Monolog starke Rangiergeräusche, der Zug hält, und jetzt, mit dem Öffnen der Schiebetüren, beginnt das durch verschiedene Chroniken berühmt gewordene „Geschrei", mit dem die Kapos die Züge ausladen mußten: Sehr naturalistisch wiederzugebende, sich oft wiederholende Befehle wie
> „'raus da, los, los"
> „Gepäck bleibt hier"
> „Kranke zurückbleiben"
> „Zurückbleiben"
> „'raus da, beeil dich, Mensch"

---

68 Zum Problem nicht geleisteter „Trauerarbeit" nach 1945 vgl. Alexander und Margarete Mitscherlich: Die Unfähigkeit zu trauern. Grundlage kollektiven Verhaltens. Mchn., 1967. S. 13–85.

69 Vgl. Raul Hilberg: Die Vernichtung der europäischen Juden. Aus dem Amerikanischen von Chr. Seeger u.a. Bd. II. Ffm., S. 430.

> Kinderweinen. Eine Frau schreit: „Rachele – Rachele – wo bist du – Rachele." Dazwischen Hundegebell, Trillerpfeifen – und das Dampfablassen der Lokomotive. Die aufgescheuchten Menschen werden von den Kapos sehr schnell und brutal aus dem imaginären Waggon herausgeholt und verschwinden im Dunkel der Bühne. Stille.[70]

Die Stille, mit der diese erste Szene des fünften Akts endet, läßt Raum zum Nachdenken; das Schweigen, um das die vier vorhergehenden Akte kreisten, bildet seinen Gegenstand. Hochhuth setzt sich in seinem Drama mit der Rolle des göttlichen Stellvertreters auf Erden während des „Dritten Reichs" auseinander. Obwohl über die Greuel der KZs informiert, hatte Papst Pius XII. den Taten des Hitler-Regimes zugesehen, ohne auch nur gegen sie zu protestieren. Der fünfte Akt des Dramas soll das Ausmaß der Schuld verdeutlichen, das er damit auf sich geladen hat. Dazu wird in der Fiktion, die – wie der Verweis auf die Chroniken belegt – zugleich dokumentarischen Charakter hat, der Ort des Geschehens, der ‚Tatort Auschwitz' erneut aufgesucht. Hochhuth unternimmt damit auf literarischer Ebene etwas, was auf juristischer auch fast zwanzig Jahre nach den Verbrechen noch nicht geleistet war. Erst im Dezember 1963 begann in Frankfurt der sogenannte Auschwitz-Prozeß gegen Angehörige des KZ-Mannschaftspersonals, zu dem Martin Walser einen Kommentar unter dem Titel *Unser Auschwitz* schrieb.[71] Doch von dieser gemeinsamen Erinnerungsarbeit wollten die meisten Deutschen wenig wissen. Vielmehr hatten wirksame Verdrängungsmechanismen den Ort des KZs, der schon während des Nationalsozialismus *der* Un-Ort schlechthin war, auch nach 1945 schnell wieder aus dem kollektiven Geschichtsbewußtsein getilgt. Das konnte auch der im Rahmen des Prozesses stattfindende Lokaltermin nicht verhindern. Zwar hat Peter Weiss, der zu den Teilnehmern gehörte, die Eindrücke der Ortsbesichtigung unter dem Titel *Meine Ortschaft* festgehalten und die Aussagen des ganzen Prozesses

---

70 Rolf Hochhuth: Der Stellvertreter. Schauspiel. Mit einem Vorwort von Erwin Piscator. Ffm., 1963. S. 182. – Zu Günter Eichs Hörspiel *Träume*, das bereits 1953 erschien und eine Szene enthält, die an die KZ-Transporte erinnert, vgl. das Schlußkapitel IV.1. *Die Eisenbahn.*

71 Vgl. Martin Walser: Unser Auschwitz. In: M.W.: Heimatkunde. Aufsätze und Reden. Ffm., 1968. S. 7–23; vom selben Autor auch: Auschwitz und kein Ende. In: M.W.: Über Deutschland reden. Ffm., 1989. S. 24–31.

in seinem „Theaterstück" genannten Dokumentarwerk *Die Ermittlung*[72] konzentriert, um auf diese Weise mit literarischen Mitteln dazu beigetragen, den Ort Auschwitz als einen Garant von Geschichte zu bewahren. Doch der deutsche Staat zeigt bis zum heutigen Tag wenig Interesse daran, mit finanziellen Mitteln dasselbe zu tun und den völligen Verfall des KZs in Polen aufzuhalten. Andere Lager, wie beispielsweise das von Anna Seghers im *Siebten Kreuz* beschriebene KZ Osthofen,[73] existieren schon lange nur noch als überwachsene Ruine.

Ort des Erinnerns an die geschehenen Greuel kann freilich nicht nur die Endstation des Konzentrationslagers, sondern auch die Bahnstrecke selbst sein. Im dritten Abschnitt ihres 1976 erschienenen Romans *Die Töchter* beschreibt die jüdische Schriftstellerin Jeanette Lander die Nachkriegsreise des deutschen Deserteurs Kurt und seiner jüdischen Ehefrau Julie von Frankreich nach Deutschland:

> Ich saß ihr schräg gegenüber, sah sie an, wie sie aus dem Fenster in eine Landschaft schaute, die nirgends die Narben des Krieges, der in unser Leben derart eingeschnitten hatte, zu tragen schien. Woran denkt Julie, fragte ich mich. An die Todestransporte auf dieser Eisenbahnstrecke? Nein, daran denkt sie nicht; daran denke ich. Sie denkt nicht; sie trinkt das Land.[74]

Das Motiv einer unversehrten Landschaft, das die Schrecken der Geschichte als unwirkliches Trugbild erscheinen läßt, ist schon aus der Reisebeschreibung Döblins bekannt. Und auch die Formel vom „Trinken der Landschaft" erinnert an bereits Erwähntes, nämlich an Sternbergers Blick, „der die dunkelroten Blumenfelder in sich einschlang". Im Gegensatz zu diesen beiden Texten vermag sich bei Jeanette Lander jedoch der Ich-Erzähler des Abschnitts den Vereinnahmungsversuchen der Idylle zu entziehen. Der Geschichtsort „Eisenbahnstrecke" setzt sich in seinem Bewußtsein mit dem Anspruch auf Erinnerung des Grauens gegen den harmonisierenden Naturort „Landschaft" durch. Wie schon bei Frisch, so erweist sich auch hier ein Fensterbild in doppeltem Sinne als Medium der Reflexion: zum einen, indem es dem Reisenden Anlaß zum

72 Vgl. Peter Weiss: Die Ermittlung. Oratorium in elf Gesängen. Ffm., 1965; und ders: Meine Ortschaft. In: P.W.: Rapporte. Ffm., 1968. S. 113–124.

73 Vgl. Anna Seghers: Das siebte Kreuz. Roman. Bln., 1946.

74 Jeanette Lander: Die Töchter. Ffm., 1976. S. 17.

Nachdenken bietet, und zum anderen, indem es ihn auf sich selbst und seinen augenblicklichen Aufenthaltsort zurückverweist. Den „Narben", die die ‚Einschnitte' der Vergangenheit an den Menschen hinterlassen haben, entspricht in der nur scheinbar ungetroffenen Natur („zu tragen schien"!) genau die Schneise der „Eisenbahnstrecke", die ins Konzentrationslager führte. Auf diesem Hintergrund ist Heinrich Bölls Forderung zu lesen, man solle, um der Toten des Holocaust zu gedenken, „die Eisenbahnen auf offener Strecke anhalten".[75] Mit dem für solche Maßnahmen notwendigen Geschichtsbewußtsein ist allerdings bei den deutschen Bahnen nicht zu rechnen. Ihr Plan aus dem Jahr 1993, einem der neuen Intercity-Züge den Name des deportierten jüdischen Mädchens Anne Frank zu verleihen, belegt den Mangel an Sensibilität für die eigene Mitschuld an den Verbrechen des „Dritten Reiches". Erst auf den Einspruch des Anne-Frank-Fonds hin wurde dieses vergangenheitsblinde Vorhaben aufgegeben.

Die Ergebnisse dieses Exkurses, der sich anhand von Eisenbahntexten mit der Bedeutung des Ortes für das literarische Geschichtsbewußtsein beschäftigte, lassen sich folgendermaßen zusammenfassen:

1. Die Eisenbahnfahrt führte den Reisenden in vielen Fällen zu Orten die als ‚Tatorte' besonderer Ereignisse – sei es von autobiographischer oder gesamtgeschichtlicher Relevanz – Anlaß zur Erinnerung boten.
2. Der oft als belastend empfundene Anspruch dieser Erinnerungsleistung, die nicht selten zugleich Trauerarbeit sein wollte, verstärkte Verdrängungsprozesse, die ihrerseits die Ausbildung eines kollektiven Gedächtnisses verhinderten.
3. Im selben Maße wie die Eisenbahn das reale Erreichen eines Ortes in der Nachkriegszeit förderte, begünstigte sie als Motiv das erneute literarische Aufsuchen von Orten, deren Erinnerungspotential die Autoren bewahren wollten. Schließlich konnte die Bahn als literarischer „Topos" auch selbst zu einem „Ort" poetischen Geschichtsbewußtseins werden.

75 Heinrich Böll: Frankfurter Vorlesungen. A.a.O. S. 74.

III. AUFENTHALTE

Die erzählte Zeit

1. Wachstum im Güterwagen

Die Wiederkehr des Körpers

Der erste Teil dieser Arbeit hat den Zustand des Eisenbahnwesens nach 1945 und die Bedeutung der Bahn für die zeitgenössische Raum- und Zeiterfahrung ebenso wie für die Realitätswahrnehmung und -darstellung in der Nachkriegszeit als Anhaltspunkte einer umfassenden Analyse des literarischen Eisenbahnmotivs herausgearbeitet. Wenn nun dieses erste Kapitel des zweiten Teils dem Motiv des Körperlichen innerhalb der ausgewählten „Eisenbahnliteratur" gewidmet ist, dann soll damit nicht nur eine weitere Zentralkategorie eingeführt, sondern zugleich die Rolle der Bahn im alltäglichen Überlebenskampf der Nachkriegszeit thematisiert werden.

Der erste der dabei zu betrachtenden Texte ist freilich auch noch eine Perle auf dem Faden, der schon durch das Kapitel über topographische Neuorientierung und geschichtliche Erinnerungsarbeit auf Schienen führte. Hat doch Günter Grass seinen 1959 erschienen Roman *Die Blechtrommel* selbst als einen Versuch bezeichnet, „den eigenen (verlorenen) Ort zu vermessen",[1] und sich in ihm dem Programm einer umfassenden literarischen Vergangenheits- – wenn nicht „-bewältigung", so doch wenigstens -besichtigung verschrieben. Das Werk, in dem der Leser über die Stationen der „Reichskristallnacht" 1938 und des Kriegsendes 1945 in drei Etappen deutsche Geschichte von 1899 bis 1954 durchreist, enthält am Ende des zweiten Teils – und damit an der Schwelle zur Nach-

1 Günter Grass: Rückblick auf die Blechtrommel – oder Der Autor als fragwürdiger Zeuge – Ein Versuch in eigener Sache. In: G.G.: Werkausgabe. Bd. IX. A.a.O. S. 625.

kriegshandlung – ein Bahnkapitel. Dies belegt in paradigmatischer Weise, daß die Eisenbahn als Ort literarischen Geschichtsbewußtseins nicht nur für die schriftstellerische Auseinandersetzung mit dem „Dritten Reich" wichtig war, sondern auch die dichterische Aufarbeitung der „Stunde Null" mitprägte. Die Bahnfahrt war dabei als „Reise in eine bessere Zukunft" ein zentrales Motiv des Aufbruchs und des Neuanfangs,[2] bei Grass freilich in ironisch gebrochener Form: Oskar Matzerath, Gnom von einundzwanzig Jahren, der soeben mit Vater und Blechtrommel auch den Teil seiner infantilen Regression begraben hat, der aus dem Aufbegehren gegen die kleinbürgerliche Vaterordnung resultierte, beginnt zu wachsen. Obwohl dabei von hohem Fieber befallen, wird er von seiner Stiefmutter Maria am 12. Juni 1945 mit auf die Fluchtreise von Danzig ins Rheinland genommen. Von den Folgen, die diese Bahnfahrt für seinen körperlichen Zustand hatte, vom „Wachstum im Güterwagen", berichtet Oskar später dem Pfleger seiner Irrenanstalt:

> Weiterhin möchte mein Patient sagen: Das Rütteln und Schütteln, Überfahren von Weichen und Kreuzungen, das gestreckte Liegen auf der ständig vibrierenden Vorderachse eines Güterwagens hätten sein Wachstum gefördert. Er sei nicht mehr wie zuvor in die Breite gegangen, sondern habe an Länge gewonnen. Die geschwollenen, doch nicht entzündeten Gelenke durften sich auflockern. Selbst seine Ohren, die Nase und das Geschlechtsorgan sollen, wie ich hier höre, unter den Schienenstößen Wachstum bezeugt haben. Solange der Transport freie Fahrt hatte, verspürte Herr Matzerath keine Schmerzen. Nur wenn der Zug hielt, weil wieder einmal Partisanen oder Jugendbanden eine Visite machen wollten, will er wieder den stechenden, ziehenden Schmerz erlitten haben, dem er, wie gesagt, mit dem schmerzstillenden Fotoalbum begegnete.[3]

Auf Oskars Reise kommt es zu einer außergewöhnlichen Wechselwirkung von Körper und Verkehrsmittel. Zunächst begünstigt die Bewegung des Eisenbahnwaggons sein erneutes Wachstum. Das „Rütteln und Schütteln" während der Fahrt sorgt für eine Auflockerung der Gelenke und einen Ausgleich der bisher verschobenen Proportionen. Das entspricht der Feststellung Sigmund Freuds, daß die ständige Waggonvibra-

2 Vgl. z.B. Hildegard Rosin: Führt noch ein Weg zurück? Als der Krieg vorbei war noch drei Jahre in Königsberg. Leer, 1983. (Stunde Null und danach, Bd. II). S. 212: „Ich fuhr meinem Ziel und einer besseren Zukunft entgegen."

3 Günter Grass: Die Blechtrommel. Roman. Werkausgabe. Bd. II. Darmstadt, Neuwied, 1987. S. 521.

tion während der Eisenbahnfahrt eine Reizwirkung auf Nerven, Haut, Muskeln und Gelenke ausüben kann. In diesem Zusammenhang spricht Freud auch von der „Erzeugung sexueller Erregung durch rhythmische mechanische Erschütterungen des Körpers“ und dem daraus resultierenden „Lustcharakter der Bewegungsempfindung“.[4] Auch Oskar genießt die abenteuerliche Fahrt. Steht dagegen der Zug, so beginnen bei ihm, der sich sonst am Wachstum seines Geschlechtsorgans freut, die Schmerzen. Dieses Verhältnis von Lust- und Lastcharakter verschiebt sich allerdings bei anhaltendem Wachstumsschub und fortgesetzter Reise zusehends zum Negativen. Der Körper „verwächst“ sich, die Schmerzen nehmen überhand:

> Mein Patient behauptet, er habe während der Reise von Danzig-Gdansk nach Stettin, also innerhalb einer Woche, neun, wenn nicht zehn Zentimeter Körperlänge gewonnen. Vor allem sollen sich Ober- und Unterschenkel gestreckt, Brustkorb und Kopf jedoch kaum gedehnt haben. Dafür ließ sich, obwohl der Patient während der Reise auf dem Rücken lag, das Wachstum eines leicht nach links oben verlagerten Buckels nicht verhindern. Auch gibt Herr Matzerath zu, daß sich die Schmerzen hinter Stettin – inzwischen hatte deutsches Eisenbahnpersonal den Transport übernommen – steigerten und durch bloßes Blättern im Fotoalbum der Familie nicht in Vergessenheit zu bringen waren. Er hat mehrmals und anhaltend schreien müssen, bewirkte mit dem Geschrei zwar keine Schäden in irgendeiner Bahnhofsverglasung – Matzerath: meiner Stimme war jede glaszersingende Potenz abhanden gekommen – versammelte aber die vier Nonnen mit seinem Geschrei vor seinem Lager und ließ die aus dem Gebet nicht mehr herauskommen.[5]

Oskar wird während der Reise schwer gebeutelt. Sein sich ausdehnender Körper stößt stetig an das harte Eisen des Waggons. Die Entwicklung zur Normalität, die mit dem bei Kriegsende gefaßten Entschluß, wieder zu wachsen, eingesetzt hatte, erfährt dadurch einen herben Abbruch. Indem die Bewegung der Bahnfahrt das pathologische Anschwellen von Oskars Rücken verstärkt, kommt es zur schmerzvollen Ausbildung eines Buckels; die Reise macht den Gnom zum Krüppel. Aber nicht nur das – auch seine glaszersingende „Potenz“ kommt Oskar abhanden, und mit ihr

---

4 Sigmund Freud: Drei Abhandlungen zur Sexualtheorie. In: S.F.: Gesammelte Werke chronologisch geordnet. Bd. V: Werke aus den Jahren 1904–1905. Ffm., [4]1968. S. 102.

5 Günter Grass: Die Blechtrommel. A.a.O. S. 525f.

seine sexuelle Kraft, wie sich später bei der mißlingenden Verführung und Vergewaltigung der Krankenschwester Dorothea zeigt. Statt der erotischen Figur einer Krankenschwester – weiß gekleidet mit rotem Kreuz auf der Brust – ruft schließlich sein Geschrei nur vier keusche Nonnen an sein Lager, die in ihren kruzifixbehangenen dunklen Kutten jeden Gedanken an sexuelle Erregung niederbeten. Der Lustcharakter der Eisenbahnfahrt geht so völlig verloren.

Dies alles geschieht freilich nicht zufällig, gerade nachdem „deutsches Eisenbahnpersonal den Transport übernommen" hat. Man kann in dieser unscheinbaren, parenthetisch eingefügten Mitteilung einen versteckten Hinweis des Autors auf die Verschränkung von Individual- und Sozialgeschichte innerhalb seines Romans sehen. Nach Hanspeter Brode erscheint in diesem Beziehungsgeflecht die Figur Oskar Matzeraths, „bei allem Danziger und Düsseldorfer Lokalkolorit, als Verkörperung dominierender Epochenmerkmale".[6] Die Beschädigung der „heftig angeschlagenen" Grass-Figur deutet er als Projektion „schwer erschütterter Gesellschaftszustände".[7] Gebeutelt wird nicht nur Oskar, sondern seine ganze geschundene Generation, die wie er aus dem Krieg kommt und nun einer ungewissen Zukunft entgegensieht. Bezeichnenderweise geschieht jedoch seine körperliche Deformation, in der sich der eingeschlagene Weg einer Entwicklung hin zur Normalität bereits als Sackgasse erweist, beim Eintritt in einen neuen Gesellschaftsverband. Der Personalwechsel im Zug, den er mit seismographischer Sensibilität registriert, läßt ihn unter die Führungsgewalt derer fallen, die noch kurze Zeit zuvor Transporte von KZ-Häftlingen abgewickelt hatten. Den engen Zusammenhang zwischen dieser Begegnung und Oskars Verkrüppelung deutet Grass als Schriftsteller, der über die Schwierigkeiten, seinen Lesern Auschwitz zu erklären, immer wieder reflektiert hat,[8] nur an. Gleichzeitig läßt er aber an Oskars Körper das Geschichtstrauma der Deutschen

---

6 Hanspeter Brode: Die Zeitgeschichte im erzählenden Werk von Günter Grass. Versuch einer Deutung der Blechtrommel und der Danziger Trilogie. Ffm., 1977. (Regensburger Beiträge zur deutschen Sprach- und Literaturwissenschaft, 11). S. 9.

7 Ebenda, S. 42.

8 Vgl. v.a. Günter Grass: Schreiben nach Auschwitz. Frankfurter Poetik-Vorlesung. Ffm., 1990 und Günter Grass: Rede von der Gewöhnung. In: G.G.: Gesammelte Werke in zehn Bänden. Bd. IX. A.a.O. S. 199–212.

nach 1945 Gestalt gewinnen. Wie die Gesellschaft ihre unbewältigte Vergangenheit, so hat er seinen Buckel als geschichtsbegründete Last mit in die neue Zeit hinüber zu tragen: Individual- und Sozialpathologie entsprechen einander.

Im Fortgang des Romans verhindert das unübersehbare Zeichen der pathologischen Fracht ein problemloses Teilnehmen Oskars am neuen Sozialverband, ist dieser doch gerade intensiv mit der Verdrängung des belastenden Geschichtserbes beschäftigt. So steht die „Stunde Null"[9] von Oskars neuer Existenz unter dem Doppelstern erzwungener Aufgabe und mißlingender Anpassung. Der einstige Blechtrommler, der mit Kriegsende beschlossen hatte, wieder zu wachsen, um von nun an ein ernstes Leben als Erwachsener zu führen, trifft auf eine Nachkriegssituation, die diese Bereitschaft zur Weiterentwicklung hart zurückweist. Entsprechend kann sich der „anständige" Bürger, der „in punkto Blackmarket"[10] nach 1945 einsam Enthaltsamkeit übt, schließlich nicht lange in den neuen Verhältnissen behaupten. Vielmehr führt der Zusammenprall mit ihnen, wie zuvor der beständige Stoß auf das kalte Metall des Waggons zur physischen, nun auch zur psychischen Deformation. Oskars Weg endet konsequenterweise im Irrenhaus.[11]

Schon während der Bahnfahrt unter deutscher Führung wirft diese Trümmerwirklichkeit ihre Schatten voraus. Im Zwielicht von Krieg und Nachkrieg überfallen Oskar die Schmerzen einer Neugeburt, die auch durch das krampfhafte Festhalten an seinem Fotoalbum nicht mehr zu lindern sind. Dieses Album, ein „offen zu Tage liegende[s] Familiengrab",[12] birgt Oskar als den, der er von nun an nicht mehr ist, als Trommler. Die Tradition, die es verbürgt, erweist sich als trügerisch. Indem es Erinnerungen an Vergangenes bewahrt, soll es gegenwärtige

---

9 Vgl. Jürgen Rothenberg: Günter Grass. Das Chaos in verbesserter Ausführung. Zeitgeschichte als Thema und Aufgabe des Prosawerks. Heidelberg, 1976. (Beiträge zur neueren Literaturgeschichte, 3. Folge; Bd. 27). S. 17–26: *Die Stunde Null : genutzte oder verpaßte Chance?*

10 Günter Grass: Die Blechtrommel. A.a.O. S. 543.

11 Auf der letzten Etappe dieses Weges, wieder eine „Flucht in Richtung Westen", wird die Eisenbahn noch einmal zum entscheidenden Motiv, indem Oskar aus ihren „Schienenstößen" das furchterregende Lied von der „Schwarzen Köchin" heraushört, das ihm so zugleich zu einem „Liedchen der Eisenbahn" wird (vgl. ebenda, S. 720).

12 Ebenda, S. 50.

Schmerzen „in Vergessenheit“ bringen. Diese aber setzen sich mit ihrem Anspruch auf Oskars Körper gegen alle Verdrängungsmechanismen seines Bewußtseins durch. Die „Bilder“, die er bisher von sich hatte, werden im selben Maße Makulatur, wie die geänderte Lebenssituation ihn umformt, verformt. Zwar werden die „Schätze“ seiner Familie durch den Talisman des Fotoalbums während der Fahrt vor dem Zugriff räuberischer Partisanen bewahrt, aber dafür geht Oskar über dem Album sich selbst verloren. Er, der von Geburt an das „Bewußtsein ist, das mit einem Minimum an Körperlichkeit auszukommen vermag“,[13] wird zum Körper, der im Fieber das Bewußtsein zu verlieren droht.

Das Jahr 1945 chiffriert eine „Wiederkehr des Körpers“ lang vor der heute so viel diskutierten. Diese Wiederkehr hat ihre Spuren auch in der Nachkriegszeit hinterlassen. „Das schmerzt mich heute noch“,[14] leitet Oskar im Rückblick auf das Fluchtgeschehen das besprochene Kapitel ein und weist bei der Aufzählung seiner körperlichen Reaktionen vor allem auf die geschwollenen Finger und die daraus resultierende Unfähigkeit zu trommeln hin. Trommel und Fotoalbum erzeugen sonst den roten Faden der Erinnerung, von dem sich Oskar bei seinen Aufzeichnungen leiten läßt. Weder aus Zufall noch allein aus erzählökonomischen Gründen[15] verlieren im Fluchtkapitel beide Medien der Vergegenwärtigung – das eine auf der Erzählebene, das andere innerhalb der Binnenhandlung – ihre Funktion. Vielmehr überlagert hier Oskars gegenwärtige Körperlichkeit alle übrigen „Anhaltspunkte“ des Bewußtseins. Der Körper aber kann sich seiner selbst nur über den anderen versichern. Deshalb muß Oskars Pfleger Bruno, der den Matzerathschen Gestalten ansonsten Knotenfiguren nachzubilden pflegt, die Fluchtgeschichte notieren; und für ihn besteht der „rote Faden“ einer Erzählung allemal aus besonderem Material: „Bindfäden wird er knüpfen, während es Oskars Aufgabe bleibt, meine verworrene Vorgeschichte wortreich zu entwirren.“[16] In der

13 Hans Mayer: Felix Krull und Oskar Matzerath. Aspekte des Romans. In: H.M.: Das Geschehen und das Schweigen. Aspekte der Literatur. Ffm., 1969. S. 40f.

14 Günter Grass: Die Blechtrommel. A.a.O. S. 516.

15 So Manfred Durzak: Der deutsche Roman der Gegenwart. Entwicklungsvoraussetzungen und Tendenzen. 3., erweiterte u. ergänzte Aufl. Stgt. u.a., 1979. (Sprache und Literatur, 70). S. 259.

16 Günter Grass: Die Blechtrommel. A.a.O. S. 516.

Tat wird Oskar unter der Hand Brunos diesmal selbst zu einer „Knotengeburt",[17] durch die detaillierte Beschreibung, die Bruno abschließend von seinem Körper geben muß, kaum rehabilitiert. Die Wende setzt erst ein, als Oskar – Maßstab seiner Körperlichkeit ist der Zollstock – am Ende des Kapitels von Bruno gemessen wird: während der Zeit, die er mit dem Erzählen der Geschichte seines Wachstums zugebrachte, hat er „reichlich zwei Zentimeter Körpergröße"[18] gewonnen. In der erzählerischen Verarbeitung seines Fluchttraumas – die Szene im Zimmer spiegelt die Situation der Psychoanalyse – hat Oskar über den eigenen Körper sich selbst wiedergefunden. Aus dem Körper, den er hatte, wurde wieder der Leib, der er ist.

An mehreren Stellen war bereits in den voranstehenden Kapiteln dieser Arbeit von der Bedeutung des Körperlichen die Rede, jedoch ohne daß dies immer genauer ausgeführt worden wäre. Zur Vertiefung der Erkenntnisse, in die die Betrachtung des Grassschen Textausschnitts gemündet hat, soll nun genauer untersucht werden, wie sich die „Wiederkehr des Körpers" in den Eisenbahntexten der Nachkriegszeit niedergeschlagen hat. Dabei ist zu berücksichtigen, daß die Aussicht des Bahnreisenden schon immer Ansichten der Welt hervorgebracht hat, für die der eigene Leib Modell stand – man erinnere sich nur an die Eichendorffsche Physiognomik einer „Gesichter" schneidenden Landschaft. Nach 1945 scheint sich diese Tendenz jedoch zu verstärken. Dolf Sternberger beispielsweise beschrieb das Fensterbild eines zerstörten Eisenbahndepots mit Vokabeln menschlicher Körperlichkeit. Günter Eich führte zwei körperlich versehrte Soldaten als Prototypen der Kriegsverlierer vor und Jeanette Lander sprach von den „Narben des Krieges", mit denen das Leben ebenso wie die Körper der Nachkriegszeit gezeichnet waren. In jedem dieser Fälle tauchte das Motiv des verletzten Körpers auf, das sich in seiner alltäglichen Gegenwärtigkeit als literarische Metapher besonders anbot. In ihren Defekten erinnerten die Körper den Akt ihrer Verletzung, die Narben wurden zu Zeugnissen erlebter Zeitgeschichte. Wie sonst der verletzte Körper, so gebar bei Günter Grass der

17 Ebenda.
18 Ebenda, S. 528.

deformierte Leib Oskars als Ort des Schmerzes ein neues Körperbewußtsein.[19]

Diese Beispiele öffnen den Blick für ein zentrales Phänomen moderner Leiblichkeit – daß man nämlich den Körper nur noch spürt, wenn er weh tut. Nun hatten die technischen und medizinischen Errungenschaften der Moderne entscheidend dazu beigetragen, daß dies immer seltener der Fall war. Das gilt auch für die Eisenbahn, die als komfortables Verkehrsmittel die physischen Unannehmlichkeiten einer Reise mehr und mehr zu mindern vermochte. Die Leiden und Entbehrungen der Kriegs- und Nachkriegszeit bewirkten dagegen die Rückkehr des zuvor gerade in der Begünstigung vernachläßigten Körpers ins Bewußtsein – erleuchtet doch der Schmerz einer Wunde stets von neuem das Ideal körperlicher Integrität. In der Verletztheit wie in „der Krankheit melden die abgekoppelten Teile ihr Recht an auf Ganzheit. Der Körper ist, so scheint es, Imago verlorener Ganzheit".[20]

Der Verlust an Komfort, der während einer Nachkriegsreise mit der Bahn dem Körper manche Strapaze abverlangte, bestand in den Abteilwaggons vor allem in fehlenden Fensterscheiben und unerträglicher Enge. Die besonders für Flüchtlingstransporte in großem Umfang eingesetzten Güterwaggons hatten allerdings noch weit weniger an Bequemlichkeit zu bieten. Sie erinnern in dieser Verwendung an die Deportationen des „Dritten Reiches"[21] ebenso wie an die Zeit, da die Personenwagen noch grundsätzlich den Angehörigen der gehobenen Schichten vorbehalten waren. Das war in England beispielsweise bis in die vierziger Jahre des 19. Jahrhunderts hinein üblich. Seit dieser Zeit gibt es das Bild von der Bahnfahrt als „Gefangenentransport", wie es noch 1902 der Schriftsteller Otto Julius Bierbaum in seiner *Empfindsamen Reise* ausführt: „die Wärter nennt man Schaffner, was sie aber nicht immer veranlaßt höflich zu sein; die Gefängnisordnung nennt sich Eisenbahnreglement [...]; da das Einzellensystem zu kostspielig ist, werden die Gefangenen [...] in mehr oder minder großen Mengen zusammen transportiert,

19 Die erwähnte Bedeutung der Narben als Zeugnisse erlebter Zeitgeschichte prägt in der *Blechtrommel* das Kapitel *Herbert Truczinskis Rücken*.

20 Christiaan L. Hart Nibbrig: Die Auferstehung des Körpers im Text. Ffm., 1985. S. 14f.

21 Vgl. Dolf Sternberger: Gefühl der Fremde. A.a.O. S. 46.

wobei allerdings auf die Portemonnaieleistung einige Rücksicht genommen wird."[22]

Diese Rücksicht und die ihr entsprechende Einführung verschiedener Klassen hatte schon bald nach Einführung der Bahn alle frühen Hoffnungen zerstört, die Bahn könnte Wegbereiter und Modell einer „klassenlosen Gesellschaft", für Demokratie und sozialen Ausgleich sein.[23] Auch „die einmalige Situation der Gleichheit",[24] die Heinrich Böll vom Jahr 1964 aus in der anarchisch geprägten Gesellschaft der Nachkriegszeit ausmacht, erweist sich im Hinblick auf die Eisenbahnreise als Illusion. Zunächst einmal hatten die Alliierten das wenige noch vorhandene gute Wagenmaterial beschlagnahmt,[25] um ihre eigene Mobilität und ihren Nachschub zu sichern. Was übrig blieb, reichte vom halbwegs intakten Personenwagen bis zum offenen Viehwaggon – auch ohne Klasseneinteilung Unterschied genug für erbitterte Kämpfe um Komfortvorteile. Im Bremserhäuschen war „der beste und begehrteste Platz",[26] aber auch jeder, der eine Sitzgelegenheit am Fenster hatte, gehörte zu den Hochprivilegierten. Das „Fahren auf Kohlenstaub war sozusagen ‚Zweiter-Klasse-Fahrt' – weil man weich saß, Steinkohle und Koks drückten und hinterließen Schwielen. Da, wo man sonst nie welche hat."[27] Doch selbst um die schlechtesten Plätze gab es noch oft genug Streit, war es doch schon ein Erfolg, überhaupt mitzukommen. In dieser Situation, in der jeder das besaß, was er unter die Hände und unter den Hintern bekam, war nicht Gleichheit sondern Durchsetzungsfähigkeit das bestimmende soziale Kriterium.

---

22 Otto Julius Bierbaum: Eine empfindsame Reise im Automobil. Von Berlin nach Sorrent und zurück an den Rhein. München, 1903. S. 268f.

23 Vgl. Wolfgang Schivelbusch: Geschichte der Eisenbahnreise. A.a.O. S. 67ff.

24 Heinrich Böll: Frankfurter Vorlesungen. A.a.O. S. 75.

25 In der britischen Besatzungszone beispielsweise waren bei Kriegsende gerade noch achtzehn Züge fahrbereit (vgl. Wolfgang Trees: Die britische Besatzungszone. In: Wolfgang Trees u.a. (Hrsg.): Stunde Null in Deutschland. Die westlichen Besatzungszonen 1945–1948. Bindlach, 1989. S. 48); zur Beschlagnahmungspraktik vgl. Klaus-Jörg Ruhl: Die amerikanische Besatzungszone. Ebenda, S. 85f.

26 Dolf Sternberger: Gefühl der Fremde. A.a.O. S. 65.

27 Süddeutsche Zeitung vom 16.10.1952. Zitiert nach: Deutschland 1945. A.a.O. S. 199.

Wer sich dem Recht des Stärkeren beugen mußte, hatte also Grund zur Klage. Dennoch ist in den Reiseberichten immer wieder festzustellen, daß sich gerade diejenigen am meisten beschwerten, denen es noch am besten ging. Wer größeres Leid kannte als die Unbequemlichkeiten jener Eisenbahnreisen, nahm ihre Strapazen meist relativ gelassen hin. Und trotz der widrigen Transportumstände konnte die Zugfahrt manchmal gar zum Festzug werden, wie beispielsweise in der folgenden Schilderung der Heimkehr von Fremdarbeitern. Auch wenn der Verfasser Stefan Heym es als verlängerter Arm der amerikanischen Militärregierung in der Besatzungspresse bei der Beschreibung dieser Völkerwanderung auf Schienen an amerikanischem Freiheitspathos nicht fehlen läßt, ist die ausgelassene Freude der in der Tat Befreiten doch bemerkenswert:

> Die Waggons sind mit Blumen und Grün und Fahnen geschmückt, Lieder ertönen, es wird gelacht und gejubelt. Mancher hat schon geglaubt, daß Freiheit nur ein abstraktes Wort ist. Aber wer die Gesichter der Fremdarbeiter und Fremdarbeiterinnen sieht, erkennt, daß Freiheit so greifbar ist wie Brot und Kleidung und ein Dach überm Kopf.[28]

So bunt und beschwingt konnte es nach 1945 selbst in überfüllten Zügen zugehen. Interessant ist Heyms Text jedoch nicht nur wegen dieses Inhalts, sondern auch im Hinblick auf seine ideologische Aussage. Das im Zentrum stehende Abstraktum „Freiheit" wird durch einen Vergleich mit den Konkreta „Brot, Kleidung und Dach über dem Kopf" qualifiziert. Der ehemalige Offizier für psychologische Kriegsführung Heym weiß sehr wohl, daß er die Menschen der Nachkriegszeit dort „abholen" muß, wo sie sich selbst am wichtigsten sind: bei ihrem Körper. Dessen neuer Herrschaft zollt der Propagandist der hehren Ideale ebenso seinen Tribut wie der Journalist, der das Leben in einem Flüchtlingszug zu beschreiben versucht. Der folgende Auszug aus einer Nachkriegsreportage von Kurt Loehning zeigt, daß die körperlichen Bedürfnisse, die das neue Maß aller Werte waren, auch diese Situation bestimmten:

> Im Flüchtlingszug nach dem Westen. Geschlossene Güterwagen, in denen Kartoffeln nach Berlin befördert worden sind. Dünne Erde bedeckt noch den

---

28 Stefan Heym: Querschnitt. In: Kölnischer Kurier. 02.06.1945. Zitiert nach: S.H.: Wege und Umwege. Streitbare Schriften aus fünf Jahrzehnten. Hg.v. P. Mallwitz. Ffm., 1983. S. 145.

> Boden, auf dem wir uns mangels anderer Sitzgelegenheiten niederlassen. Durch die halb offenstehende Tür sehen wir die Ruinen Berlins vorüberziehen. Dann fährt der Zug mit hartem Schlagen der Achsen durch das ebene Land. Es ist eine Reise – trotz allem. Einst flog hier der Schnellzug über die schnurgerade Strecke. Der Himmel ist grau. Das Land liegt im Nebeldunst.
>
> Es dämmert. Kalte feuchte Luft dringt in den Wagen. Wir schließen die Tür so fest es geht. Ein Kerzenstümpfchen wird entzündet. In seinem Schein entfaltet sich das primitive Leben der langen Reise – Essen, Trinken, Notdurft der Kinder.[29]

Auf die körperlichen Grundbedürfnisse – Schutz vor Kälte, Licht, Essen, Trinken, Notdurft – richtet sich auch in der unwirtlichen Umgebung des Güterwagens alle Aufmerksamkeit. Diese Diktatur des Leibes ist der Preis seiner Wiederentdeckung. Nicht zuletzt um ihr zu entgehen, treten die Passagiere in Loehnings Reportage über eine „Unsentimentale Reise" die Flucht aus der Sentimentalität in die Selbstermutigung an. Sie verleugnen den eigenen, von Krieg und Elend gezeichneten Körper mit energischen Gesten der Zukunftsgewißheit und versuchen so, sich selbst ihm gegenüber wieder ins Recht zu setzen:

> Armselige Habe in Bündeln und Säcken. Abgezehrte blasse Gesichter. Doch die Mienen sind glücklich, weil es in die Heimat geht, oder doch einer neuen Lebenshoffnung entgegen. Entsetzliches Leiden liegt hinter ihnen, worüber sie klaglos und nüchtern berichten. Ein Schicksal für viele: eine Familie auf der Flucht vom Osten. Der Mann verlor im Kriege ein Bein, bewegt sich mühsam mit einer Prothese, auch sein linker Arm ist unbrauchbar. [...] Er zittert vor Kälte, sein Gesicht ist grau, tief zerfurcht. Die großen dunklen Augen darin glänzen fiebrig, als er von Plänen für die Zukunft spricht – mit ungebrochener Energie.[30]

Körpersprache und Hoffnungsrhetorik widersprechen sich in einem Maße, das den Leser zunächst aufgesetztes Aufbruchspathos wittern läßt – um so mehr, als der wohlwollend-verständige Reporter dieses Paradox in ständiger, klischeehafter Wiederholung ausdrücklich betont.[31] Aller-

---

29 Kurt Loehning: Unsentimentale Reise durch Deutschland I. In: Neubau 1 (1946/47) H. 12. Zitiert nach: In Deutschland unterwegs. A.a.O. S. 108.

30 Ebenda, S. 108f.

31 Auf die zitierte Passage folgt der Bericht von der „glücklichen Heimkehr" eines völlig verwahrlosten Soldaten, „aus der unheimlichen Weite der östlichen Welt in gute Geborgenheit" (a.a.O., S. 109).

dings ist gerade in diesem Nebeneinander von euphorischer Voraussicht und resignativer Ohnmacht auch eine typische zeitgenössische Empfindungs- und Denkstruktur festgehalten. „Hoffnung und Verzweiflung, Aufbruchs- und Untergangsstimmung, traumatische Vergangenheitserfahrungen und freudige Zukunftsversprechen, der gleichzeitige Glaube an eine Weltenwende und das Weltenende, der Glaube an einen unbelasteten Neubeginn und das Wissen von den die Gegenwart beherrschenden bösen Mächten der Vergangenheit – diese Haltungen brachen und überlagerten sich nicht nur insgesamt im zeitgenössischen Bewußtsein, [...] sondern auch im einzelnen Individuum".[32] In dieser dauernden Ambivalenz von Verlorenheit und Suche nach einer neuen Heimat wird das Schicksal des Körpers zum wichtigsten Kriterium. Dolf Sternberger, der sich auf seiner Reise selbst zum Objekt der Beobachtung macht, gibt diese Ausrichtung an der eigenen Körperlichkeit offen zu:

> Es war ein vortrefflicher Wagen, den wir erwischten: Zwei Eisenbahner standen darin, die einige große Kisten zu begleiten hatten, und ebendiese Kisten erwiesen sich hernach während der Nacht und in der Morgendämmerung als erstaunlicher Komfort, sie wurden zu einem Element jener dürftigen Heimatlichkeit, die wir uns offenbar auch unter höchst elenden Umständen immer noch zu schaffen, einzubilden und auszubilden wissen.[33]

Die großen Kisten, als deren Begleiter und Beschützer extra zwei Eisenbahner abgestellt wurden, verwandeln den Waggon ins Wohnzimmer. Seine Ausstaffierung macht so viele Zugeständnisse an den Körper des Reisenden, daß er als „vortrefflich" gelten kann. Freilich ist Sternberger kritisch genug, die „Heimatlichkeit", die ihm durch den ungewöhnlichen „Komfort" suggeriert wird, auch als ‚Einbildung' zu entlarven und sich von ihr nicht über die „höchst elenden Umstände" hinwegtäuschen zu lassen. Wie die Flüchtlinge der Reportage von Kurt Loehning mißtraut auch er seinem Körper, aber statt ihn zu verleugnen, reflektiert er über die Reize, die dieser ihm vermittelt. Bereits im Abschnitt *Fensterbilder* wurde deutlich, daß er sich aus der demütigenden Situation, „zwischen vier fensterlosen Wänden wie in einer Wanne zu sitzen oder zu stehen

32 Gustav Zürcher: „Trümmerlyrik". A.a.O. S. 42.

33 Dolf Sternberger: Reise in Deutschland – Sommer 1945. A.a.O. S. 161.

und nur in den Himmel schauen zu können",[34] auch nicht durch eine Flucht in die Illusion befreit, sondern von der Kante des Waggons aus den visuellen Kontakt zur äußeren Realität sucht. Während die heimatlosen Flüchtlinge noch im unwirtlichen Güterwagen den Vorschein künftiger Heimatlichkeit sehen und ihn als vorübergehendes Zuhause akzeptieren, ist für Sternberger der Waggon trotz allen Komforts kein angenehmer Aufenthaltsort. Was dem einen als Wohnzimmer erscheint, ist dem anderen ein Gefängnis, und auf der Bahn ist nur zu Hause, wer kein Zuhause hat.

Den Waggon als Wohnzimmer hat Erich Kästner schon 1933 in seinem Kinderbuch *Das fliegenden Klassenzimmer* beschrieben. Er, der noch nach der Verbrennung seiner Bücher in Deutschland blieb, um als Schriftsteller der Inneren Emigration zu erleben und zu bezeugen, „wie das Volk, zu dem er gehört, in schlimmen Zeiten sein Schicksal erträgt",[35] teilt und beschreibt auch nach 1945 als Feuilletonredakteur der *Neuen Zeitung* den Alltag seiner Landsleute. „Der Nichtraucher", der in seinem Jugendroman von der Deutschen Reichsbahn für hundertachtzig Mark einen ausrangierten Eisenbahnwagen gekauft hat, um darin zu wohnen, trägt seinen Namen – gegen die eigenen Gewohnheiten („er rauchte sogar sehr viel"[36]) – nach den Schildern an den Abteilen. Für die Menschen in den Waggons, die Kästner vierzehn Jahre später beschreibt, haben auch noch ganz andere Schilder ihre Gültigkeit verloren:

> Sie saßen, hingen, standen, klammerten sich an, blinzelten apathisch in die Nachmittagssonne, dachten nicht an Kurven und Tunnels, sondern nur an ihre Rucksäcke mit den paar Pfunden gehamsterter Kartoffeln und an die Gesichter daheim. War's nicht früher einmal verboten gewesen, sich während der Fahrt aus dem Fenster zu beugen? Und jetzt kauerten alte Frauen und magere Kinder zu Hunderten, ohne Halt und Lehne, auf den rußverschmierten Dächern wie auf einstöckigen geländerlosen Omnibussen. Nun war es niemandem mehr untersagt,

---

34 Ebenda, S. 164.

35 Erich Kästner: Gescheit und trotzdem tapfer. In: E.K.: Gesammelte Schriften. Bd. V: Vermischte Beiträge. Köln, 1959. S. 23f.

36 Erich Kästner: Das fliegende Klassenzimmer. In: E.K.: Gesammelte Schriften. Bd. XII: Romane für Kinder. Köln, 1959. S. 28.

> sich das Genick zu brechen. Der Staatsbürger war dabei, sich neue Freiheiten zu erobern, wenn auch nicht gleich die richtigen...[37]

Kästner weist mit seiner Beschreibung einer Hamsterfahrt auf das körperliche Grundbedürfnis hin, aus dem während der Nachkriegszeit die meisten Eisenbahnfahrten unternommen wurden: aus Hunger. Er war der „gewaltige Ingangsetzer",[38] der unentwegte Beweger. Die schlechte Versorgungslage, vor allem in den Städten, trieb die Menschen hinaus aufs Land, wo die Aussichten auf Eßbares meist weit besser waren. Die Reisebedingungen, die die Menschen dabei auf sich nehmen mußten, stellen die der Transporte in Güterwaggons noch in den Schatten. In der Beschreibung Kästners lassen sie aber gleichzeitig auch den von Heym ins Feld geführten Freiheitsbegriff in neuem, ironischem Licht erscheinen. „Greifbar" sind für den Hamsterer die Kartoffeln nur, wenn er sie, die anarchische Zeit nutzend, „organisiert"; und das „Dach überm Kopf" ist „greifbar" allein deshalb, weil man es als rußverschmiertes Blech unter den Füßen hat. Für den Körper, von dem auch hier die Linien ausgezogen werden, gab es Freiheit nur in Verbindung mit äußerster Gefährdung, immer eher als Handgreiflichkeit, denn als etwas, was mit Händen zu greifen wäre. Der Kampf um Lebensmittel mündete in den Kampf um einen sicheren Platz auf dem Zug. So warf die Abwehr der einen Gefahr den Körper in die nächste. Aber der Hunger war stärker als die Furcht vor der Haltlosigkeit, vor dem Fall auf die Schienen. Und die letzte Freiheit, die, sich das Genick zu brechen, zog nur der in Betracht, der ohnehin nichts im Rucksack hatte. Dennoch traf es oft gerade den anderen:

> „Und außerdem liegt noch etwas gegen Sie vor", sagte er, und jeder Satz, den er vorlas, war wie ein Beilhieb, der meinen Kopf vom Rumpf trennte: „Ein überbesetztes Abteil. Dreißig Rucksäcke und zwanzig Menschen. Und neunzehn Grad unter Null. Das eine Fenster scheibenlos, das andere pappscheibenbewehrt. An einer Kurve gibt die Tür nach. Ein junges Mädchen, von der Schwere des Rucksacks gezogen, fällt hinaus, greift taumelnd nach einem Koffer, doch ins Leere. Ein Schrei, der im Frosthauch erstarrt. Die Kälte dringt klirrend ins Abteil. Neunzehn Menschen, gefroren unter ihrer Last und dem eisigen Anhauch,

---

37 Erich Kästner: Reisebilder aus Deutschland. In: E.K.: Gesammelte Schriften. Bd. V. A.a.O. S. 389.

38 Peter Rühmkorf: Über das Fressen und die Moral. (Zu einem Leitmotiv bei Wolfgang Borchert.) In: Literaturmagazin 7. A.a.O. S. 291.

rücken noch enger zusammen. Ein Mädchen ist aus dem Zug gefallen. Und keine Hand rührt sich. Aber ein Mund: – „Tür zu, es zieht!"

„Waren Sie im Abteil oder nicht?" schrie er, als er geendet hatte. „Ja", hauchte ich, „aber ich war nicht der Mann, der ‚Tür zu – es zieht!' gerufen hat, ich war es nicht, ich war es nicht.[39]

Richard Drews, ein vergessener Schriftsteller und Journalist, hatte sich in der Nazizeit mit unverfänglichen Feuilletons und harmlosen Werbetexten durchgeschlagen und gab 1947 zusammen mit Alfred Kantorowicz die wichtige Nachkriegsanthologie *verboten und verbrannt* heraus.[40] Wolfgang Weyrauch nahm seine Prosa *Der andere Kopf* in den Band *Tausend Gramm* auf und ordnete ihn somit in den Kreis der „Kahlschlagliteraten" ein – zurecht. Drews Sprache wirkt keuchend und karg, scheint selbst vom „eisigen Anhauch" befallen, der das berichtete Geschehen beherrscht. Vier verblose Sätze leiten die Szene im Zug ein, wie Regieanweisungen eines Theaterstücks. Knapp wird vom Fall des Mädchens berichtet, dem die gehamsterte Last zum Verhängnis wird, noch knapper von der makaberen Reaktion der Mitreisenden. Die Erzählung ist unterkühlt, klirrt vor menschlicher Kälte. Das liegt auch daran, daß sie Teil eines gerichtsmäßigen Verhörs ist, das die Exekution bereits enthält. Den „Kahlschlag" vollzieht hier jeder einzelne Satz als ein den Kopf vom Rumpf trennender „Beilhieb". All das spielt sich in den traumatischen Phantasien eines Mannes ab, der unmittelbar miterlebte, wie sich ein Mädchen vom dritten Stock auf die Straße stürzte. Die Schuldgefühle, die durch diesen Schock geweckt wurden, reichen aber noch weiter zurück: Im Krieg ließ der Mann einem sterbenden Kameraden keine Hilfe zukommen, um sich nicht selbst zu gefährden. Beide Ereignisse werden nun im Traum von einem „Ankläger" verknüpft, der im Kopf des Betroffenen wie in einem Buch liest. „Lauter Erinnerungsschund" kramt er dort hervor, während ein anderer dem „Angeklagten" einen Raum des

---

39 Richard Drews: Der andere Kopf. In: Wolfgang Weyrauch (Hrsg): Tausend Gramm. A.a.O. S. 125.

40 Vgl. verboten und verbrannt. Deutsche Literatur 12 Jahre unterdrückt. Hg.v. R. Drews u. A. Kantorowicz. Neu hg. mit einem Vorwort v. H. Kindler u. einem Nachwort v. W. Jens. Mchn., 1983.

Vergessens empfiehlt: „Kein Weinzwang, kein Erinnerungszwang, kein Gewissenszwang".[41]

Die surrealistisch anmutende Prosa Drews', die authentische Erfahrungen traumhaft verfremdet, endet in der Frage nach der persönlichen Schuld und dem verzweifelten Beteuern, „es nicht gewesen zu sein". Das trifft die psychische Verfaßtheit der meisten Deutschen nach den Greueln der Kriegsjahre sehr genau. Daß der Autor zu ihrer Beschreibung an zentraler Stelle eine Eisenbahnepisode der Nachkriegszeit einbaut, liegt nicht nur an deren hohem Identifikationsgrad, den Paralleltexte wie der von Kästner beweisen.[42] Vielmehr setzt sich hier die ambivalente Körpererfahrung des Krieges – Aussetzung bis hin zum Verlust einerseits und eben dadurch erkämpfte Bewahrung andererseits – am offensichtlichsten wieder durch. Die Bahnfahrt ist in gewissem Sinne die Fortsetzung der Panzerfahrt mit anderen Mitteln; der Waggon ist zugleich Schutzschild und Raum potentieller Gefährdung. Wenn Klaus R. Scherpe in der Reportageliteratur der Nachkriegszeit eine Wolfs- oder Robinsonmentalität des „Selbermachen, Sichdurchschlagen und Sehen-wo-man-bleibt",[43] feststellt, so entdeckt er mit dieser Haltung des Wilden auch eine Einstellung des Kriegers. In den frühen Nachkriegsjahren werden – im Angesicht einer fortdauernden technischen Moderne – archaische Sozialnormen reetabliert, die sich allein am Vorteil des eigenen Körpers orientieren. Der fremde Körper ist allenfalls noch als Wärmequelle interessant (die frierenden Menschen rücken näher zusammen), als die er dem eigenen etwas zu geben vermag. Aber der „Nachruf", den sein Verschwinden hervorruft, ist schon wieder von eisiger Kälte geprägt: „Tür zu – es zieht!"

Auf dem Hintergrund eines solchen, sozialdarwinistisch geprägten Gesellschaftsverhaltens („survival of the fittest") ist es nur konsequent, wenn Hermann Lenz der 1978 erschienenen Fortsetzung seines Romans *Neue Zeit* (1975) den Titel *Tagebuch vom Überleben und Leben* gibt. Der poetische Geschichtsunterricht seiner früheren Werke (*Verlassene Zim-*

---

41 Richard Drews: Der andere Kopf. A.a.O. S. 124.

42 Vgl. auch Wendulin: Äpfel und Ministerialräte. A.a.O. S. 91ff.

43 Klaus R. Scherpe: Erzwungener Alltag. A.a.O. S. 47.

mer, 1966; *Andere Tage*, 1968) wird darin über das Ende des Zweiten Weltkriegs hinaus fortgesetzt. Mit der Heimkehr des Protagonisten aus Kriegsgefangenschaft setzt die Handlung ein:

> Nach München also. Und er saß in einem Wagen mit gelb gestrichenen Holzbänken, hineingepreßt zwischen den Leuten, die ihn finster anschauten, weil er einen dunklen Wintermantel trug, der wie neu aussah, obwohl er schon acht Jahre alt war; der wärmte gut, seines soliden Stoffes wegen (echte Wolle) und in ihm unterschied er sich auch von den Leuten. Das tut dir wohl, nicht wahr? Wenigstens äußerlich gehörst du sozusagen zu den Auserwählten, den Glückspilzen... Und er spürte das Päckchen mit den Camel-Zigaretten, das ihm sein Schwager geschenkt hatte, in der Manteltasche, konnte nicht widerstehen und zog's heraus.
>
> Dann zündete er sich eine Zigarette an, die süß roch. So wollte er es haben, obwohl es doch unpassend war und die anderen aufreizen mußte. In einem ungeheizten, mit Menschen vollgestopften Waggon saß ein junger Mann im dunkelblauen Wintermantel und rauchte eine amerikanische Zigarette... und dieser elegante Kerl hieß Eugen Rapp. Für einen Augenblick war er sich selber widerlich, doch durfte ihm's gleichgültig sein. Und fremd fühlst du dich überall.[44]

Eugen Rapp, die Zentralgestalt des Romans, ist ein Überlebender im Sinne Canettis. Er hat seinen Körper nicht nur durch den Krieg hindurch gerettet, sondern weiß ihn selbst in der Nachkriegszeit noch mit allem Nötigen zu versorgen. Das ist nur gegen die übrigen Bewerber um die vorhandenen Güter möglich und ruft zwangsläufig deren Neid hervor. Die Kehrseite dieses Neides ist allerdings die Auszeichnung des Beneideten. Noch wichtiger denn wegen des körperlichen Wohlbefindens wird der warme Mantel deshalb als Mittel der Unterscheidung „von den Leuten". Im inneren Monolog („Das tut dir wohl, nicht wahr?") kommt Eugen Rapp sich selbst auf die Schliche. Zwar manifestiert sich das Gefühl, auserwählt zu sein und zu den Glückspilzen zu gehören, noch im Besitz amerikanischer Zigaretten – seinerzeit so begehrt wie Lebensmittel. Aber in der demonstrativen Geste des Rauchenden steigert sich die Arroganz des Erfolgreichen zur „Widerlichkeit". Sie begründet nicht nur den besonderen Status des Helden, sondern zugleich auch seine gesellschaftliche Fremdheit. Der Überlebende „sieht sich allein, er fühlt sich allein, und wenn von der Macht die Rede ist, die dieser Augenblick ihm ver-

44 Hermann Lenz: Tagebuch vom Überleben und Leben. Roman. Ffm., 1978. S. 19f.

leiht, so darf nie vergessen werden, daß sie sich aus seiner *Einzigkeit* und aus ihr allein herleitet."[45]

Eugen Rapp geht in seiner „Einzigkeit" aus einer Menge von Menschen hervor, in die er „hineingepreßt" ist. Dieses Moment der dicht gedrängten, „stockenden Masse" kennzeichnet in besonderem Maße die soziale Situation während den Bahnfahrten der Nachkriegszeit. In ihr kann sich der Mensch nicht mehr entsprechend der ihm eigenen Abneigung gegen jede Berührung durch Unbekanntes verhalten, er ist zum Körperkontakt mit dem anderen gezwungen. Dieser Kontakt kann dann allerdings auch angenehmen, sogar erotischen Charakter bekommen.[46] Canetti sieht in ihm allgemein eine Erlösung von der Berührungsfurcht, die in das Gefühl bergender Gemeinschaft umschlägt: „Es geht dann alles plötzlich wie *innerhalb eines Körpers* vor sich".[47] – In den Eisenbahntexten der Zeit ist von diesem faszinierenden Aspekt der Masse allerdings nur am Rande zu lesen, und dann meist aus der Perspektive derer, die die Menschenansammlung von einem Standpunkt außerhalb betrachten.[48] Bei den Einzelnen *in* der Menge überwiegt dagegen – sicherlich auch bedingt durch die Ernüchterung nach dem Massen-Wahn des „Dritten Reiches" – die gelegentlich sogar beklagte[49] Tendenz zur Abgrenzung und Distanzierung. So ist auch Eugen Rapps Mantel nicht zuletzt ein trennender und schützender kleiner Panzer, der nötig ist, weil in den zusammengepreßten Massen von ums Überleben kämpfenden Individuen die Spannungen zunehmen. Auch Canetti spricht von einem ‚Stau der Aktionslust',[50] der sich schließlich in einer „Entladung" Bahn bre-

---

45 Vgl. Elias Canetti: Masse und Macht. Hbg., 1960. S. 259. (Hervorhebung im Original).

46 Vgl. z.B. den bereits erwähnten Körperkontakt in Johann Schuhs *Die Schwalben überm Bett*: „Mein Schienbein rieb sich an den runden Knien einer Blondine mittleren Alters" (A.a.O. S. 67) sowie die folgenden Textausschnitte von Heinrich Böll und Peter Härtling.

47 Elias Canetti: Masse und Macht. A.a.O. S. 12. (Hervorhebung im Original).

48 Vgl. neben dem zitierten Text von Erich Kästner z.B. auch Siegfried Lenz: Deutschstunde. Roman. Hbg., [15]1974. S. 295f., behandelt im Exkurs zu diesem Kapitel.

49 Vgl. Dolf Sternberger: Reise in Deutschland – Sommer 1945. A.a.O. S. 163: „Ach, man kann uns so eng zusammenpferchen, wie man will – ein jeder bleibt doch in seiner Haut befangen und gefangen."

50 Vgl. Elias Canetti: Masse und Macht. A.a.O. S. 34.

chen muß, insbesondere bei der „langsamen Masse“, die „die Form eines Zuges“[51] hat. Zu ihr gehört „die *Ferne* des Ziels“.[52] Im günstigsten Fall geschieht die „Entladung“ am Zielort mit der Entleerung des Zuges, im ungünstigsten durch einen Tumult während der Fahrt.

Im zitierten Textausschnitt von Hermann Lenz begründet die Einzigkeit, die Eugen Rapp als Besitzender genießt, in Verbindung mit der sozialen Situation der Eisenbahnreise als Massenbewegung eine Form der Herrschaft des Überlebenden über die nur Lebenden. Gesellschaftlicher Rang bemißt sich danach, in welchem Maße jeder einzelne in der Lage ist, seine körperlichen Bedürfnisse zu befriedigen. In seinen Überlegungen *Zur Psychologie des Essens*, mit denen Elias Canetti das Kapitel über den „Überlebenden“ vorbereitet, entfaltet er, wie das Maß der Nahrungsaufnahme über den „Respekt vor der Leiblichkeit“[53] des anderen (hier: „des Meistessers“) zur Ausbildung von Herrschaft führen kann. Während der unmittelbaren Nachkriegszeit war der Augenblick des Überlebens nur insofern auch ein Augenblick der Macht, als er ein Augenblick des Zu-essen-habens war. Die „fortwährend“[54] Obst verzehrende Frau in Johann Schuhs Erzählung *Die Schwalben überm Bett* verleibt sich deshalb nicht nur „die Zeit [ein], in die die Speisen sich verwandeln, sobald der Abfahrtpfiff ertönt“,[55] sondern auch die Macht über die Zeit, die im Kampf gegen das Verhungern immer Lebenszeit ist. Und Dolf Sternberger wie Jeanette Lander haben mit ihrer Rede vom „verschlingenden“ bzw. „trinkenden“ Blick nicht nur eingängige Metaphern der visuellen Wahrnehmung geschaffen, sondern zugleich eine Urformel hypothetischer Aneignung von Macht aktualisiert, die sie selbst zu Überlebenden werden ließe – „wenn Blicke töten könnten“.

Mag es auch bis zum Mord nur selten gekommen sein, so waren Diebstahl und Betrug doch an der Tagesordnung, wenn es darum ging, den eigenen Hunger zu stillen. Dennoch gab es auch das Gegenteil, daß nämlich die Macht dessen, der zu essen hatte, umschlug in Verantwor-

---

51 Ebenda, S. 40.

52 Ebenda, S. 42. (Hevorhebung im Original).

53 Ebenda, S. 251.

54 Johann Schuh: Die Schwalben überm Bett. A.a.O. S. 67.

55 Gert Mattenklott: Die Wandlung des Reisenden. A.a.O. S. 172.

tung und Sorge für diejenigen, die hungerten. Peter Grubbe beschreibt in seiner Reportage über *Kinder zwischen den Mühlsteinen der Zeit* eine solche Szene. Zwei vierzehnjährige Buben, die sich als verlassene und verwahrloste Vagabunden alleine durchs Leben schlagen, erfahren die Fürsorge einer Abteilgemeinschaft:

> Eine Frau, die auf der gegenüberliegenden Bank saß, packte aus ihrer Einkaufstasche zwei mit Wurst belegte Brote und hielt sie ihnen hin. Einen Augenblick zögerten beide. Tiere zögern so, wenn ein Fremder ihnen etwas anbietet. Dann griffen sie gleichzeitig zu und bissen voller Heißhunger hinein, vorher die Zigarettenstummel sorgfältig auslöschend und sie in der Tasche verwahrend.[56]

Immer wieder finden sich in den Eisenbahntexten der Zeit solche Szenen, in denen sich die in einem Abteil zusammen reisenden Menschen als abgegrenzte Solidargemeinschaft innerhalb einer vom Überlebenskampf bestimmten Masse begreifen und beweisen.[57] Fremdheit wandelt sich hier durch Mitleid zwar nicht in Vertrautheit, wohl aber in Verständnis für den anderen. Aus dem Abteil, dem traditionellen Ort der Isolation und potentiellen Bedrohung,[58] wird ein Raum der Kommunikation und der Fürsorge. Auch der Reporter macht diesen Prozeß mit. Wenn er die beiden Jungen in ihrem Zögern zunächst mit Tieren vergleicht, deutet er damit auf den besonderen Grad ihrer Entzivilisierung und das Moment des Archaischen in ihrem Handeln hin. Doch schon die sorgfältige Geste, mit der die Zigarettenstummel verstaut werden, straft diese Parallele lügen. Die beiden Buben sind eben gerade nicht, was sie zunächst ihrem Körper nach scheinen: weder die Wilden, die mit der „stets gespannten Aufmerksamkeit des Hungrigen“[59] auf Beute lauern, noch die Weisen, in deren Nähe sie ihr „graues Gesicht“ mit den „Spuren bewußt gelebter Jahre“[60] bereits rückt. Grubbes Reportage – sie endet mit der Auskunft der Jungen über ihr Alter – handelt gerade davon, daß

56 Peter Grubbe: Kinder zwischen den Mühlsteinen der Zeit. In: Süddeutsche Zeitung. München, 26.3.1946. Zitiert nach: In Deutschland unterwegs. A.a.O. S. 88.

57 Zum Motiv der Abteilmahlzeit vgl. auch G.: Im Westen viel Neues. Interview mit dem Mann auf der Straße. A.a.O. S. 131.

58 Vgl. Wolfgang Schivelbusch: Geschichte der Eisenbahnreise. A.a.O. S. 73ff.

59 Ebenda, S. 87.

60 Ebenda.

diese hinter ihren Masken als zwei „Kinder" entdeckt werden, die die Zeit ihrer eigentlichen Natur entfremdet hat. Die mechanische Metapher der „Mühlsteine" erinnert dabei an die Deformation des Gnoms Oskar durch „Schienenstöße". Die kleinen Körper, das eine Mal „zermahlen", das andere Mal „gerädert", sind die Objekte, an denen die Geschichte ihre Spuren am deutlichsten hinterläßt.

Wie der Körper spricht, wie er über den Menschen Auskunft gibt, ihn selbst und andere aber auch zu täuschen vermag, ist inzwischen bereits mehrfach deutlich geworden. Aber er ist als der Resonanzboden menschlicher Kommunikation auch eine Darstellungsbühne personaler Beziehungen. In Heinrich Bölls Erzählung vom *Kumpel mit dem langen Haar* spricht er, indem er etwas *ver*spricht, (ver-)leitet er, indem er lockt. Der Ich-Erzähler trifft im Wartesaal eines Bahnhofs zufällig ein Mädchen, das ihn fasziniert, und folgt ihm. Als es auf einen einfahrenden Zug springt, steigt auch er ein und setzt sich zu ihr ins Abteil, „so nahe, daß unsere Knie sich fast berührten. Als sie mich anblickte, ganz ernst und ruhig, nur die Brauen etwas zusammengezogen, da las ich es in ihren großen grauen Augen: sie wußte, daß ich die ganze Zeit über hinter ihr gewesen war".[61] Wortlos und nur über den Körper wird hier Einverständnis hergestellt. In den „großen" Augen, d.h. in den geweiteten Pupillen des Mädchens, kann der Erzähler „lesen", daß sie die körperliche Nähe als erotischen Reiz erfährt.[62] Das folgende Geschehen läuft beinahe zwangsläufig ab:

> Ich zündete mir eine Zigarette an. Da warf sie einen flüchtigen, aber merkwürdig wachen Blick auf die Packung. Ich hielt sie ihr einfach hin und sagte mit rauher Stimme: „Bitte", und es schien mir, als müsse mein Herz aus dem Halse springen. Sie zögerte eine halbe Sekunde, und ich sah trotz der Dunkelheit, daß sie flüchtig errötete. Dann griff sie zu. Sie rauchte mit tiefen, hungrigen Zügen.[63]

61 Heinrich Böll: Kumpel mit dem langen Haar. In: H.B.: Werke. Romane und Erzählungen I. A.a.O. S. 22f.

62 Vgl. Hans Peter Dreitzel: Der Körper als Medium der Kommunikation. In: Der Mensch und sein Körper. Von der Antike bis heute. Hg.v. A.E. Imhof. Mchn., 1983. S. 186.

63 Heinrich Böll: Kumpel mit dem langen Haar. A.a.O. S. 23.

Mit dem Anbieten der Zigarette gewinnt die Annäherung gestischen Charakter. Das kurze Zögern gehört, wie die Parallele bei Grubbe zeigt, ebenso zum Ritual wie die anschließende gierige Annahme. Dieser Standard-Szene der Kontaktaufnahme folgt mit der Fahrkartenkontrolle die Standard-Szene der Bahnfahrt. Doch als der Schaffner kommt, stellen sich die beiden jungen Leute „wie auf Kommando" schlafend.

> Eine dicke Frau, die neben mir saß, zupfte den Schaffner am Ärmel und flüsterte ihm etwas ins Ohr, von dem ich verstand: „Ami-Zigaretten... schwarzfahren..." Da stieß mich der Schaffner böse in die Seite.
>
> Es war ganz still im Abteil, als ich sie fragte, wohin sie fahren wollte. Sie nannte einen Ort. Ich löste zwei Fahrkarten dorthin und zahlte die Strafe. Eisig und verächtlich war das Schweigen der Leute, als der Schaffner gegangen war.[64]

Das Denunziantentum der bezeichnenderweise „dicken" Frau gehört ebenso zum zeittypischen Kolorit der Szene wie das „eisige" Schweigen der Verächter. Aber gerade in dieser feindlichen Umgebung festigt sich eine persönliche Beziehung. Die Ami-Zigaretten, zunächst Mittel der Einschmeichelung, führen zwar als Anlaß von Neid indirekt zur Bestrafung. Doch gerade durch diese Strafe werden die Bande zwischen den beiden jungen Leuten noch enger. Sie haben jetzt ein gemeinsames Ziel; und auch wenn sie, wie sich später zeigt, dort beide nicht weiter wissen, so haben sie doch etwas gewonnen, nämlich sich.

Einen solchen, zumindest vorläufigen Gewinn macht auch Katharina Perchtmann, geb. Wüllner, die Titelfigur aus Peter Härtlings 1974 erschienenen Roman *Eine Frau*, während der Fahrt in einem Flüchtlingszug aus dem Osten. Im Kampf „jeder gegen jeden", in dem auch sie sich behaupten muß, wird ihr ebenfalls ein Mann zum Vertrauten, der dieser Mentalität zuwider handelt:

> Den Eindringling beachtete Katharina kaum. Er mußte eine anstrengende Zeit hinter sich haben, denn er schlief die ersten Tage fast immer, diesen sie bedrückenden, totengleichen Soldatenschlaf. Auf einem längeren Aufenthalte verschwand er, kehrte, nach einiger Zeit – sie alle hatten gehofft, er werde nicht wieder auftauchen – mit zwei Laib frisch gebackenen Brots zurück, die er auseinanderbrach und verteilte. Er fing an, sich einzuschmeicheln.

64 Ebenda.

> Sie wachte daran auf, daß eine Hand ihr Bein streichelte, von den Fesseln bis zu den Kniekehlen, manchmal das Bein umfassend, manchmal nur mit den Fingerkuppen.[65]

Statt „jeder“ gegen jeden“ scheint hier die Devise „einer für alle“ zu heißen. Genauer betrachtet, lautet sie jedoch „alles für eine“. Dabei führt der Weg, den der fremde Soldat einschlägt, über den Laib zum Leib, über den Hunger nach Brot zum „Hunger“ auf den Körper. Hier spiegelt sich wider, was Hans Werner Richter in seinem satirischen „Stunde-Null“-Roman *Linus Fleck* die „makabre Verbindung zwischen Hunger und Erotik“[66] genannt hat. Der „Kalorieneros“ erweckt das Leben in dem „totengleich“ schlafenden Soldaten ebenso wie in der vom Neuanfang träumenden Frau. Nur kurz setzt sie der durch die Enge des Raumes begünstigten Annäherung ihren Widerstand entgegen. Dann sieht sie in der intimen Berührung eine Möglichkeit zur Verbündung „gegen die anderen“.[67] Das Wechselspiel von Gegenwehr und Ergebung führt schließlich zum Verlassen des Zuges:

> Am Tag, bei einem Halt auf offener Strecke, als auch der Lokomotivführer von der Maschine sprang, damit andeutete, daß sie länger würden warten müssen, verließ sie das Coupé, der Mann folgte ihr, nicht ohne sein Bündel über die Schulter zu werfen, aus der Gewohnheit, den Rest der Habe immer mit sich zu schleppen. [...] Auf einer Lichtung warf sie sich hin. Sie konnte nicht mehr spielen, verzögern, sie wünschte sich, daß er über sie herfalle. Sie achtete nicht auf die Schritte der anderen, die ein Versteck suchten, durch das Buschwerk stießen und wieder umkehrten.
>
> Die Schamlosigkeit der Situation gehörte für sie zu jener Verwandlung, die sie sich wünschte und zu der ihr der Fremde verhalf.
>
> Sie würde sich vergessen und anfangen können.[68]

Um sich zu vergessen und neu anzufangen, will Katharina – wie es in einem „Vorgriff aufs Obszöne“, das dann die Bahnfahrt so sehr bestimmt, heißt – „nichts anderes sein [...] als Körper“,[69] sie will, sich nur

65 Peter Härtling: Eine Frau. Roman. Darmstadt, Neuwied, 1974. S. 307f.

66 Hans Werner Richter: Linus Fleck. Ein satirischer Roman. Mchn., 1978. (Erstausgabe 1959). S. 188.

67 Peter Härtling: Eine Frau. A.a.O. S. 309.

68 Ebenda, S. 309f.

69 Ebenda, S. 303.

als Körper fühlend, die Beschränkungen des Bewußtseins hinter sich lassen. Dazu braucht sie den Mann, der sich „mit seiner hartnäckigen Vertraulichkeit in ihre Phantasie“ einschmeichelt, der Empfindungen weckt, „die sich gestaut hatten“[70] und dann ihr Verlangen stillt. Er ist ein Fremder, der ihr zu einer Verwandlung verhilft, sie allerdings später ebenso schnell wieder verläßt, wie er gekommen war.

Die Konzentration auf den eigenen Körper, die für Härtlings Figur Katharina gilt, trifft auch für Jeanette Landers Julie zu: „Neu war es, wie wir uns berührten. Alles zog ich aus. Auch die Decke und das Laken schlug ich ab. Ich konnte nicht ertragen, daß ein Fetzen uns trennt, daß ein Stoff mir an den Körper kommt“,[71] berichtet Julie über das Geschehen nach der bereits erwähnten Eisenbahnfahrt. Durch ihren Leib versichern sich die beiden Frauen einer veränderten Lebenssituation; das überschäumende Gefühl neuer Freiheit erleben sie hautnah und schamlos, auch des Kleiderpanzers ledig, in einem Moment ekstatischer Körperlichkeit.

Den „Frauenphantasien“, von denen hier die Rede ist, stehen die der Männer gegenüber. Klaus Theweleit hat sie beschrieben.[72] Daß seine, von ihm im Vorwort erwähnte Mutter etwa dieselben Lebensdaten hat wie Härtlings Katharina, deren Kindheit, Jugend und familiäres Umfeld bis hin zu einigen späteren Erlebnissen übrigens große Übereinstimmungen mit der Biographie von Härtlings Mutter aufweist, kann dabei als ebenso symptomatisch gelten, wie das Bild der Eisenbahn auf dem Umschlag von Theweleits erstem Band. Hier werden Menschen und Motive zu Modellen. Das gilt auch für den Vater des Autors. Theweleit erklärt seine Umschlagsillustration damit, daß jener Eisenbahner war, „mit Leib und Seele, wie er sagte, und dann erst Mensch.“ Er sei allerdings auch ein guter Mensch gewesen „und ein ziemlich guter Faschist“. Der gewaltige und gelegentlich auch gewalttätige Vater, der dem Sohn bei einer Besichtigung des Hindenburgdammes vorkam, „als wäre er *selber* die EISENBAHN, in der wir saßen und unter die der Damm gehörte“

70 Ebenda, S. 308.

71 Jeanette Lander: Die Töchter. Ffm., 1976. S. 19.

72 Zum folgenden vgl. Klaus Theweleit: Männerphantasien. Bd. I: Frauen, Fluten, Körper, Geschichte. Ffm., 1977. S. 7f.

(Hervorhebungen im Original!), und die milde Mutter, die das Postkartenfoto vom Zug auf dem Damm sorgfältig in ihrem Album aufbewahrt hat, wurden dem Autor zu ersten „Belehrungen über den Faschismus"; in seinem Buch verarbeitet er anhand von Motivketten aus der „Männerwelt" des Krieges und des Nationalsozialismus die späteren. Seine *Männerphantasien* kreisen um Eisenbahn und Erotik, Macht und Militär. Härtlings Text hat gezeigt, daß das erste Paar so eng zusammengehören kann, wie das zweite.[73] Im Zentrum steht immer die Verfügungsgewalt über den fremden Körper. Deshalb ist die Bewegungsmaschine Eisenbahn, von Theweleit als Macht- und Sexualsymbol beschrieben, ein Ort der Vergewaltigung. Die Frau, die wünscht, „daß er über sie herfalle", sich aber zugleich frei hingeben will, verläßt den Zug nicht aus Scham-, sondern aus Ehrgefühl. Das hier, nicht zufällig im Zusammenhang mit dem Eisenbahnmotiv thematisierte Verhältnis von Macht und Sexualität ließ einen der Fälle, in denen die Eisenbahn während der Nachkriegsjahre an einer „Wiederkehr des Körpers" beteiligt war, oft besonders problematisch werden: die Heimkehr des (Ehe-)Mannes aus dem Krieg. Auf damit zusammenhängende Spannungen im Verhältnis der Geschlechter wird im Kapitel *Züge im Zwielicht* anhand einer Erzählung von Marlen Haushofer noch zurückzukommen sein.

Die wichtigsten Erkenntnisse, die sich aus der Betrachtung des Zusammenhangs von Eisenbahnmotiv und Körperlichkeit in der Literatur der Nachkriegsjahre ergeben haben, lassen sich folgendermaßen zusammenfassen:

1. Durch die besonderen Entbehrungen und Belastungen, der Kriegs- und Nachkriegszeit wurden die Bedürfnisse des eigenen Körpers zum Motor und Maßstab des täglichen Handelns. Auch die Literatur der Zeit spiegelt diese Konzentration wider.

2. In vielen Fällen sicherte nur das Verkehrsmittel Eisenbahn das Überleben. Es ermöglichte die Befriedigung körperlicher Bedürfnisse, auch wenn die Reise selbst meist eine Strapaze war.

73 Zum Zusammenhang von Technik und Triebstruktur vgl. die Ausführungen von Hans-Dieter Bahr unter der Überschrift *Eros und Triebwerke* in: H.-D. Bahr: Über den Umgang mit Maschinen. Tü., 1983. S. 99, 118.

3. Wurde die Bahnfahrt auf diesem Hintergrund zum Topos einer „Fahrt in die bessere Zukunft", so war sie doch auch von Rivalität und Gefährdung der transportierten Körper bestimmt. Weil sich auf und an den Schienen der Kampf ums Überleben abspielte, war hier der Ort, an dem auch die Literatur die sozialen Verhältnisse besonders deutlich zeigen konnte.

4. Bei ständiger Überfüllung der Waggons vermittelten die Zugfahrten beispielhaft die Erfahrung der Masse, in der und gegen die sich der Einzelne zu behaupten hatte. Dieser Bedrohungserfahrung stand die persönliche, gegebenenfalls solidarische Beziehung gegenüber, in die einzelne während der Fahrt miteinander traten.

5. In der Literatur bestimmt die intensive Körpererfahrung neben den Aspekten Komfort, Ernährung und Genußmittel vor allem den erotischen Bereich. Hier „schaukeln" sich das spezifische Körpererlebnis der Eisenbahnreise und das der unmittelbaren Nachkriegszeit gegenseitig auf. Die Fahrt wird dadurch sowohl zu einem Topos für die Aussetzung des eigenen Körpers wie für den Drang nach der Gewalt über einen fremden.

Exkurs: Von Menschen und Maschinen

Metamorphosen des Körpers

Wenn in den vorliegenden Texten von der Eisenbahn als Maschine die Rede ist, dann verbinden sich damit oftmals Macht- und Körperphantasien. Das gilt für den bereits behandelten sexuellen Aspekt ebenso wie für den technischen. Die Lokomotive wird zum Symbol eines unbändigen Dranges und einer überwältigenden Kraft. In Wolfgang Borcherts 1946 entstandenem Text *Eisenbahnen, nachmittags und nachts*[74] erscheinen die Bahnen nicht nur gewaltig „wie Gewitter und als ob sie wunder was für Welten umwälzten", sondern gewinnen gar eine eigene organische Körperlichkeit. Sie „fauchen" und „brüllen", schreien, schluchzen,

74 Wolfgang Borchert: Eisenbahnen, nachmittags und nachts. In: W.B.: Das Gesamtwerk. Hbg., (1949). S. 61–64.

„murmeln und knurren", „summen und brummen", liegen „wie prächtige seltene Schlangen" auf den Schienen, oder hämmern als „grausame, unerbittliche, brutale" Wesen, deren Puls „hart und häßlich [ist], wie der Atem eines bösen asthmatischen Hundes" durch die Nacht. „Unaufhaltsam. Ununterbrochen", bis sie eines Tages „ein wichtiges Organ" verlieren und aus den Gleisen kippen.

Die Bahn wird hier als animalisches bis bestialisches Wesen beschrieben. Sie fasziniert und verzaubert den Menschen mit ihrem „monotonen Gesang", ihrem „verheißungsvollen gierigen Rhythmus", verstört und verfolgt ihn aber auch, wenn sie „einen dumpfen Rhythmus, unselig und untröstlich, auf den mondbeschienen Schienen" donnert. In jedem Fall erscheint der Mensch ihr gegenüber als Ausgelieferter und Ohnmächtiger. Er ist die Beute, die sich die Bahn einverleibt, die sie jagt, schluckt, wieder ausscheidet und zurückläßt.[75] Konnte während des Krieges der Soldat, der im Maschinenkörper des Panzers selbst eine kämpfende Körpermaschine sein mußte, den fahrenden Zug noch als einen „metallenen Baum"[76] erleben, der friedlich seine Träume umrauschte, so erfuhr mancher Reisende der Nachkriegszeit den ihn umgebende Stahlmantel schon nicht mehr als Schutz, sondern als Gefängnis. Befreiung konnte dann nur in der Umkehrung des Verhältnisses von innen und außen liegen.

Dieser Prozeß wurde bereits exemplarisch am Reisebericht Sternbergers nachvollzogen und hat dort konsequenterweise zu den Einverleibungsphantasien dessen geführt, der sich dem eigenen Verschlungenwerden im Maschinenkörper Eisenbahn zu entziehen versucht. In Erich Kästners Reportage war aus der individuellen Umkehrung eine kollektive geworden: Menschen hatten den Zug mit ihren eigenen Körpern von außen besetzt und umschlossen. „Von dem Zug, den wir sahen, war nichts zu sehen – er war mit Menschen paniert!", schreibt Kästner. Ist es Zufall, daß auch er einen kulinarischen Begriff verwendet? Oder bereitet die „Einkörperung" des aufnehmenden Maschinenkörpers als *„Panierung"*

75 So beschreibt z.B. auch Dolf Sternberger das Aussteigen aus einem Zug in der Terminologie des organischen Stoffwechsels: „Wir wurden herausgespült und herausgepreßt durch einen Schacht [...] Der Südbahnhof ergoß und erbrach sich auf den ungestalten Platz". (D.S.: Reise in Deutschland – Sommer 1945. A.a.O. S. 156f.)

76 Alfred Andersch: Jahre in Zügen.. Ein Bericht. In: Der Ruf 1. (1946/47). Nr. 2. S. 11. Zitiert nach In Deutschland unterwegs. A.a.O. S. 84.

zugleich die Einverleibung des verschlingenden „Ungeheuers“ Eisenbahn vor? Daß es in jedem Fall eine Bewältigung des eigenen Ausgeliefert-seins ist, belegt die folgende Passage aus Siegfried Lenz 1968 erschienenem Roman *Deutschstunde.* Dort beschreibt der Ich-Erzähler Siggi Jepsen einen bei Kriegsende in seiner Heimatstadt Glüserup einfahrenden Zug:

> Schleifend, unter immer langsameren Schienenstößen lief der Zug ein, eine flimmernde Hitzewand, ein harter Luftzug, der einem fast die Haut versengte, lief ein und hielt ruckend und schüttelnd, Eisen prallte auf Eisen, heißer Dampf suchte sich einen Ausweg, Ventile klopften unter verändertem Druck, und auf Puffern, Wagendächern und Trittbrettern lösten sich Glieder aus verzweifelter Anstrengung, entspannten sich, ließen den Griff los, mit dem die Leute, zumindest kam es mir so vor, nicht nur sich selbst festhielten, sondern auch den ganzen Zug, den sie umkleidet hatten mit all ihren Körpern, und ihn sich gefügig machten, geradeso, wie Algen sich einen Schiffsrumpf gefügig machen, indem sie ihn nach und nach erobern und seine Geschwindigkeit immer mehr herabsetzen; tatsächlich schien der Zug so eingeschlossen und besetzt von all den Leuten, daß man glauben konnte, sie beherrschten ihn allein durch die Zahl ihrer Körper und durch ihren gemeinsamen Willen, weiterzukommen.[77]

Der Zug, der durch die Zahl der auf ihm versammelten Körper „beherrscht“ wird, erscheint als gebändigte Maschine. Auch Lenz beschreibt ihn zunächst als kraftvoll und überwältigend. Die anfänglichen Parataxen, die das ebenso gleichförmige wie heftige Stampfen und Dampfen der Lokomotive wiedergeben, werden jedoch in dem Moment durch eine „entspannte“ Hypotaxe abgelöst, da der Blick auf die Menschen fällt. Sie, die den Zug mit ihren Körpern „umkleidet“ und sich dadurch „gefügig gemacht“ haben, setzen dessen „Willen zur Macht“ die Macht ihres gemeinsamen Willens entgegen. Der vom Erzähler angeführte Vergleich mit Algen, die einen Schiffsrumpf besetzen, ist dabei ebenso bezeichnend wie Borcherts Beschreibung der Maschine als Raubtier. Er hat eine Parallele im Reisebericht Sternbergers, dem in dem Moment, da er auf der oberen Kante des Waggons sitzt, zumute ist, „als tauchte ich träumend aus einem Algentümpel auf“.[78] Die Menschenmenge, die als amorphe Ansammlung organischen Materials erlebt wird,

---

77 Siegfried Lenz: Deutschstunde. A.a.O. S. 295f.

78 Dolf Sternberger: Reise in Deutschland – Sommer 1945. A.a.O. S. 163.

ist allerdings erst der zweite Schritt ihrer Metamorphose. Häufiger ist auch hier der Vergleich mit Tieren. In Walter Kolbenhoffs Nachkriegsroman *Heimkehr in die Fremde* (1949) kleben die Menschen an den Trittbrettern eines Waggons „wie Bienen an einem Stück Zuckerbrot",[79] bei Erich Kästner erscheint „die Wagenkette wie ein mit tausend kleinen Fliegen gesprenkelter, halbtoter Wurm",[80] und in der bereits zitierten Reportage über *Äpfel und Ministerialräte* liegt schließlich ein „Oberhamsterer" inmitten seiner Äpfel auf dem Bahnsteig „wie ein auf den Rücken gefallener Käfer".[81]

Es ist sicherlich mehr als nur der äußere Anblick, der zu solchen Vergleichen führt. Vielmehr liegt ihnen das spezifische Massenerlebnis der Nachkriegsreise mit der Bahn zugrunde, bei der ja nicht die aktive Masse, die sich zusammenrottet, sich erregt und sich erhebt, erfahren wurde, sondern eher eine passive, die in der Gleichartigkeit der Lebenssituation vor allem Leid und Lethargie teilt. Die Glieder, die sich bei Lenz „aus verzweifelter Anstrengung" lösen, entsprechen deshalb in der Tat eher dem Stachel eines Insekts, das sich an seinem Opfer festgesaugt hat, als den Händen von Menschen, die ihr Geschick selbst bestimmen. So ist der positive Aspekt, den Siggi Jepsen dem Bild des einfahrenden Zuges abgewinnt, denn auch mehrfach relativiert: „zumindest kam es mir so vor [...] tatsächlich schien [...] , daß man glauben konnte". An Kraft und Macht der Eisenbahnmaschine besteht dagegen kein Zweifel; sie ist körperlich unmittelbar zu erfahren, bis zum Versengen der eigenen Haut. Dem schmerzhaft-realen Bild einer willkürlich wirkenden Kraftmaschine wird im Vergleich der Menschen mit Algen, die sich einen Schiffsrumpf gefügig machen, der phantastische Gedanke ihrer unwillkürlichen ‚Eroberung' und ‚Beherrschung' gegenübergestellt. In dieser „Einkörperung" des Zuges ein Zeichen für die Domestizierung seiner unbändigen Kraft zu sehen, bedeutet die Bewältigung eigener Ohnmacht und Verletzlichkeit. „Bewachsen von Körpern"[82] ist die Haut des Zuges plötzlich nicht mehr härter als die eigene.

---

79 Walter Kolbenhoff: Heimkehr in die Fremde. Roman. Ffm., 1988.

80 Erich Kästner: Reisebilder aus Deutschland. A.a.O. S. 147f.

81 Wendulin: Äpfel und Ministerialräte. A.a.O. S. 93.

82 Siegfried Lenz: Deutschstunde. A.a.O. S. 296.

Die Ergebnisse dieses Exkurses zum Verhältnis von Menschen und Maschinen, bzw. ihrer Metamorphosen lassen sich in folgenden Punkte zusammenfassen:

1. Die Bewegungsmaschine Eisenbahn erscheint in der vorliegenden Literatur in enger Verbindung zu Macht- und Körperphantasien.
2. Wird die bedrohlich empfundene Eisenbahnmaschine als verschlingende Bestie beschrieben, so erscheinen die Menschen ihr gegenüber als insektengleiche, passiv-beharrende Masse.
3. Wo sich die Menschen im oder am Zug als Opfer bzw. Gefangene des Maschinenkörpers fühlen, bedeutet die Umschließung der Waggons durch menschliche Körper eine Umkehrung dieses Verhältnisses. Das Gefühl eigener Ohnmacht und Verletzlichkeit kann darin bewältigt werden.

2. Abteilgespräche

Über Probleme politischer Beredsamkeit

Die Identität von Reisegemeinschaften und Schicksalsgemeinschaften stammt aus einer Zeit, da in Deutschland noch mit der Postkutsche gefahren wurde. Die Menschen, die damals oft tage-, manchmal wochenlang gemeinsam unterwegs waren, wuchsen fast zwangsläufig zu einem solidarischen Sozialverband zusammen. In manchen Zugabteilen, die in Aufteilung und Ausstattung dem Kutscheninnenraum nachgebildet sind, und in denen man gemäß einer Feststellung Hans Werner Richters nach 1945 „wie mit der Postkutsche vor dreihundert Jahren reist[e]“,[1] entstanden in der insgesamt von sozialer Desintegration geprägten Nachkriegszeit ähnliche Beziehungsgefüge. Ein Beispiel dafür hat die bereits behandelte Reportage von Peter Grubbe geboten. Unter der für dieses Kapitel programmatischen Überschrift *Menschen im Abteil* hat auch Marion Gräfin Dönhoff entsprechende Erfahrungen festgehalten. Wie eine

1 Hans Werner Richter: „Wo sollen wir landen, wo treiben wir hin“. A.a.O. S. 186.

bereits im Kapitel *Fensterbilder* zitierte Passage gezeigt hat, steht im Zentrum dabei zunächst das Gefühl der Fremdheit. Es ist motiviert durch den Blick aus dem Fenster, wo eine Landschaft zu sehen ist, die die ehemalige Gutsbesitzerin an ihre ostpreußische Heimat erinnert: Stoppelfelder, Kartoffelfeuer und weidendes Vieh. Auch die während der Fahrt einsetzende Veränderung dieser Stimmung wird von einem Fensterbild ausgelöst:

> Die Buchenwälder verfärben sich schon, und einzelne Birken stehen lichtgelb neben den roten Vogelbeeren. Plötzlich höre ich die Stimme des jungen Polen von gegenüber fragen: „Du auch Heimweh?" Ich bin ganz betroffen von soviel Hellsichtigkeit, und er fügt hinzu: „Bei uns die Wälder jetzt auch schön." Damit lassen wir es im wesentlichen bewenden, denn die Gewißheit unserer Brüderlichkeit ist tiefer als der Sprachschatz und läßt sich nur noch mit einer Zigarette bekräftigen. Merkwürdig, zu denken, daß niemand nach Hause kann, wir nicht, weil unser Land so klein geworden ist, und er nicht, obgleich das seine soviel größer und geräumiger geworden ist! Es tut mir jetzt leid, daß ich beim Einsteigen gedacht habe, ob wohl der Vorbesitzer seiner Jacke, die aussieht, als habe sie bessere Tage auf Golfplätzen und internationalen Turnieren gesehen, ihretwegen sein Leben vielleicht hat lassen müssen. Überhaupt sind plötzlich alle Aspekte verändert, und alle Mitreisenden erscheinen mir irgendwie liebenswert.[2]

Aus der allgemeinen Fremdheit und Distanziertheit, in der die Mitreisenden „alle ihren eigenen Gedanken"[3] nachhängen, entwickelt sich eine bis zum Gefühl der Bruderschaft gesteigerte Beziehung. Die Zigarette, die diese besiegelt, wie bei Indianern das Rauchen der „Friedenspfeife" eine Blutsbrüderschaft, ist Medium einer Kommunikation über alle Sprachbarrieren hinweg. Die Autorin selbst fragt sich, „woher es kommt, daß diese Summe von Sorgen, Kummer und Heimweh, die der Zufall in den gleichen Waggon gepackt hat und die gewöhnlich sehr rasch eine Atmosphäre von Gereiztheit und Rücksichtslosigkeit erzeugt, menschlich angesprochen, plötzlich das ihnen allen Gemeinsame und sie Verbindende entdeckt?"[4] Der Text läßt vermuten, daß diese Entwicklung vor allem in einer doppelten Sensibilität der Reisenden begründet ist – zum einen gegenüber den Eindrücken, die die farbenkräftige Landschaft im

---

2 Marion Gräfin Dönhoff: Menschen im Abteil. A.a.O. S. 105f.

3 Ebenda, S. 105.

4 Ebenda, S. 107.

Fenster vermittelt, zum anderen im Hinblick auf die Thematisierung eigener Gefühle: Der gemeinsame Aufenthalt im Abteil war zunächst Chiffre einer Existenz im Abseits, fremd und fern von zu Hause; „Hellsichtigkeit“ und ‚Betroffenheit‘ verwandeln nun das Gefängnis der Isolation in einen Raum der Begegnung. Wo zuvor noch der Kampf ums Leben und Überleben die Einschätzung der Mitreisenden bestimmte, so daß eine vornehme Jacke gleich als Indiz eines Verbrechens galt, eröffnet ein nur zwei Sätze umfassendes „Gespräch über Bäume“ völlig neue Perspektiven. Das *wider*spricht nicht nur dem Brechtschen Diktum über das Leben in finsteren Zeiten,[5] es *ent*spricht vielmehr vor allem der Eichschen Formel vom „Trost der Bäume“.[6] Sie vor Augen schließen sich die Menschen im Abteil zu neuem Leben zusammen. Die beiden verblosen Sätze des Polen sind dabei selber von einer Sprache, die mit dem Dingwort „in einem unerforschten Gebiet die erste Topographie versucht. Sie überrascht, erschreckt und ist unwiderleglich; sie hat die Kraft, Einverständnis zu erwecken“[7] – sie ist nach Günter Eich „Sprache der Dichtung“, im Sinne Heinrich Bölls der Keim einer „bewohnbaren Sprache in einem bewohnbaren Land“.[8] Die Diagnose der Autorin, die schließlich „Weltfremdheit“ und „allgemeine Ratlosigkeit“, als Grund für die „seltsame Atmosphäre der Gemeinsamkeit“[9] ausmacht, trifft deshalb nur bedingt zu. Entscheidender als deren Vorhandensein ist wohl, daß Weltfremdheit und Ratlosigkeit in den Unterhaltungen zur Sprache kommen, eine ihnen angemessene Sprache finden. Das Abteil ist daher gerade als ein Ort mangelnder Orientierung ein Ort der Sprachfindung, und als solcher auch eine Keimzelle der Nachkriegsliteratur.[10]

---

5 Vgl. Bertolt Brecht: An die Nachgeborenen. In: B.B.: Gesammelte Werke in 20 Bänden. (Werkausgabe). Ffm., 1967. S. 722ff.

6 Vgl. Günter Eich: Ende eines Sommers. In: G.E.: Gesammelte Werke. Bd. I: Gedichte. A.a.O. S. 81.

7 Günter Eich: Rede zur Verleihung des Georg-Büchner-Preises 1959. A.a.O. S. 619.

8 Heinrich Böll: Frankfurter Vorlesungen. A.a.O. S. 53.

9 Marion Gräfin Dönhoff: Menschen im Abteil. A.a.O. S. 107.

10 Vgl. Heinrich Bölls These, „daß die deutsche Nachkriegsliteratur als Ganzes eine Literatur der Sprachfindung gewesen ist.“ (Frankfurter Vorlesungen. A.a.O. S. 61).

Die Gespräche in den Eisenbahnwaggons waren vor allem von zwei Themen bestimmt. Das eine war die Biographie der Reisenden, ihre Erlebnisse während der Kriegsjahre und danach. Hier konnte das Abteil ein Ort ungestörten Erzählens sein, wie man es auch heute von Zugreisen noch kennt, auf denen Mitreisende ihre ganze Lebensgeschichte ausbreiten. Dieses Erzählen spielte zweifellos eine wichtige Rolle bei der Bewältigung der eigenen Erlebnisse; auch die Texte von Gräfin Dönhoff und Peter Grubbe enthalten entsprechende Passagen. Noch aufschlußreicher als solche Berichte sind für die Sozialgeschichte der Zeit aber die in den Reportagen enthaltenen Protokolle von politischen Gesprächen und Diskussionen. Hier läßt sich ein Blick in das Bewußtsein des Volkes unter den Entnazifizierungs- und Entmilitarisierungsbestrebungen der Alliierten werfen. Das hat niemand so genau erkannt, wie Hans Werner Richter, der den *Unterhaltungen am Schienenstrang* 1946 eine eigene Reportage gewidmet hat. Das Volk, dessen Abteilgespräche er analysiert,

> führt ein Leben am Schienenstrang. In tausend Gesprächen versucht es seine Existenzberechtigung zu beweisen, in tausend Unterhaltungen irrt es auf den Wegen der Vergangenheit und sucht die Hoffnung von morgen. Es sind immer die gleichen Gesprächsthemen, die es bewegen, der verlorene Krieg, die Zonengrenzen, die deutschen Mädchen, die Denazifizierung, die vermeintliche Demokratie und die hoffnungslose Zukunft.[11]

Zu den erwähnten Themen liefert Richter aufschlußreiche Beispiele. Ihnen allen ist gemeinsam, daß die Äußerungen von Aufbegehren und Protest gegen die als Demütigung empfundene Militärherrschaft bestimmt sind – „Tugenden“, die freilich in den Jahren zuvor in Deutschland weit weniger entwickelt waren. Nun aber ist die „Demokratie“ – ein Wort das gebraucht wird, „wie eine ausgelutschte Apfelsinenschale“ – daran schuld, „wenn das Zugabteil keine Fensterscheiben hat, wenn die Toilette zu dicht besetzt ist, wenn der Zug mit Verspätung ankommt.“[12] Wenn „das Wort ‚Denazifizierung‘ fällt, klingt es wie das Wort Entlausung. Es hat den Beigeschmack des Unsauberen, Unreinen, nicht ganz Einwandfreien. Man findet es anstößig und betrachtet es zugleich als den

---

11 Hans Werner Richter: Unterhaltungen am Schienenstrang. In: Der Ruf. Nr. 4 (1.10.1946). S. 6. Zitiert nach: In Deutschland unterwegs. A.a.O. S. 96.

12 Ebenda.

Gipfelpunkt der Ungerechtigkeit".[13] Und wenn vom Krieg gesprochen wird, dann nach Möglichkeit nicht von dem, den man selbst verloren hat, sondern „von dem Krieg von morgen. ‚Die Russen werden kommen, und dann ist es aus mit den neudeutschen Demokraten'".[14] Richter registriert all diese Äußerungen zwar ohne Zustimmung, aber doch mit Verständnis. Im Hauptgrund der Unzufriedenheit, der mangelnde Versorgung mit Lebensmitteln, sieht er darüber hinaus auch den ausschlaggebenden Faktor für die mangelnde Bereitschaft der Nachkriegsbevölkerung zur „Buße".[15]

Ähnlich wird auch in Karl Korns Reportage über einen *Trip nach München* argumentiert:

> Eine heiße Septembernacht; zwischen Beinen, Knien und Koffern eingeklemmt, im Schnellzug Frankfurt-München. Einige scherzen, andere sind nervös und gereizt. Viele erzählen, daß es in der vorigen Woche im gleichen Zug genauso war. Die meisten im Abteil scheinen die Strecke mindestens einmal die Woche zu befahren. Ich höre, daß das Pfund Butter jetzt schon sechs bis sieben Pfund Nägel gelte. Einer ärgert sich über die wachsende Konkurrenz. Hochpolitisches Gesprächsthema: die Rationen. „Die sollen..." heißt es. Das Volk, meist rheinischen Akzents, hat das Gefühl, Objekt zu sein. „Die sollen..." Dann höre ich einige Male den Satz, daß es so nicht weitergehen könne.[16]

Es ist kein Zufall, daß es in dieser Reportage gerade die durch ihr Reiseverhalten ausgezeichneten Schieber und Schwarzhändler sind, die sich über die Rationen beklagen. Die Profiteure des Mangels schieben den Schwarzen Peter denen zu, von deren Unvermögen sie selbst zehren. „Not scheint Einsicht nicht gerade zu befördern. Und Querulanten sind nicht zu bekehren",[17] schließt denn auch Korn aus dem Gehörten. Aber trotzdem steckt hinter den berichteten Äußerungen mehr als nur Verlogenheit oder politischer Unverstand. Das „Gefühl, Objekt zu sein" prägte die Mentalität der Menschen in viel stärkerem Maße, als daß es durch

---

13 Ebenda, S. 99.

14 Ebenda, S. 100.

15 Vgl. Hans Werner Richter: Zwischen Freiheit und Quarantäne. Eine Einführung. In: Bestandsaufnahme. Eine deutsche Bilanz 1962. A.a.O. S. 13.

16 Karl Korn: Trip nach München. In: Der Kurier. 30.9.1947. Zitiert nach: In Deutschland unterwegs. A.a.O. S. 257.

17 Ebenda, S. 258.

höhere Rationen zu beseitigen gewesen wäre. Das war nicht zuletzt durch die Haltung der Alliierten bedingt, die sich nicht wie in anderen Ländern als „Befreier", sondern als „Eroberer", wenn auch nicht als „Unterdrücker" verstanden.[18] In ihrem „Diktat" sahen viele kritische Zeitgenossen den Hauptgrund für die drohende „Lahmlegung aller deutschen demokratischen Kräfte",[19] für wachsende Resignation und aufkommenden Revanchismus. Mit der Aufforderung „die sollen..." wird nun freilich nicht nur die Verantwortung für die gegenwärtige Misere abgewälzt, sondern auch die geschichtliche Schuld des Volkes übergangen, das sich jetzt beklagt. Die stehende Wendung, „daß es so nicht weitergehen könne", propagiert dabei indirekt die Fortsetzung anderer, früherer Verhältnisse. Dennoch beweist sich gerade in der Situation der Eisenbahnfahrt, daß es durchaus so weitergehen kann. Was „vorige Woche im gleichen Zug genauso war", kann auch kommende Woche wieder so sein. Auch die Schwarzhändler zwischen Frankfurt und München fahren, als wenn nichts wäre; nur reden sie, als hätten sie es noch nicht gemerkt. Die Diskontinuität, die sie propagieren, indem sie Veränderungen fordern, soll verhindern, daß sie von der eingeholt werden, die schon alles verändert hat. Ganz offensichtlich ist es die Angst, selbst von der zunehmenden Konkurrenz „aus der Bahn geworfen zu werden", die sie „zwischen Beinen, Knien und Koffern eingeklemmt" wenigstens verbal ihre Freiheit verteidigen läßt.

Die „Verteidigung der Freiheit", allerdings noch mit militärischen Mitteln, ist auch das Thema eines strategischen Gespräches, das Dolf Sternberger in seinem Reisebericht erwähnt. „Wenn die anderen die Flugzeuge nicht gehabt hätten, dann hätten wir...", lautet hier die These, die sein „Nachbar zur Linken, ein schmächtiger Mensch in Zivil" mit schüchternem Lächeln vorbringt. Sternberger kommentiert:

> Es ist nur so eine Art von obligater Konversation. Aber sollte man das glauben! Muß ich mich denn wahrhaftig aufpumpen, ihn daran zu erinnern, daß „wir", die Deutschen, auch einmal Flugzeuge hatten, daß es einmal eine Parole

18 Vgl. die Proklamation Nr. 1 von General Eisenhower in: Theodor Eschenburg: Jahre der Besatzung 1945–1949. Stgt., 1983. S. 65.

19 Hans Werner Richter: Deutsche Kommentare: Der totale Friede. In: Der Ruf. Eine deutsche Nachkriegszeitschrift. A.a.O. S. 172.

> gegeben hat, die hieß „Das deutsche Volk muß ein Volk von Fliegern werden", daß zwei oder drei Feldzüge mit der vermeintlich unüberwindlichen Waffe der Sturzkampfflugzeuge gewonnen wurden, daß ganz England aus der Luft zu Pulver zerrieben werden sollte...? [...] Also, ich pumpte mich auf und sagte einiges dieser Art, aber zugleich kam ich mir selbst ganz unnatürlich dabei vor, dem Schmächtigen so massive Argumente entgegenzuwerfen. Er schwieg. Wahrscheinlich hätte er genausogut etwas anderes, vielleicht das Gegenteil sagen können – es war halt so dahergeredet, und Argumente nimmt er gar nicht auf. Ich weiß wirklich nicht, wie diesem ebenso dünnen wie trägen Gedankendunst beizukommen ist. Problem der politischen Beredsamkeit.[20]

Sternberger spricht von der „obligaten Konversation" in der Situation der Eisenbahnreise. Bei ihr, so scheint es, ist der Anlaß wichtiger als der Inhalt: Es wird „halt so dahergeredet". Die eingenommene Position ist beliebig, was zählt ist die Beziehung des Sprechenden zum Hörer. Kein Wunder, daß man dabei manchmal nicht mehr geboten bekommt, als „trägen und dünnen Gedankendunst". Warum also die Aufregung? – „Das Zufallsgespräch mit dem Mann in der Eisenbahn, dem man, damit es nicht zu einem Streit kommt, auf ein paar Sätze zustimmt, von denen man weiß, daß sie schließlich auf den Mord hinauslaufen müssen, ist schon ein Stück Verrat"![21] Theodor W. Adorno gibt in seinen *Reflexionen aus dem beschädigten Leben* eine Erklärung für den Ausbruch Sternbergers. Vollends verständlich wird dessen Position allerdings wohl nur auf dem Hintergrund des Streits um die Bewertung des Krieges, der nach seinem Ende in der deutschen Bevölkerung herrschte. Einerseits war unübersehbar, daß er dem eigenen Land Schmach und Zerstörung gebracht hatte, andererseits wollten sich viele die totale Niederlage nicht eingestehen. Zur Debatte steht hier das neben dem Schuldkomplex wichtigste, und in Richters Reportage bereits angesprochene Trauma der Deutschen nach 1945, das der Verlierer. Es motiviert im vorliegenden Fall den Versuch des Nachbarn, die militärische Niederlage durch materielle Unterlegenheit zu erklären und so die eigene (Soldaten-)Ehre zu retten. Das Gefühl der Demütigung soll durch die Fixierung auf *einen*

---

20 Dolf Sternberger: Reise in Deutschland – Sommer 1945. A.a.O. S. 164f.

21 Theordor W. Adorno: Minima Moralia. Reflexionen aus dem beschädigten Leben. (Gesammelte Schriften. Hg.v. R. Tiedemann. Bd. IV). Ffm., 1980. S. 5.

ausschlaggebenden und außerhalb der eigenen Verantwortung liegenden Grund rational überblendet werden.

Diese psychische Reaktion ist entscheidend dafür, daß die Deutschen, die nach 1945 zu einem friedliebenden und waffenlosen Volk erzogen werden sollten, diese Lektion offenbar nicht begriffen. Auch die Replik Sternbergers zielt ja nicht auf den Militarismus der geäußerten These, sondern schlägt dem schmächtigen „Mensch in Zivil" nur die Krücken weg, mit denen dieser sich aus seinem Verlierertrauma herauszuhelfen hoffte. ‚Nicht die materielle Unterlegenheit, sondern die militärische Führung ist für die Niederlage verantwortlich' – so kann man es aus seiner Argumentation heraushören, die nicht weniger als die des Gegenüber mit soldatischem Vokabular und Kategorien militärischer Ehre arbeitet. Gleichzeitig zollt sie ihren Respekt allerdings ausdrücklich all denen, die sich innerhalb der Wehrmacht von Hitler distanziert hatten:

> Solange Krieg war, sagten viele Deutsche übrigens nicht „wir", wenn von Hitlers Wehrmacht die Rede war, sondern sie sagten „die": „die haben Tobruk genommen", „die wollen die Krim halten" und so weiter – ein ebenso simples wie genaues Zeichen der vollzogenen Abgrenzung vom nationalen Schicksal, vom Nationalen überhaupt! –, und ich vermute, daß die ungeheure Entscheidung, die sich in dieser unscheinbaren Wahl des Pronomens ausspricht, auch so mancher Mann getroffen hat, der in dieser selben Wehrmacht diente und blutete.[22]

Sternbergers Äußerung offenbart eine Tendenz, zwischen dem verwerflichen Führerregime und dem von ihm benutzten Militär eine deutliche Grenze zu ziehen. Damit wird der von den Alliierten vertretenen Kollektivschuldthese widersprochen. Auch von deren Ansichten zu einem Sühne-Ausgleich, also „eine moralische Kompensation von Mitschuld durch Leiden – etwa der nationalsozialistischen Kriegsverbrechen durch den Verlust deutscher Städte, durch Flüchtlingselend und Nachkriegshunger –" hält Sternberger nichts, „weil sie eine nationale Buchführung, ein Volks-Subjekt voraussetzt, das es nicht gibt".[23]

---

22 Ebenda, S. 165.

23 Dolf Sternberger: Zwischen Vergangenheit und Zukunft. Im Juli 1947. In: D.S.: Kriterien. Ein Lesebuch. Ffm., 1965. S. 405.

Gegen den großen nationalen „‚Bußgang‘ für die Verbrechen der nationalsozialistischen Führer“[24] wandte sich auch der für dieses Kapitel so wichtige Hans Werner Richter und mit ihm die Redaktion des *Ruf*. Er, der als Kriegsgefangener gegen seinen eigenen Willen Mitarbeiter einer Zeitung geworden war, die den Gedanken der Kollektivschuld im Bewußtsein der Deutschen verankern sollte, verarbeitete sein „Verlierertrauma“ durch das Eintreten für die Interessen der Verlierer, auch und gerade in Opposition zu den Besatzungsmächten.[25]

Aber nicht nur als Journalist, sondern auch als Schriftsteller versuchte er die These von einer kollektiven Verantwortung aller Deutschen für das geschehene Unrecht zu entkräften. Die Soldaten in seinem Roman *Die Geschlagenen*[26] beispielsweise lehnen größtenteils den Nationalsozialismus ab und kämpfen an der italienischen Front in Monte Cassino nur aus Pflichtgefühl weiter. Schuld an der Katastrophe sind aus ihrer Perspektive die militärischen Führer und ihre fanatischen Kollaborateure. Diese Delegierung von Verantwortung bei gleichzeitiger eigener Beteiligung spiegelt sich auch im folgenden, von Richter aufgezeichneten Abteilgespräch wider:

> Plötzlich entsteht ein Gespräch um den U-Boot-Krieg, dann um den Luftkrieg. Alle sprechen sehr sachkundig durcheinander. Namen wie Mölders, Prien und Udet fallen. Jeder weiß alles besser als der andere. Eine junge Frau, die am Fenster steht, sagt: „Wissen Sie, mein Mann war Oberleutnant, und der meint...“ – sie wird von einer tiefen und verschlafenen Stimme aus einer Ecke unterbrochen: „Mensch, sagen Sie bloß keinem, daß Ihr Mann Offizier war. Von denen haben wir gerade genug.“ Darauf erhebt sich ein wilder Streit um den Wert der Offiziere.[27]

Die Passage zeigt, daß der Streit um Krieg und Militär sich nicht nur auf der historischen Ebene abspielte, sondern in den Nachkriegsjahren auch direkte Konsequenzen für das soziale Zusammenleben hatte: Die

24 Hans Werner Richter: Zwischen Freiheit und Quarantäne. Eine Einführung. A.a.O. S. 13.

25 Vgl. Hans Werner Richter: Wie entstand und was war die Gruppe 47. In: Hans Werner Richter und die Gruppe 47. Hg.v. H.A. Neunzig. Mchn., 1979. S. 45.

26 Hans Werner Richter: Die Geschlagenen. Mchn., 1949.

27 Hans Werner Richter: „Wo sollen wir landen, wo treiben wir hin...“. Skizzen von einer Reise in die östliche Zone. A.a.O. S. 191. – Von Abteilgesprächen über die Kollektivschuldthese berichtet auch Kurt Loehning: Unsentimentale Reise. A.a.O. S. 112f.

Verlierer des Krieges schlagen die Schlacht in Gedanken noch einmal; auch das eine Strategie der Bewältigung. Hatte man nicht schon die „Schmach von Versailles“ ungeschehen machen wollen, indem man im Juni 1940 in Compiègne der französischen Delegation die deutschen Waffenstillstandsforderungen im selben Eisenbahnwaggon diktierte, in dem 1918 die Deutschen durch die Ententemächte gedemütigt worden waren? – Während nun am Ende des Zweiten Weltkriegs nach außen hin als musterhaft galt, wer allen Waffen ewig abschwor, stand intern das Militärische doch immer noch hoch im Rang. Die „verschlafene Stimme aus einer Ecke“ ist deshalb in doppeltem Sinne die eines Außenseiters. Sie vertritt die Position Richters, der nicht nur gegen die unterschiedslose Verurteilung aller Deutschen durch die Sieger ankämpfte, sondern auch gegen die anhaltende Uneinsichtigkeit auf Seiten der Verlierer.

Den Aufbruch zu einer wirklichen Demokratie wie Richter und die Leute vom *Ruf* sie wollten, verhinderte das eine so sehr wie das andere. Doch auch ihre Position wurde fragwürdig, wo sie aus dem Kampf gegen die Kollektivschuldthese ein kollektives Entschuldungsprogramm machten. Der Krieg der Deutschen war eben nicht nur „Hitlers Krieg“ gewesen. Auch wenn – im Gegensatz zum Ersten Weltkrieg – die Kriegsbegeisterung in der Bevölkerung und unter den Soldaten im Jahr 1939 gleichermaßen gering war, so hat man sich dem Diktat des „Führers“ doch weitgehend widerstandslos gebeugt und mitgemacht. Das gab den Alliierten Anlaß, die Nazis mit Deutschland gleichzusetzen und in der deutschen Geschichte von Friedrich dem Großen bis Hitler eine einzige gerade Linie des Militarismus und Imperialismus zu ziehen. Diejenigen, die sich in Deutschland dem Krieg und dem Faschismus aktiv widersetzt hatten, fielen dabei zwangsläufig unter den Tisch. Maximilian Scheer (eigentlich Walter Schlieper) gehörte zu ihnen. Der Gründer der antifaschistischen Nachrichtenagentur INPRESS und Hauptverfasser des 1936 erschienenen Buches *Das deutsche Volk klagt an – Hitlers Krieg gegen die Friedenskämpfer in Deutschland*[28] erwies sich als Repräsentant eines anderen, besseren Deutschland. Als er 1947 aus seinem Exil zurückkam und die Chefredaktion der Zeitschrift *Ost und West* übernahm, begann er

28 Maximilian Scheer: Das deutsche Volk klagt an. Hitlers Krieg gegen die Friedenskämpfer in Deutschland. 1936.

einen journalistischen, zuweilen auch agitatorischen Kampf gegen die immer noch zahlreichen Vertreter des „alten Denkens". In seiner Reportage *An Rhein und Ruhr* berichtet er von folgender Abteilbegegnung:

> Mein Nachbar zur Rechten trägt ein kurzes, schwarzes Chaplin-Jöppchen über weiter Hose und liest Spenglers *Untergang des Abendlandes*. Sein spärliches Haar hinter fliegender Stirn ist ölgetränkt. „Nach einem Zusammenbruch wie dem unseren", meint er, „muß man Abstand gewinnen." Darum greift er auf einen Autor zurück, dessen Philosophie nach dem Ersten Weltkrieg in einer Begattung von Preußentum und Pseudosozialismus ihre Apotheose und im Nazismus ihren Bastard fand.[29]

Scheer läßt keinen Zweifel daran, wes Geistes Kind sein Mitreisender ist. Frisur und Kleidung verweisen über Charlie Chaplin und dessen aus dem Jahr 1940 stammenden Film *Der große Diktator* indirekt auf Hitler,[30] die Lektüre von Spenglers Zwischenkriegs-Bestseller auf eine Geisteshaltung, die diesem den Weg bahnte. Zwar räumte Spengler selbst der nationalsozialistischen Bewegung keine Aussichten ein, aber seine Stilisierung der Preußen zu den Römern des Abendlandes und seine Theorie des Untergangs, verbunden mit der These einer bedingten Selbstbehauptung durch Technokratie, Imperialismus und Sozialismus[31] bestellte doch das Feld, auf dem die Nationalsozialisten später ernten konnten. Der „Zusammenbruch", den sie bewirkten, ließ sich mit Spengler wiederum als notwendiger Baustein im „Untergang" der abendländischen Kultur verstehen, die am Ende ihrer tausendjährigen Ära angelangt ist.[32] Somit stehen die Distanzierungsbemühungen des Reisenden bei Scheer, der sich in eine *Morphologie der Weltgeschichte* vertieft, stellvertretend für den nach 1945 oft unternommenen Versuch,

---

29 Maximilian Scheer: An Rhein und Ruhr. In: Ost und West 2. 1948. H. 2. S. 26–36. Zitiert nach: In Deutschland unterwegs. A.a.O. S. 201.

30 Zur Diskussion um Chaplins Film vgl. Alfred Anderschs Aufsatz *Chaplin und die Geistesfreiheit* im *Ruf.* vom 15.11.46. (Der Ruf. Eine Auswahl. A.a.O. S. 165–167.)

31 Vgl. Oswald Spenger: Der Untergang des Abendlandes. Umriß einer Morphologie der Weltgeschichte. 2 Bde. Mchn., 1960.

32 Vgl. Theodor W. Adorno: Spengler nach dem Untergang. In: Th.W. A.: Gesammelte Schriften. Hg.v. R. Tiedemann. Bd. X,1: Kulturkritik und Gesellschaft. Prismen, Ohne Leitbild. Ffm., 1977. S. 48. – Adorno gesteht dort zu, daß „der Gang der Weltgeschichte selber seinen [Spenglers] unmittelbaren Prognosen in einem Maße recht gab, das erstaunen müßte, wenn man sich an die Prognosen noch erinnerte."

Abstand zu gewinnen, indem man die Ereignisse des „Dritten Reiches" als eine schicksalhafte Wendung eben dieser Weltgeschichte betrachtete. Auch das befreite von persönlicher Verantwortung für das, was doch meist mit eigenem Zutun oder zumindest ohne eigenen Widerstand geschehen war. Scheer beläßt es nun nicht bei seiner Kritik an den immer noch virulenten „Denkgespenstern des Gestern", sondern stellt diesen in seiner Reportage direkt das „Notbild des Heute"[33] gegenüber:

> Mein Nachbar zur Linken ist ein neunjähriger Knabe, der aus seinen in einer Großstadt verlebten Weihnachtsferien allein zurückfährt. Seine Gesichtshaut ist blaß und fahl. Sein Blick apathisch, müde. Seit zwei Jahren besucht er die Schule. „Was lernst du?" – „Das Einmaleins." – „Was lest ihr in der Schule?" – „Siegfried." – „Was lest ihr noch?" – „Mehr haben wir noch nicht gehabt." Ich blicke in seine blauumränderten Augen und frage: „Bekommst du Milch?" – „Nein." – „Bekommst du genug zu essen?" – Er lächelt, als ob er seine schmalen Schultern hebe, und sagt: „Dat kann mer nit sagen."[34]

Flankiert von „dem grotesken Röckchen des Alten und dem schmutzigen, militärischen Proviantbeutel des Jungen"[35] reist Scheer auch zwischen Spengler und Siegfried. Der Nibelunge, dessen Sage schon im 19. Jahrhundert zum „deutschen Nationalepos" avancierte, um dann vom germanischen Kulturchauvinismus der Nazis vereinnahmt zu werden, steht dabei ebenfalls für mehr als nur ein literarisches Werk. Er chiffriert den in der Pädagogik der Gegenwart weiterhin lebendigen Geist nationalen Heldentums. Dem Jungen, der nach zwei Jahren Schulbesuch und drei Jahren Nachkriegszeit mehr „noch nicht gehabt" hat, fehlt es freilich an allem. Angesichts der Unterernährung, die sein Aussehen offenbart, wirkt die dialektale Auskunft wie eine Litotes: „nicht genug", das heißt in Wahrheit „viel zu wenig".

Es gelingt Scheer mit solchen und ähnlichen Szenen, Widersprüche in der bürgerlichen Nachkriegsgesellschaft zu entlarven. Dem Erfahrungsmaterial, das ihm die Eisenbahnreise bietet, vermag er ebenso überzeugende wie ideologiekritische Einsichten abzugewinnen. Wenn dabei das zufällige Zusammensein einiger Menschen in einem Abteil zum Anlaß

---

33 Maximilian Scheer: An Rhein und Ruhr. A.a.O. S. 202.

34 Ebenda.

35 Ebenda.

einer zeitkritischen Reportage wird, dann geschieht das mit einer „Kunstfertigkeit", „die nichts mit einer künstlichen Literarisierung des Gegenstands gemein hat".[36] Scheers Wahrheiten liegen wenn nicht auf der Hand, so doch auf der Schiene; und der Wahrheitsgehalt des Sichtbaren, d.h. des sichtbar und zugleich durchsichtig Gemachten, läßt sich nur schwer bestreiten.

Wenn Scheer in seiner Reportage das Abteilgespräch als didaktisches Mittel im Rahmen der Ideologiekritik benutzt, dann muß an dieser Stelle noch einmal Dolf Sternberger zu Wort kommen, der das Abteil selbst als einen Ort der Belehrung beschrieben hat. Die Person des beurteilenden Betrachters, die bei Scheer mit der des Autors identisch war, ist bei ihm ein mitreisender Soldat. „Er deckt Betrug auf, ohne Schärfe, und gibt Lehren, weil er selbst Lehren angenommen hat":

> Dieser Mann saß mir gegenüber im Abteil, hatte die bedächtige Strenge von Bauern, sehr helle, klare Augen und eine vielfaltige Stirn. Ersichtlich hatte er sich vorgesetzt, alles genau zu nehmen und zu erklären. Er wendete sich an eine Frau aus dem Rheinland, die verwirrt dreinsah. Sie fragt ihn, ob er im Lager in einer Baracke geschlafen habe oder im Freien. „In Baracken", sagt er, aber ein anderer Soldat fällt ihm ins Wort: „Na, ich habe zwei Monate im Freien zugebracht, da kann man die Nerven verlieren".
>
> „Das hat eine andere Bewandtnis", erwiderte der Bedächtige mit den hellen Augen und wendete seine Kopf nur langsam und wenig nach jener Ecke hin: „Wir sollen wissen und alle deutschen Männer sollen erfahren, wie es im Konzentrationslager war." Niemand widersprach ihm, so überzeugend war der Ernst seiner Rede.[37]

Nicht als verschlafene Außenseiterstimme oder gar als intellektueller Besserwisser meldet sich hier „der Bedächtige" zu Wort, sondern als Mensch, der mitten im Geschehen stand und steht, der genau weiß, wovon er spricht. Ihm *nehmen* die Abteilgefährten ab, was sie sonst als „Denazifizierung" ab*tun*. Daß die deutschen Kriegsgefangenen am eigenen Leibe erfahren sollten, wie es im Konzentrationslager war, wäre ihnen (und möglicherweise auch Sternberger) sonst leicht als ungerechter

---

36 Klaus R. Scherpe. Erzwungener Alltag. A.a.O. S. 89.

37 Dolf Sternberger: Tagebuch. In: Die Wandlung 1. (1945/46). S. 14–17. Zitiert nach: D.S.: Wieder auf einem Bahnhof. In: In Deutschland unterwegs. A.a.O. S. 103f.

Sühne-Ausgleich erschienen. Doch die Person des Sprechers und die Authentizität des Berichteten bürgen hier für eine Wahrheit jenseits von persönlicher Schuld und Sühne. „Es ist also doch noch möglich, Lehren anzunehmen und Lehren zu geben, es ist nicht alles von der Schleimschicht der Propaganda überzogen",[38] schließt Sternberger aus der Szene. Allerdings ist dabei die Situation ebenso entscheidend wie die persönliche Konstellation von Lehrendem und Belehrten. Eher als Kanzel und Katheder konnte während der Nachkriegsjahre das Eisenbahnabteil zum Ort akzeptabler Belehrung werden. Eher als Pfarrer und Professoren vermochten „Bedächtige" wie der Soldat zu lehren, deren Ruhe vielleicht „nur die Haut einer großen inwendigen Erregung" war. „Vielleicht war es das erstemal, daß er so unter Fremden geredet hatte, vielleicht hatte er sich auf die Probe stellen wollen, ob er seine Gedanken zu äußern wisse."[39] Das Abteil bot ihm dazu nicht nur ein überschaubares Publikum, sondern auch den Vorteil einer gewissen Unverbindlichkeit. Die Reise überhaupt eröffnete ihm die Möglichkeit, sich in dieser neuen Identität zu erproben – denn man kann auf Reisen mehr als man selbst, man kann ein anderer sein. Die inkognito-Situation muß dabei nicht zu einem Reis(s)-aus-nehmen vor sich selbst führen. Für den „Bedächtigen" dient sie vielmehr dazu, die Barrieren zu seinem eigentlichen Selbst einzureißen. Dieser Prozeß ist nicht nur im strengen Sinne selbstaufklärerisch, er dient zugleich auch anderen als Lehre.

Heinrich Böll hat in seiner Erzählung *Als der Krieg zu Ende war* ebenfalls das Problem solcher Belehrung thematisiert. In dem an den Anfang gestellten Abteilgespräch geht es, wie schon bei Scheer, um den Wahrheitsgehalt dessen, was unmittelbar vor Augen ist, was aber zugleich dennoch nur der sieht, dem die Augen dafür geöffnet werden. Die Problematik des „richtigen Sehens" wird eingeführt, indem der „Kleine", der in einem Kriegsheimkehrerzug neben dem Ich-Erzähler sitzt, sich „sorgfältig" die Brille putzt, bevor er ein Gespräch mit seinem Nachbarn beginnt. Zuvor hatte er bereits einerseits „mit seiner dünnen Primanerstimme [...] erzählt, wie er heimlich Brecht gelesen habe,

38 Ebenda, S. 104.
39 Ebenda.

Tucholsky, Walter Benjamin, auch Proust und Karl Kraus; daß er Soziologie studieren wollte, auch Theologie, und mithelfen würde, Deutschland eine neue Ordnung zu geben".[40] Andererseits hatte er beim Erreichen der deutschen Grenze aber sogleich begonnen, sich die eigenen Rangabzeichen wieder an die Schulterklappen zu nähen, die zu tragen in Gefangenschaft verboten gewesen war. Um das dafür notwendige Garn zu gewinnen, war er mit dem Erzähler über den Tausch zweier Zigarettenstummel gegen dessen zu Faden verwandelbare Kragenembleme einig geworden. „Mit des Däumerlings Waffe in der Hand" beginnt er sodann folgendes Gespräch:

> „Mein Gott", flüsterte er mir zu, „hast du die geringste Ahnung, wo wir sind?"
> „Ja," sagte ich, „der Fluß, den du eben gesehen hast, heißt bei uns Rhein, der Wald, den du da rechts siehst, heißt Reichswald – und jetzt kommt Kleve."
> „Bist du von hier?"
> „Nein." [...]
> „Zu Kleve fällt mir nichts ein," sagte er, „gar nichts. Dir?"
> „Ja," sagte ich, „Lohengrin, die Margarinemarke ‚Schwan im Blauband' und Anna von Cleve, eine der Frauen Heinrichs des Achten –"
> „Tatsächlich," sagte er, „Lohengrin – aber wir aßen zu Hause Sanella. Willst du die Stummel nicht haben?"
> „Nein," sagte ich, „nimm sie deinem Vater mit. Ich hoffe, er wird dich ohrfeigen, wenn du mit den Litzen auf der Schulter nach Hause kommst."
> „Das verstehst du nicht," sagte er, „Preußen, Kleist, Frankfurt/Oder, Potsdam, Prinz von Homburg, Berlin."
> „Nun," sagte ich, „Kleve war, glaube ich, ziemlich früh schon preußisch – und irgendwo drüben auf der anderen Rheinseite liegt eine kleine Stadt, die Wesel heißt."
> „Gott ja," sagte er, „natürlich Schill."
> „Über den Rhein sind die Preußen nie so recht rübergekommen," sagte ich, „sie hatten nur zwei Brückenköpfe: Bonn und Koblenz."
> „Preußen", sagte er.
> „Blomberg", sagte ich. „Brauchst du noch Garn?" Er wurde rot und schwieg.[41]

Es geht auch in dieser erst 1962 erschienenen Erzählung wieder um das Böllsche Thema der Orientierung in unvertrautem Gelände. Dem

40 Heinrich Böll: Als der Krieg zu Ende war. In: H.B.: Werke. Romane und Erzählungen IV: 1961–1970. Hg.v. B. Balzer. Köln, (o.J.). S. 28.

41 Ebenda.

Gottesanruf, der an den scheinbar allwissenden Nachbarn adressiert ist, folgt die Frage nach dem eigenen Ort im Gewirr zurechtgeflickter Gleise, zerschossener Häuser und zersplitterter Telegrafenmasten. In der Antwort, die dem ahnungs- und einfallslosen Kleinen zuteil wird, finden sich die geographischen Motive nationaler Identität wieder, die auch bei Alfred Döblin schon von zentraler Bedeutung waren: der deutsche Strom und der deutsche Wald – „Reichswald" –, dann Kleve; ein scheinbar beliebiger Ort, mit dem sich für den Erzähler assoziativ so verschiedene Dinge wie ein Sagenheld, eine Magarinemarke und eine Königin verbinden. Von „Lohengrins Burg oben zwischen herbstlichen Bäumen" wird später noch einmal berichtet, ebenso wie von Xanten, das die Assoziation „Siegfried" auslöst; hier also nun gleich zwei Epenfiguren, die, durch Opern Richard Wagners volkstümlich geworden, zum „germanischen Kulturerbe" zählten. Das Lohengrin verbundene Motiv des Schwans hat freilich in seiner Entwicklung zum Margarinensignet einen ähnlichen Abstiegsprozeß durchgemacht, wie die Epenhelden selbst in ihrer Nutzung zu nationalsozialistischen Propagandazwecken. Und auch die erwähnte Königin Anna von Cleve erlitt einen entsprechenden Verschleiß, als ihr Gemahl, enttäuscht von ihrer Reizlosigkeit, sich bereits nach einem halben Jahr Ehe wieder von ihr scheiden ließ. Die vorliegenden Bildungszitate enthalten also in gewissem Sinne auch schon ihre eigene Parodie, die in der Antwort des „Kleinen" – „aber wir aßen zu Hause Sanella" – nur noch einmal verstärkt wird. Demgegenüber hält der Brillen- und Litzenträger die von ihm aufgezählten Nationalsymbole für über alle Angriffe der Vergangenheit erhaben. Wie die Alliierten zieht freilich auch er die Linie von Preußen nach Berlin, obgleich mit Kleist als positivem Kron-Zeugen. Doch schon mit zwei kleinen Andeutungen gelingt es dem Erzähler, die scheinbar so feste Bastion ungebrochenen Nationalgefühls bei seinem Nachbarn zu erschüttern: Schill und Blomberg. Der erste, ein preußischer Offizier, der 1809 mit einem Husarenregiment Berlin verließ, um Preußen in den Krieg gegen Napoleon mitzureißen, scheiterte; elf seiner Offiziere wurden von den Franzosen in *Wesel* standrechtlich erschossen. Noch gravierender jedoch ist die Niederlage, die der zweite als der von 1935 bis 1938 amtierende Reichskriegsminister und Oberbefehlshaber der Wehrmacht mitverschuldet hat. Er, der 1946 in amerikanischer Haft starb, hatte die deutsche Wiederaufrüstung geleitet.

Der dramenreife Dialog, mit dem Böll seine programmatische Nachkriegserzählung einleitet, macht das Eisenbahnabteil zur Bühne eines Aufklärungstheaters. In der ironisch-parodistischen Beleuchtung des Erzählers erweist sich der Preußen-Enthusiasmus des „Kleinen" nicht nur als geschichtlich überholt sondern auch als grundsätzlich verhängnisvoll. Was der Litzenannäher als Legitimationsgrund für sein gegenwärtiges Handeln betrachtet hatte, bringt ihn schließlich selbst zum Erröten und Verstummen. Damit ist jedoch nicht unbedingt schon ein Sieg neuer Einsichten verbunden. „Versteh mich doch", bittet der Mitreisende den Erzähler auch weiterhin, während er „mit blutverschmierten Daumen" näht – und „seine Brillengläser waren so beschlagen, daß ich nicht feststellen konnte, ob er weinte oder ob es nur so schien".[42] Vor das (auf-)richtige Sehen schiebt sich so ein neuer Schleier; der eigene Schmerz läßt den anderen Blick noch nicht zu.

Von der Eisenbahn als einem Medium der Aufklärung zu sprechen, scheint auf diesem Hintergrund nur bedingt berechtigt. Dennoch ist nicht zu übersehen, wie bei Böll die Bahn nicht nur die räumliche, sondern auch die gedanklich- ideelle Neuorientierung bestimmt. Indem die Bewegung des Zuges durch Dörfer und Städte zum Anknüpfungspunkt für Bildungs- und Geschichtszitate wird, entspricht ihr genau die Bewegung des Bewußtseins. So inspiriert die Strecke ebenso unmittelbar die Einfälle der Reisenden, wie mittelbar die Einblicke des Lesers. Die „Brille", durch die dieser die Auseinandersetzung betrachtet, bildet nun freilich eine Erzählperspektive, die in ihrer Verknüpfung mit dem Eisenbahnmotiv durchaus aufklärerische Züge zeigt. Sie ist nicht nur die Instanz des Wissens und Wertens, sondern auch der (an-)deutenden Erklärung und der ironischen Entlarvung. Und wenn die Beschreibung der Fahrt mit dem Satz beginnt: „Es wurde gerade hell, als wir an die deutsche Grenze kamen",[43] dann chiffriert diese Erleuchtung der Landschaft zugleich den aufklärerischen Impetus des Betrachters und Beschreibers. Der Augenblick der Grenzüberschreitung, mit dem die Reisenden in den deutschen

42 Heinrich Böll: Als der Krieg zu Ende war. A.a.O. S. 29.
43 Ebenda, S. 28.

Hoheitsbereich kommen, ist als Übergangsmoment von Nacht und Tag auch ein symbolischer Zeitpunkt des Neuanfangs und der Neubesinnung, eine „Stunde Null". So läßt der Erzähler keinen Zweifel daran, daß er selbst diese ersterwähnte Station seiner Eisenbahnreise als Fixpunkt der Reflexion verstanden wissen will, die in den folgenden Orten konkrete Anlässe findet. Ein Medium der Aufklärung ist ihm und wird dem Leser die Bahn als Mittel der Grenzüberschreitung und als Ort perspektivenreicher Belehrung.

Bevor die Interpretation der Böllschen Erzählung fortgesetzt wird, seien die Ergebnisse, die die Untersuchung der Abteilgespräche erbracht hat, kurz festgehalten:

1. Das Abteil, ein Zentrum des sozialen und kommunikativen Nachkriegslebens, war Ort der Sprachfindung und als solcher eine Keimzelle der Literatur.
2. Thema der Abteilgespräche war neben persönlichen Erlebnissen vor allem die politische Lage. Die in die Literatur eingegangenen Konversationen ermöglichen deshalb besondere Einblicke in das Bewußtsein der Menschen unter den Entnazifizierungs- und Entmilitarisierungsbestrebungen der Alliierten.
3. Verlierertrauma und Kollektivschuldthese bilden zwei Hauptthemen in den Abteildiskussionen. Schriftsteller und Reporter fanden hier exemplarische Positionen des gesellschaftlichen Streits vor und verarbeiteten ihr Erfahrungsmaterial in ideologiekritischen Beschreibungen.
4. Durchgängig findet sich in den dabei entstandenen Texten die Erzählperspektive des wissenden und wertenden Beobachters, der explizit erklären oder implizit entlarven will. Häufig geschieht das aus der Sicht eines „Grenzgängers", der – Außenseiter und Mitbetroffener zugleich – die Dinge in einem doppelten Licht betrachtet.
5. In der spezifischen Wahrnehmungs- und Erzählperspektive des Eisenbahnreisenden gewinnt die Bahn als Mittel der „Grenzüberschreitung" und als Ort perspektivenreicher Erhellungen einen aufklärerischen Charakter.

3. Züge im Zwielicht

Vom Balanceakt am Schienenstrang

Heinrich Böll hat seine Erzählung *Als der Krieg zu Ende war* in Episoden gegliedert. Der heimkehrende Soldat, der auf dem Weg zu der ist, die er geheiratet, aber „deren Stimme nie nach Ehe geklungen hatte",[1] kommt in Weeze in ein Zwischenlager, wo alle mit allem Handel treiben. Mit dem Lastwagen wird er von dort aus weiter transportiert, fährt in Köln an seinem zerstörten und gerade geplünderten Elternhaus vorbei und erreicht schließlich Bonn, wo man ihn endgültig entläßt. Nach der Exposition des bereits behandelten Gesprächs kommt es noch während der Bahnfahrt zum zweiten Akt des Böllschen Eisenbahntheaters, auch dieser bühnenreif inszeniert. Eine Frau, die plötzlich am Zug auftaucht, reicht dem Erzähler etwas hinein, was der „zunächst für ein Kind gehalten hatte: ein Brot" (30). Sofort sammeln sich die Blicke der Hungrigen auf dem Laib, und Egelhecht, ein Soldat, der schon in der Gefangenschaft versucht hatte, „eine Art Ehrengericht zusammenzustellen, das mir [dem Ich-Erzähler] die Eigenschaft, ein Deutscher zu sein, hätte absprechen sollen (und ich hatte gewünscht, dieses Gericht, das nie zusammentrat, hätte die Macht gehabt, mir diese Eigenschaft tatsächlich abzusprechen)" (30) – Egelhecht beklagt sogleich:

> „Das erste deutsche Brot – und ausgerechnet er bekommt es".
>
> Seine Stimme war nahe am Schluchzen, auch ich war nahe dran, aber die würden nie verstehen, daß es nicht nur wegen des Brotes war, nicht nur, weil wir die deutsche Grenze nun überschritten hatten, hauptsächlich deshalb, weil ich zum ersten Mal seit acht Monaten für einen Augenblick die Hand einer Frau auf meinem Arm gespürt hatte.
>
> „Du", sagte Egelhecht leise, „wirst wahrscheinlich sogar dem Brot noch die Eigenschaft absprechen, deutsch zu sein."
>
> „Ja", sagte ich, „ich werde einen typischen Intellektuellentrick anwenden und mich fragen, ob das Mehl, aus dem dieses Brot gebacken worden ist, nicht vielleicht holländischer, englischer oder amerikanischer Herkunft ist. Komm her", sagte ich, „teil es, wenn du Lust hast." (30f.)

---

1 Heinrich Böll: Als der Krieg zu Ende war. A.a.O. S. 30. Die folgenden Seitenzahlen in Klammern beziehen sich auf diesen Text.

In der Rede vom „deutschen Brot“ liegt eine Katachrese vor, mit der Nahrung und Nationalismus ebenso propagandistisch verknüpft werden wie in der Parole vom Osten als „Pflanzgarten germanischen Blutes“ und als „Kornkammer des deutschen Reiches“. Die Eigenschaft, deutsch zu sein, ist aber für den Erzähler kein Verdienst, sondern ein Verdikt. Er „wäre lieber ein toter Jude als ein lebender Deutscher“ (33). Wenn also ausgerechnet er, dem bei der Überschreitung der deutschen Grenze *nicht* die Worte „Ehre, Treue, Vaterland, Anstand“ (31) einfallen, die Gabe der Frau erhält, dann wird damit implizit einer nationalistischen Männerideologie widersprochen, die sich trotz ihrer verhängnisvollen Wirkung in der Vergangenheit als immer noch virulent erweist. Nicht nur in materieller, sondern auch in ideeller Hinsicht bedeutet das Brot deshalb eine Stärkung für den Erzähler, der in seiner Eigenschaft als Deutscher eine ebenso große Bürde sieht, wie in seiner Eigenschaft als Mann:

> Was sie nicht wußten, war, daß ich sie, die Nazis und Nichtnazis, nicht wegen ihrer Näherei und ihrer politischen Ansichten haßte, sondern weil sie Männer waren, Männer vom gleichen Geschlecht wie die, mit denen ich sechs Jahre lang zusammen hatte sein müssen; die Begriffe Mann und dumm waren für mich fast identisch geworden. (30)

Die Nähe der Frau und die Nähereien der Männer sind aus der Sicht des Erzählers doppelte Antagonismen. Zwischen ihnen bewegt er sich mit seinem „Intellektuellentrick“, einem ironischem Versuch der Distanzierung, der jedoch nicht zugleich Abgrenzung bedeutet. „Wenn jemand um Brot bat, fragte man ihn nicht, ob er ein ehemaliger Nazi war oder Überlebender eines Lagers“,[2] erinnert sich Böll 1964. Entsprechend läßt der Erzähler auch hier das Brot verteilen. Doch als der Laib zerschnitten ist, weigert er sich, selbst zu essen. „Ich wollte das Brot nicht mit ihnen teilen“, heißt es im Anklang an das christliche Abendmahlsritual. Der Erzähler, der nach Art Jesu das Brot ausgeteilt hatte, erscheint hier plötzlich als ein anderer Judas: als Ausgeschlossener, als Verräter, als Dreiunddreißigster unter zweiunddreißig anderen, die sich im Essen einen. Als die Situation schließlich in eine Schlägerei zu eskalieren droht, weil sich die Esser durch den Nichtesser beleidigt fühlen, bewirkt eine Vatergestalt

2 Heinrich Böll: Frankfurter Vorlesungen. A.a.O. S. 75.

– „schon alt, fast fünfzig, klein" – dann allerdings doch noch die Umkehr:

> [...] er trug irgendeine sehr verblichene Tropenuniform und ganz zivile Halbschuhe. Er kam aus dem Hintergrund des Waggons direkt auf mich zu, blieb vor mir stehen und sagte mit einer überraschend sanften Stimme: „Ihr habt ein verteufeltes Genie, aus allem eine symbolische Handlung zu machen. Es ist Brot, nichts als Brot, und die Frau hat es dir geschenkt, die Frau – komm." Er hob ein Stück Brot auf, drückte es mir in die rechte Hand, die hilflos herunterhing, und drückte meine Hand um das Brot herum fest. Seine Augen waren ganz dunkel, nicht schwarz, und sein Gesicht sah nach vielen Gefängnissen aus. Ich nickte, setzte meine Handmuskeln in Bewegung, das Brot festzuhalten; es ging ein tiefes Seufzen durch den Waggon, Egelhecht nahm sein Brot, dann der Alte in der Tropenuniform. „Verdammt", sagte der Alte, „ich bin schon zwölf Jahre aus Deutschland weg, aber langsam fange ich an, hinter euch Verrückte zu kommen." Noch bevor ich das Brot in den Mund stecken konnte, hielt der Zug, und wir stiegen aus. (33)

Die symbolische Handlung der Verweigerung wird durch eine repräsentative Handlung des Angebots kompensiert. Der Alte wiederholt und erinnert die Gabe der Frau, wie der Priester in der Eucharistie die Gabe Jesu. Dabei wird jedoch im Gegensatz zum Abendmahl auf dem materiellen Charakter des Brotes, das bei der ersten Übergabe ja wie der Leib eines Kindes erschienen war, ebenso insistiert wie auf der Weiblichkeit des Gebers: „Es ist Brot, nichts als Brot, und die Frau hat es dir geschenkt, die Frau". Brot und Frau stehen für eine doppelte, körperliche Zuwendung, die durch männliche Dummheit abgeschnitten zu werden drohte.[3] Gegen jede Ideologisierung und Entmaterialisierung wird hier auf der unmittelbar erfahrbaren Körperlichkeit bestanden: die Hand der Frau auf dem Arm des Erzählers und ihr Brot in seiner Hand.

Dieses Brot und die damit verbundene gemeinsame Mahlzeit, die bei Böll fast immer sakramentale Züge annimmt, gehören zu den Zentralmotiven im Frühwerk des Autors. Titel wie *Der Geschmack des Brotes* oder *Das Brot der frühen Jahre*[4] belegen das ebenso wie die „Ästhetik

---

3 Vgl. dieselbe Konstellation in Wolfgang Borcherts paradigmatischer Nachkriegserzählung *Das Brot*. In: W.B.: Das Gesamtwerk. A.a.O. S. 304–306.

4 Heinrich Böll: Der Geschmack des Brotes. In: H.B.: Werke. Romane und Erzählungen III: 1954–1959. Hg.v. B. Balzer. Köln, (o.J.). S. 93f. und H.B.: Das Brot der frühen Jahre. Ebenda, S. 95–172.

des Brotes",[5] die Böll in seinen *Frankfurter Vorlesungen* entwirft. Mit solcher Konzentration aufs Kulinarische steht Böll in der Nachkriegsliteratur zwar nicht allein – man vergleiche nur die Essensszenen bei Borchert[6] –, aber er hat das Brot-Motiv doch stärker akzentuiert als andere, indem er es zu einem Angelpunkt seiner „Ästhetik des Humanen" machte.

Wenn die behandelte Episode hier unter der Überschrift *Züge im Zwielicht – Vom Balanceakt am Schienenstrang* eingereiht wird, dann knüpft diese Einordnung nicht nur an das erwähnte Motiv der Morgendämmerung an, sondern auch an das Phänomen einer Gleichgewichtsstörung, die den Empfänger des Brotes im Moment seiner Übergabe befällt: „ich wankte einen Augenblick lang und fiel fast vornüber aus dem anfahrenden Zug".[7] Das Motiv eines Menschen, der aus dem Zug fällt, ist bereits bekannt. Es steht stellvertretend für die allgegenwärtige Nachkriegsangst, das Gleichgewicht zu verlieren und „aus der Bahn geworfen" zu werden. Dieser permanente Balanceakt, den das Leben nach dem Krieg bedeutete, drohte oft aufgrund einer nicht mehr zu bewältigenden Ambivalenz des Gefühls zu mißlingen. Im Zwielicht von Krieg und Nachkrieg konnte der Zwiespalt von Vertrautheit und Fremdheit, von Annäherung und Distanzierung, von Gabe und Aufgabe leicht zum unüberbrückbaren Abgrund werden, der den ohnehin wackligen „Grund unter den Füßen",[8] den „Grund, auf dem man stehen [...] kann"[9] vollends verschluckte.

In Bölls Text besteht diese Gefahr freilich nicht nur für den Ich-Erzähler, sondern für die ganze Waggongemeinschaft. Auch ihr internes Gleichgewicht wird durch das unerwartete Geschenk gestört, bis hin zur drohenden Schlägerei, dem letzten Ende jeder ausbalancierten Bewegung. Dagegen ist die bewußte Handlung, die der Erzähler schließlich macht, um sein Stück Brot festzuhalten, eine Geste, mit der Gleichgewicht wiederhergestellt, eine „Mitte" wiedergefunden wird; die Wag-

---

5 Heinrich Böll: Frankfurter Vorlesungen. A.a.O. S. 83.

6 Vgl. Peter Rühmkorf: Über das Fressen und die Moral (Bemerkungen zu einem Leitmotiv bei Wolfgang Borchert). A.a.O. S. 287–295.

7 Ebenda, S. 30.

8 Heinrich Böll: Frankfurter Vorlesungen. A.a.O. S. 59.

9 Ebenda, S. 57.

gongemeinschaft quittiert sie mit einem Seufzen der Erleichterung. Es ist allerdings kein Zufall und nicht nur der erzählerischen Rahmung der Episode zuzuschreiben, wenn genau in diesem Moment der Zug hält. Vielmehr fällt konsequenterweise die Bewältigung der inneren Verunsicherung mit dem Aussetzen der äußeren Erschütterung zusammen.

Von einem Fall, in dem die durch eine Eisenbahnreise ausgelöste „Gleichgewichtsstörung" nicht bewältigt wird, berichtet Marlen Haushofer in ihrer 1968 erschienen, und ganz in der Erzähltradition Bölls stehenden Prosa *Schreckliche Treue*. Bereits im Paradox des Titels wird hier die Ambivalenz deutlich, die das Schicksal der Protagonistin bestimmt. Die Österreicherin Haushofer erzählt von einer jungen Frau, die sich kurz vor Kriegsende mit ihrem dreijährigen Sohn von „Norddeutschland in ihre österreichische Heimat" durchzuschlagen versucht. Um ihr Kind besorgt, kämpft sie sich wie eine gereizte Löwin „mit vollkommener Rücksichtslosigkeit" durch die Züge, von „fremden Männergesichtern"[10] und soldatischem Imponiergehabe umgeben.

> Sie sah dies alles sehr deutlich und völlig unbeteiligt. Solange ihr Sohn schlief und nichts davon hören und sehen konnte, mochten sich die Leute um sie herum gegenseitig erschlagen. Aber obgleich sie unbeteiligt war, blieb sie immer auf der Hut. Sie trug in der Tasche ihres Rockes ein kleines scharfes Messer, mit dem sie Brot oder andere Lebensmittel schnitt, das man aber bestimmt sehr gut zu anderen Zwecken verwenden konnte. (191)

Die Situation der Eisenbahnfahrt ist für die Frau vor allem von Angst bestimmt: Angst um ihren Sohn und, wie die Besinnung auf die Waffe im Rock zeigt, Angst vor den Männern ihrer Umgebung. Der bedrohlich empfundenen Männerwelt im Zug stellt sie in Gedanken die Person ihres eigenen Mannes gegenüber, der im Osten an der Front ist. Dieser, „ein schmaler Junge mit einem dunklen Haarschopf und einem Grübchen im Kinn" (191) hat freilich mit dem zu beschützenden Kind weit mehr gemein als mit den Soldaten. Leichtsinnig und verspielt, hört er nicht einmal im Krieg auf zu spielen und versucht seine Frau mit brieflichen

10 Marlen Haushofer: Schreckliche Treue. In: M.H.: Schreckliche Treue. Erzählungen. (Gesammelte Erzählungen, Bd. II). Düsseldorf, 1986. S. 189. Die folgenden Seitenzahlen in Klammern beziehen sich auf diesen Text.

Schilderungen vom Leben an der Front zu amüsieren. Sie fühlt sich auch für ihn verantwortlich:

> Sie liebte ihn sehr, er war ein wunderbares Wesen, mit dem man fröhlich sein konnte, das man aber immerzu vor seinem eigenen Leichtsinn beschützen mußte. Und sie haßte den Krieg und alle jene widerlichen alten Männer, die ihr den Spielgefährten genommen hatten. Aber keine Minute durfte sie daran zweifeln, daß er zu ihr zurückkommen würde.
>
> Manchmal träumte sie von einer ganz bestimmten Scheune, die in der Nähe eines Wäldchens stand. Ihr Mann befand sich in dieser Scheune, und sie selbst stand vor dem Tor und wehrt mit einem Maschinengewehr einen Haufen bärtiger Soldaten ab, die in die Scheune eindringen und ihn holen wollten. Wenn sie sah, wie die Männer reihenweise ins Gras sanken, durchbohrt von ihren Kugeln, spürte sie wilden Triumph. (192)

Die Angst vor den bärtigen Männern, gegen die man sich bewaffnen muß, durchzieht Traum wie Wirklichkeit. Demgegenüber beginnen die Vorstellungen einer harmonischen Beziehung nach dem Vorbild der heiligen Familie zu bröckeln: „Er und ich und der Kleine", denkt die Frau immer wieder, aber aus den Gedanken werden keine Bilder: „da war nichts als das Rattern des Zuges in ihren Ohren, und, als sie die Augen schloß, schwarzrotes Nichts" (192). Als sich der Zug der österreichischen Staatsgrenze nähert, bemerkt sie eine „fiebrige Röte" (193) auf dem Gesicht ihres Kindes. Beim nächsten Halt auf einem Bahnhof läßt sie ihn bei einer alten Frau im Zug zurück und steigt aus, um eine warme Mahlzeit zu besorgen. Als sie auf den Bahnsteig zurückkommt, ist ihr Zug jedoch aus unbekannter Ursache schon früher abgefahren. Unter anhaltenden Kriegswirren und nächtlichen Bombenangriffe verliert sie so ihren Sohn und findet ihn auch später nicht wieder; auch ihr Mann kehrt nicht aus dem Krieg zurück. So heiratet sie sieben Jahre später neu, einen verläßlichen, „vollkommen erwachsenen Mann" (195) und bekommt zwei weitere Kinder. Doch ihr Erlebnis bewältigt sie nie ganz. Immer wieder von ihrem alten Traum und „von sonderbaren Anwandlungen befallen", fühlt sie sich in ihrer ‚heilen' Familie nur als Gast und wird „ein schwaches Gefühl der Unwirklichkeit" (195) überhaupt nicht mehr los. Einer „schrecklichen Treue" ausgeliefert, gelingt es ihr nicht, „zu einer neuen Wirklichkeit durchzubrechen, zu Wärme, Glück und dem Gefühl, endlich daheim zu sein" (196).

Haushofers Erzählung ist in doppeltem Sinne die Geschichte eines verpaßten Anschlusses. Die junge Frau, obwohl „mit übernatürlichen Kräften ausgestattet" (194), verpaßt nicht nur den Anschluß an einen Zug, sondern auch an eine neue Zeit. Wie schon bei Böll symbolisiert die Grenze zum Heimatland auch hier die Grenze zwischen zwei Epochen, den Einschnitt einer „Stunde Null". Im Gegensatz zum deutschen Autor erweist sich die Eisenbahn allerdings bei Marlen Haushofer nicht als ein Medium der Grenzüberschreitung, sondern gerade als eines, das Grenzen zieht. Die Fahrt im Zug bringt Trennung und Verlust, sie zerstört ein ausgeglichenes Leben. Gleichzeitig ist sie selber Metapher einer Lebensreise, die der Frau zunächst „ewig" zu dauern scheint, dann allerdings einen abrupten Abbruch findet.

Mit Hilfe des Eisenbahnmotivs gestaltet die Autorin hier aber nicht nur das Motiv der endlosen Fahrt[11] neu, sondern aktualisiert auch einen anderen Stoff. Das nächtliche Fieber des Kindes, der verzweifelte Versuch, es „nach Hause" zu bringen, die schützende Haltung eines Elternteils, die Bedrohungen auf dem Weg und das tödliche Ende – all das sind aus der Erlkönig-Ballade Goethes[12] bekannte Elemente. Marlen Haushofer durchsetzt sie mit weiteren archetypischen und märchenhaften Motiven: dem prinzenhaften Geliebten einerseits und dem Antagonismus von Mann und Frau andererseits, dazwischen die schwangerschaftsähnliche Symbiose von Mutter und Kind in der Situation der Reise; dann die unbestandene Probe der Bewahrung und die an einer Brotkruste nagende, bewahrende Alte im Abteil; schließlich die Träume der Frau, ihre Bedrohungsangst und ihre Triumphphantasien. Das Ensemble dieser Motive hebt den Inhalt der Erzählung von der Ebene des Episodischen auf die Stufe des Elementaren. Sein Konflikt- und Katastrophenpotential erweist sich als mythenträchtig. Kern des Mythos ist der Verlust des Kindes, seine Struktur die eines apokalyptischen Szenarios. Eine andere Aktualisierung erfährt er in Elisabeth Langgässers Erzählung *Glück haben.* Dort berichtet eine am Leben verrückt gewordene Frau in einem Altersheim über die Fluchtreise ihrer Familie bei Kriegsende:

---

11 Vgl. Manfred Frank: Die unendliche Fahrt. Ein Motiv und sein Text. Ffm., 1979.

12 Johann Wolfgang Goethe: Erlkönig. In: J.W.G.: Gedichte 1756–1799. Hg.v. K. Eibl. Sämtliche Werke. Bd. I. Ffm., 1987. S. 303f.

> Mein Tochter gab mir den Kleinen zu halten und ging noch einmal auf die Geleise, um nach den Koffern zu sehen. Sie hatte auch Glück und fand ihren Koffer und reichte ihn mir auf das Dach. Doch in diesem Augenblick fuhr der Zug los, und von der anderen Seite kam ein Gegenzug an uns vorbei. Meine Tochter wurde sofort überfahren, ich packte das Kind in die Wolldecke ein, aber am nächsten Morgen war es natürlich schon tot. Wir fuhren weiter, auch andere Kinder waren oben auf dem Dach erfroren, immer neue Flüchtlinge stiegen dazu, wir warfen schließlich, um Platz zu haben, die hartgefrorenen Kinderleichen herunter in den Schnee.[13]

Die Parallelen sind offensichtlich. Auch hier führt der Versuch einer Frau, etwas zu bewahren, zum Verpassen des Zuges, allerdings auch sofort zum Tod der Frau; statt dem Schrecken ohne Ende bei Marlen Haushofer für sie das Ende mit Schrecken. Das Kind bleibt bei einer Alten, die es jedoch auch nicht zu retten vermag. Auf diesem Hintergrund ist auch das Schicksal des kleinen Sohnes in Haushofers Text nur scheinbar ungeklärt. Der Tod des Kindes gehört zum beschworenen Mythos ebenso wie zum verwendeten Motiv. In der *Traumdeutung* hat Sigmund Freud die Abreise mit einem Zug als „eines der häufigsten und am besten zu begründenden Todessymbole“[14] beschrieben. Auch hier läßt sich also sogar von einer dem Archetypus ähnlichen Form sprechen. Wenn das Sterben im Traum durch Abreisen mit der Eisenbahn ersetzt wird,[15] dann bedeutet das Verpassen eines Zuges allerdings Bewahrung. Genau um diesen Zwiespalt von eigener, in tiefem Schlaf sofort ausgekosteter Bewahrung und Befreiung einerseits – „es gab nichts, was sie auch im Schlaf noch beschützen mußte, und sie ließ sich fallen“ (195) – und Abfahrt, d.h. Tod des eigenen Kindes andererseits geht es in Haushofers Erzählung. Die Frau, die den Übergang in die Nachkriegswirklichkeit nie

---

13 Elisabeth Langässer: Glück haben. In: E.L.: Erzählungen. A.a.O. S. 365f. Eine weitere, frühere Aktualisierung des Mythos, in der freilich an Stelle des Eisenbahnmotivs noch „ein großer roter Drache“ steht, findet sich in Offenbarung 12,1–6. Vgl. zu dieser Verbindung das Kapitel *Drachenkunde* in Gerhard Köpfs Roman *Die Strecke* (Hbg., Zürich, 1991), der im folgenden Kapitel behandelt wird.

14 Sigmund Freud: Die Traumdeutung. In: S.F.: Gesammelte Werke chronologisch geordnet. Bd. II u. III: Die Traumdeutung. Über den Traum. Ffm., [4]1968. S. 390.

15 Vgl. Sigmund Freud: Gesammelte Werke chronologisch geordnet. Bd. XI: Vorlesungen zur Einführung in die Psychoanalyse. Ffm., [4]1966. S. 154; sowie Theodor W. Adorno: Valery Proust Museum. In: Th.W. A.: Gesammelte Schriften. Bd. X,1. A.a.O. S. 185.

ganz schafft, leidet an einem Schuldtrauma. In „schrecklicher Treue" bleibt sie den beiden Menschen verbunden, die zu schützen sie als eine Aufgabe verstand, der sie nicht gerecht geworden ist.

Diese Treue umfaßt aber auch das Element der Bahn: Sie träumt davon, daß sie ihren Mann und ihren kleinen Sohn verteidigt, die gemeinsam in einer Scheune „mit einer Kindereisenbahn" (196) spielen. Das Todesmotiv des abfahrenden Zuges kehrt hier als idyllisches Bild jenseitig-erlösten Lebens wieder. Ihm steht am Ende der Erzählung für die Frau das diesseitige Lebenssymbol eines Baumes gegenüber, der im Vorgarten ihres neuen Zuhauses steht und „in ständiger heimlicher Bewegung zu sein" scheint. Durch ihn getröstet, aber dennoch nicht vom Druck ihres Gewissens befreit, bleibt auch sie zwischen Schrecken und Idylle unruhig wie er: „Es war gut, ihm zuzusehen, aber nicht in Ordnung" (196).

Schuldgefühle und sentimentale Erinnerungen plagen auch den Ich-Erzähler in Günter Eichs Prosa *Züge im Nebel* aus dem Jahr 1947. Allerdings ist es hier nicht ein Sohn, dessen Verlust betrauert wird, sondern ein Bruder. Eichs Erzählung ist die Geschichte eines Schwarzhändlers, der zusammen mit einem Kameraden fahrende Güterzüge ausplündert und die Beute verkauft. Auf ihrem dritten Raubzug in einer nebligen und kalten Nacht verlieren sich die beiden, und der Erzähler muß einen passierenden Medikamententransport alleine übernehmen. Dabei wird er von einem Bahnpolizisten überrascht, der sich als sein eigener Bruder erweist. Nach einem knappen Verhör entspinnt sich zwischen den beiden ein ausgedehntes Gespräch. Gegenseitig erzählen sie sich, was ihnen in den letzten Jahren widerfahren ist, und versuchen daraus ihre gegenwärtige Position zu rechtfertigen. Erstaunlicherweise gehen die diametral entgegengesetzten Lebenslagen allerdings auf eine identische Ausgangssituation zurück. Bei Kriegsende waren beide aus der Gefangenschaft entlassen worden und hatten angesichts drohender Arbeitslosigkeit den erstbesten Beruf ergriffen. Der eine war Polizist geworden, der andere – in seinen Augen – ein „Räuber".[16] In dieser Bezeichnung liegt

16 Günter Eich: Züge im Nebel. In: G.E.: Gesammelte Werke in vier Bänden. Bd. IV. A.a.O. S. 302. Die folgenden Seitenzahlen in Klammern beziehen sich auf diesen Text.

freilich nicht nur Anklage, sondern zugleich auch eine Reminiszenz an die gemeinsamen Helden der Kindheit. Der Bruder weist jedoch beides zurück: „so großartig ist die Wirklichkeit nicht" (302). Schließlich läßt der Polizist seinen Gefangenen laufen, nicht ohne jedoch zuvor die vollkommene Enttäuschung über sein Vorbild einzugestehen:

> „Du warst mein großer Bruder, aber du warst noch viel mehr als das. Du hättest es vielleicht nie erfahren, und ich schäme mich auch schrecklich, lauter so große Worte in den Mund zu nehmen, aber alles, was rein und stark war und fest und sicher und treu und anständig und ehrlich, alles, was gut war, das warst du. [...] Es ist zum Lachen, aber ich glaube, ich verdanke es dir, daß ich bisher ein ganz ordentlicher Mensch geblieben bin, so für meine Begriffe."
>
> „Ach Gustav", sage ich, „das sind so die Jahre, der Kommiß, der Krieg, kein Zuhause – – ich bin so verwildert. Es ist alles Mist." (303)

Ideal und Wirklichkeit stehen sich hier kraß gegenüber. Es ist eine Ironie des Schicksals, daß beim Wiedersehen der beiden Brüder die Rollen vertauscht sind. Das große Vorbild ist zum schlechten Beispiel verkommen, dagegen das einstige ‚Brudersöhnchen' – „ich hab ein bißchen Mama bei ihm gespielt" (301) – nicht nur ein ordentlicher Mensch geblieben, sondern gar zum Repräsentanten der Macht aufgestiegen. Weil die Gewichte sich verschoben haben, droht die Beziehung nun aus der Balance zu geraten. Der Verlust des Gleichgewichts liegt dabei in einer doppelten Desillusionierung begründet: für den jüngeren Bruder, weil er vom einzigen Menschen, dem er „felsenfest vertraut" (303) hatte, enttäuscht wird, für den älteren, weil er in dieser Enttäuschung eine eigene Verunsicherung erfährt. Auf seinem kurzen Bahnabenteuer erbeutet der Ich-Erzähler schließlich zwar ein Paket mit Morphium, das „ein gutes Geschäft" (304) wird, verkraftet die Nebenwirkungen seines Unternehmens aber selbst nur unter dem Einfluß eines „Betäubungsmittels". Während er seine Geschichte berichtet, konsumiert er reichlich Schnaps.

Eich gestaltet den Bericht seines Erzählers als Rede an einen imaginären Zuhörer. Immer wieder gibt es erklärende oder Verständnis heischende Einschübe mit direkter Du-Anrede. Insgesamt verleiht die von einzelnen Kraftausdrücken durchsetzte Umgangssprache dem Text den authentischen Charakter einer in angetrunkenem Zustand erzählten Geschichte. „Das ist der unterkühlte Landser-Realismus, die der Emotion abgerungene Nüchternheit"[17] der Kahlschlag-Literatur. Daneben tragen nicht nur die ausführlichen Dialogpassagen, sondern vor allem auch das an mehreren Stellen eingesetzte Stilmittel der erlebten Rede zum Gefühl einer Unmittelbarkeit des Erzählten bei. Die Spannung für den Leser wird durch zahlreiche An- und Vorausdeutungen hergestellt und durch den Einschub von Retrospektiven sowie das retardierende Element der Diskussion zwischen den Brüdern gesteigert. Von ihr ist allerdings nur noch wenig übrig, wenn die Erzählung am Ende in eine moralisierende Selbstbesinnung des von Sentimentalität überwältigten Erzählers mündet.

Der Text gehört nicht unbedingt zu den besten Eichs, auch wenn er als dankbares Interpretationsschulungsobjekt in Lesebüchern und Anthologien immer wieder abgedruckt wird.[18] Aber er erlaubt einen weiteren Einblick in die Verwendungsmöglichkeiten des Eisenbahnmotivs. Auch hier ist es mehr als nur ein Katalysator des Geschehens, sonst hieße die Erzählung nicht *Züge im Nebel*. Der Titel zielt sowohl auf das Zwielichtige der Situation wir auf die zwielichte Gestalt des Protagonisten. Ihm erscheint die Eisenbahn als Chiffre einer Schicksalsmacht, die ihn versucht. Auch hier ist der Mythos im Spiel, der aber nicht mehr nur um das Eisenbahnmotiv herumgelegt ist, sondern dieses selbst durchdringt. Ausgangspunkt ist dabei ganz traditionell der Mensch als Objekt undurchschaubarer, übermächtiger Gewalten. Sein Verhältnis zu ihnen läßt sich in den Kategorien von *Terror und Spiel*[19] beschreiben, wobei sich das Opfer des Terrors als Subjekt des Spiels zu rehabilitieren sucht. Eine Variante dieses Spiels ist das Erzählen, in dem sich der Mensch von den mythischen Gewalten emanzipiert, indem er sie in Mythologie übersetzt.

Das gilt für den Eichschen Erzähler in ganz besonderem Maße. Sein Handeln wie sein Bericht können als ein einziger listenreicher Bewältigungsversuch verstanden werden. Er ahnt die Mächte, denen er ausgeliefert ist, ohne sie selbst fassen zu können. So regt sich bei ihm unter-

---

17 Heinz F. Schafroth: Günter Eich. Mchn., 1976. S. 44.

18 Eich hat sich selber, nachdem er sich von seiner frühen Nachkriegsprosa distanziert hatte, immer wieder vergeblich gegen den ständigen Nachdruck gewehrt. (Vgl. Heinz Schafroth: Günter Eich. A.a.O. S. 45.)

19 Vgl.: Terror und Spiel. Probleme der Mythenrezeption. Hg.v. M. Fuhrmann. Mchn., 1971. (Poetik & Hermeneutik IV).

schwellig schon früh Widerstand: „Mir hatte die Sache von Anfang an nicht gefallen" (297), gesteht er gleich zu Beginn seines Berichts. Den ersten Zug, auf den sich sein Kamerad sofort aufschwingt, läßt er vorbeifahren, instinktiv witternd, „daß da nichts für uns drin war" (298). Dann folgen, die Anspannung des Wartenden steigernd, drei Züge aus der falschen Richtung, bevor schließlich doch noch „ein guter Zug" kommt. „Das Unglück wollte es, daß er sogar hielt. Kann man da widerstehen, wenn man so direkt eingeladen wird?" (298) – Hier der Versuchung erlegen wird dem Plünderer der nächste Halt zum Verhängnis, eingelegt weil „der Lokführer trödelte, vielleicht lag es auch an den Signalen" (298). Am Lichtpunkt einer Zigarette meint er seinen Kumpanen zu erkennen und bemerkt seinen Irrtum erst, als der Polizist bereits neben ihm steht: „Verdammt noch mal, ich muß in dem Augenblick nicht ganz bei mir gewesen sein, sonst hätte ich doch was gemerkt" (299).

Was objektiv wie eine Ansammlung von Zufällen aussehen mag, wird vom Erzähler als Wirken einer undurchschaubaren Unglücksmacht interpretiert: Züge im Zwielicht als Boten eines verhängnisvollen Schicksals. Das ist freilich eine Variation des Eisenbahnmotivs, die sich nicht nur bei Eich finden läßt. Schon Dolf Sternberger erfährt sich selbst während seiner Deutschlandfahrt in Güterwaggons und auf Kohlenzügen immer weniger als Subjekt einer Reise, denn als Objekt eines „Transports",[20] der Willkür von Lokomotivführern ausgeliefert, die – ohne selbst die geringste Ahnung von den „Zielen, Erfüllungen oder Enttäuschungen"[21] zu haben, welchen sie die Passagiere entgegenführen – als personifiziertes Schicksals herrschen. Und auch Wolfgang Weyrauchs Prosagedicht *Die Irrtümer* weiß von Verheißungscharakter und Verwirrungspotential nächtlicher Bahnen zu berichten. Ein Mann, der nachts an einer Eisenbahnlinie die von Zügen gefallenen Kohlen aufgeklaubt hat, wird auf dem Nachhauseweg von einem zweiten Zug überfahren, „da er so glücklich / über den Sack Kohlen war."[22] Das Motiv des nächtlichen Kohlen-

20 Dolf Sternberger: Gefühl der Fremde. A.a.O. S. 51.

21 Dolf Sternberger: Reise in Deutschland – Sommer 1945. A.a.O. S. 164.

22 Wolfgang Weyrauch: Die Irrtümer. In: Ich sah aus Deutschlands Asche keinen Phönix steigen. Rückkehr und Hoffnung in poetischen Zeugnissen. Hg.v. B. Jentzsch.

klaubens liegt noch näher am Alltag der Nachkriegsbevölkerung als das abenteuerliche Unterfangen des Erzählers bei Eich. Aber hier wie da spielt die Bahn letztlich nicht als Transportunternehmen, bei dem man etwas abzweigen kann, die entscheidende Rolle, sondern vielmehr als Schicksalsmacht einer Dunkelzone. Für den, der sich mit ihr einläßt, können Irrtümer und Momente der Selbstvergessenheit verhängnisvoll, gar tödlich sein. Auch der Eichsche Erzähler beteuert zwar, er habe „gar keine Lust, irgendein Stück von mir auf die Schienen zu legen, wenn grade was drüber rollt" (297). Unter die Räder der Bahn gerät er jedoch trotzdem, wenn auch nur im metaphorischen Sinne. Und selbst wenn er im Zuge seiner Erzählung sukzessive wieder unter ihr hervor kriecht, bleibt ihre Macht doch unbestritten. Sie wird sogar gerade dadurch noch einmal bestätigt.

Kurz zusammengefaßt, nehmen sich die Ergebnisse dieses Kapitels, in dem drei Einzelinterpretationen weiteren Aufschluß über Verwendungsmöglichkeiten des Eisenbahnmotivs in der vorliegenden Literatur geben sollten, wie folgt aus:

1. Die Eisenbahnreise als Zeitraum permanenter Erschütterung kann stellvertretend für die geschichtlich äußerst bewegte Zeit der Jahre nach 1945 stehen, in denen das Leben einen ständigen Balanceakt erforderte. Die Veränderung der Verhältnisse bedrohte das individuelle und gesellschaftliche Gleichgewicht wie ein plötzlich anfahrender Zug den festen Stand seiner Passagiere.

2. Dieser Erfahrung der Instabilität wurde durch den Rückgriff auf mythische Kategorien und durch die Schaffung neuer Mythen begegnet. Das Eisenbahnmotiv, dem selbst archetypische Züge eignen, bot sich als Element und Zentrum neuer, zeitgemäßer Mythen an.

3. Wo die Eisenbahn als ein mythisches oder einem Mythos eingegliedertes Motiv verwendet wird, wirkt darin zumeist ihre Qualität als Bedrohungs- und Todessymbol weiter. Im Mythos von der Bahn als Schicksalsmacht wird aber auch die zeitgenössische Erfahrung ihrer Bedeutung für das gesamte gesellschaftliche Leben verarbeitet.

Mchn., 1979. S. 19. – Zum Motiv vgl. Heinrich Böll: Lohengrins Tod. In: H.B.: Werke. Romane und Erzählungen I. A.a.O. S. 245–254.

IV. ANSCHLÜSSE

Zum Chronotopos ‚Moderne'

1. Die Eisenbahn

Motiv, Metapher, Mythos

> Der Schienenstrang, der kreuz und quer durch ein Land läuft, ist die Lebensader eines Volkes. An ihm und auf ihm widerspiegelt sich der Geist eines Volkes, seine Mentalität, seine inneren und äußeren Sorgen, seine Furcht und seine Hoffnungen. Tausende von Gesprächen werden an ihm geführt, zwischen Menschen, die sich nie gesehen haben und die sich nie wiedersehen werden. Die Gespräche flattern auf und verklingen, sie kommen und gehen, tagaus, tagein, und enthalten doch alle ein Stück Wahrheit, die der graue Alltag mit sich bringt. Wo sich ein Volk auf Reisen begibt, wird das Gesicht der Zeit sichtbar. Und heute ist ein Volk unterwegs.[1]

Hans Werner Richters Einleitung zu den *Unterhaltungen am Schienenstrang* stellt die deutlichste Ausprägung der Spur dar, der diese Arbeit bisher gefolgt ist. Ihre Metaphern vom Schienenstrang als „Lebensader eines Volkes" und als ‚Spiegel seiner Mentalität' sind von fast unübertrefflicher Adäquatheit und Prägnanz. Wollte man die Funktion des Eisenbahnmotivs in der Literatur der unmittelbaren Nachkriegszeit in wenigen Sätzen umreißen, so ließe sich dies wohl kaum besser formulieren, als hier bereits im Jahre 1946 geschehen. Allerdings wäre es nicht mehr als eine plumpe Plünderung, wenn man nun, am Ende dieser Arbeit, ihre Ergebnisse auf solch pauschale Thesen reduzieren würde. Vielmehr soll um den Punkt, auf den Richter die Sache zuspitzt, in diesem zusammenfassenden Kapitel ein Bogen geschlagen werden, der die zentralen Ver-

1 Hans Werner Richter: Unterhaltungen am Schienenstrang. A.a.O. S. 96.

wendungsmöglichkeiten der Eisenbahn als Motiv, Metapher und Mythos noch einmal in größerem Umfang in den Blick rückt.

Das auch schon bei Richter gefallene Schlüsselwort lautet dabei: „unterwegs". Hermann Glaser hat mit diesem Titel zurecht ein eigenes Kapitel seiner Kulturgeschichte der Nachkriegszeit überschrieben.[2] Auf die Frage, warum die Leute unterwegs waren, dürfte es wohl so viele Antworten wie Schicksale geben: Flucht und Vertreibung, Heimkehr und Suche nach Angehörigen, Obdachlosigkeit und Hunger. Allerdings ist deutlich geworden, daß in den Nachkriegsjahren die Bahn vor allem auch ein Medium der Neuorientierung war. Die Deutschen brachen auf, um zu erfahren, was ihnen noch möglich sei. Entlang der Eisenbahnlinien führten sie ein Leben in Versuchen. Viele verließen ihre vertraute Umgebung, weil sie für sie zu eng geworden war. Eigene Schuld und fremder Verdacht, persönliche Enttäuschung und gemeinsames Versagen trieben zur Flucht aus dem immer schon Bekannten und damit Belastenden an. Oft war es eine Flucht aus Angst davor, daß die Gegenwart noch einmal zum Gericht über die eigene Vergangenheit werden könnte, nachdem man die Strafe doch schon erlitten zu haben glaubte.

Für viele Menschen wurden die Eisenbahnreisen der Nachkriegszeit zur prägenden Erfahrung. Der Schriftsteller Günter Kunert, der 1947 mit dem Gedicht *Ein Zug rollt vorüber* debütierte und über die surrealistische Kurzprosa *Zentralbahnhof* aus dem Jahr 1972 bis hin zu seinen Reflexionen über *Fahren und Erfahren* (1992) das Eisenbahnmotiv immer neu aufgegriffen hat, spricht gar von einer ‚Traumatisierung':

> Ich bin noch immer unsicher an der Bahnsteigkante, beim Einsteigen, und bin außerstande, einen Fortreisenden bis in sein Abteil zu begleiten, weil ich fürchte, der Zug fährt sofort mit mir ab. Denn damals setzten sich die Züge vorwarnungslos in Bewegung, während die „Passagiere" sich noch durch Fenster und Türen quetschten oder auf den Trittbrettern übereinanderkletterten, um dort während der ganzen Fahrt auszuharren. Hüte, Mäntel, Mützen zeigten sich nach der Ankunft perforiert durch Funkenflug aus dem Schornstein der Lokomotive. Wer in ein Abteil gelangte, verteidigte es gegen Mitreisende, um nicht selber draußen stehen oder hocken oder hängen zu müssen. Da die Züge unerhört langsam vorankamen, fuhr man Kurzstrecken bis in die Nacht, so daß man im Abteil keine

2 Hermann Glaser: Kulturgeschichte der Bundesrepublik Deutschland. Bd. I: Zwischen Kapitulation und Währungsreform 1945–1948. Mchn., Wien, 1985. S. 45.

Hand mehr vor Augen sehen konnte, was dazu führte, daß die Hände zu ganz anderen Unternehmen genutzt wurden. Seltsame, aber flüchtige körperliche Bekanntschaften fanden da statt, an die man sich drei Stationen weiter nur noch wie an einen merkwürdigen Traum erinnerte.[3]

Dankbar vermerkt Kunert, daß entsprechende Erfahrungen auch in Texten anderer zeitgenössischer Autoren wiederzufinden sind. „Wie von Ausflügen auf ferne Planeten"[4] werde dort von solchen „Aventüren" berichtet, die im Rückblick „als eine Art Grimmelshausensches Unternehmen"[5] erscheinen.

Es kann freilich kaum verwundern, daß die Bahn, die wegen ihrer praktischen Funktion als einziges verfügbares Massenverkehrsmittel das Leben der Menschen in entscheidender Weise prägte, auch in der Literatur eine so überragende Bedeutung gewann. Sie lud das am Schienenweg lagernde literarische Publikum zur Identifikation ein. „An den vorüberfahrenden Kohlenzügen des deutschen Buchhandels", so schrieb ein Redakteur der Zeitschrift *Athena* zwei Jahre nach Kriegsende, „stehen die Lesehungrigen und warteten darauf, daß ihnen irgend etwas heruntergeworfen wird. Aber meist ist es nur ein amtliches Formular."[6] Trotz aller Standardisierung der Szenen unterscheiden sich die Eisenbahntexte auf angenehme Weise von solcher Lektüre, gehen in ihnen die Autoren doch, wie gezeigt, weit über die bloße Verwendung der Bahn als „Lokal" eines literarischen Textes hinaus. Um das Eisenbahnmotiv gruppieren sich vielmehr einige der wichtigsten Metaphern für die Situation im Nachkriegsdeutschland – auf dem Abstellgleis landen, den Anschluß verpassen,[7] aus der Bahn geworfen werden, unter die Räder kommen, im Regen stehen, die Weichen stellen, Signale übersehen usw.[8] Und wie

---

3 Günter Kunert: Fahren und Erfahren. A.a.O. S. 106f.

4 Ebenda, S. 107.

5 Ebenda.

6 Athena. 2. Jg. 1947/48. H. 6. S. 95. Zitiert nach: Zur literarischen Situation 1945–1949. Hg.v. G. Hay. Kronberg, 1977. S. 6.

7 Der Begriff der „Anschlüsse" war nach Dolf Sternberger ohnehin „längst phantastisch geworden". (D.S.: Reise in Deutschland – Sommer 1945. A.a.O. S. 155.)

8 Diese Eisenbahnmetaphorik scheint in Zeiten des geschichtlichen Umbruchs allgemein beliebt zu sein. Angesichts des „Zusammenbruchs" der DDR sprach beispielsweise Willy Brandt davon, daß nun ‚viele unter die Räder zu kommen drohen', und ihr Schicksal sei ‚wichtiger, als der Komfort derer, die I. Klasse fahren'.

Max Frisch die Situation der Deutschen im ersten Nachkriegsjahr anhand einer Bahnhofsszene als ein „Warten ohne Erwartung“ beschreibt, so heißt es in einem Artikel der Zeitschrift *Sie* am 22.9.1946: „Ganz Deutschland ist ein großer Wartesaal.“[9]

Wie der Wartesaal, so kann auch die Zugreise selbst als zeitgenössisches Kollektivsymbol[10] gelten. Beides sind „Zwischenzeiten“, Zeitintervalle zwischen Abfahrt und Ankunft, Perioden des Provisorischen. Hier wie dort wird etwas von dem sichtbar, was die Nachkriegszeit in besonderer Weise charakterisierte: Ungewißheit und Ruhelosigkeit. Werner Stelly, ein Nachkriegsschriftsteller, der 1949 Bürgermeister von Hamburg wurde, hat in seiner Erzählung *Die da, mit den grauen Haaren* dementsprechend die Figur des Ahasver, des ewig wandernden Juden in Verbindung mit dem Eisenbahn-Motiv gebracht. Interessanterweise tritt bei Stelly in der Rolle des „Ahasver“ allerdings eine jüdische Frau auf. Sie regt einen ehemaligen Bekannten zum Nachdenken an, als dieser sie nach längerer Zeit auf einem Bahnhof wiedersieht: „‚Ich möcht’ nur wissen‘, sagte der Kleine, ‚warum sie immer unterwegs ist. Als wenn sie keine Ruhe hätte und irgendwas sucht. Möcht’ nur mal wissen, was es eigentlich ist, was sie sucht.‘“[11] Es gehört zur Ironie von Stellys Geschichte, daß der „Kleine“ selber „den halben Monat mit der Bahn“[12] unterwegs ist und auch jetzt, da er in seinem Abteil auf eine Lokomotive warten muß, keine Ruhe findet. Er verkörpert als „Homo Ahasverus“ den Nachkriegsdeutschen schlechthin. Die Erzählung ist nur einer von vielen Belegen, die für diese Typisierung angeführt werden könnten. „Es entsprach also der Realität und war gleichzeitig eine wichtige Metapher für den Zustand der Deutschen, wenn man sie ein zugfahrendes Volk nannte.

---

9 Max Frisch: Tagebuch 1946–1949. A.a.O. S. 375; „Interview mit dem Mann auf der Straße II. Wartesaal I. und II.“ In: Sie. 22.9.1949. S. 4

10 Zur Kollektivsymbol-Forschung vgl.: Axel Drews; Ute Gerhard; Jürgen Link: Moderne Kollektivsymbolik. Eine diskurstheoretisch orientierte Einführung mit Auswahlbibliographie. In: Internationales Archiv für Sozialgeschichte der deutschen Literatur. Sonderheft Forschungsreferate 1985, S. 256–375.

11 Werner Stelly: Die da, mit den grauen Haaren. In: Tausend Gramm. A.a.O. S. 101–107.

12 Ebenda, S. 104.

In einem geistigen Niemandsland war man unterwegs, suchte nach einer Orientierung, ohne recht zu wissen, wie sie zu erlangen war."[13]

Neben den Bemühungen um materielle Versorgung und ideelle Orientierung prägte die Eisenbahnreise vor allem die zeitgenössische Raum- und Zeiterfahrung. Von zentraler Bedeutung war dabei eine durch die Kriegsschäden erzwungene Wiederentdeckung der Langsamkeit. Im Bewußtsein des Reisenden korrespondierte ihr das Phänomen einer allmählichen Verfertigung der Gedanken beim Fahren: Die besonderen Wahrnehmungsbedingungen der Bahnreise beförderten Prozesse der Reflexion und der kritischen Auseinandersetzung mit der umgebenden Wirklichkeit. Folge der Zugbewegung war dabei eine Akkumulation von Eindrücken. Dem Nebeneinander von Schönheit und Grauen entsprach das Gefühl einer Gleichzeitigkeit des Ungleichzeitigen,[14] der „Zerstückelungsdialektik von Drinnen und Draußen" die zeittypische Ambivalenz von Vertrautheit und Fremdheit. Der raumerschließenden Funktion der Zugreise stand die räumliche Begrenztheit ihrer Passagiere gegenüber. Hier spiegelt sich die kollektive Doppelerfahrung der Nachkriegsdeutschen von gleichzeitiger Freiheit und Gefangenschaft. Die Möglichkeit der Grenzüberschreitung wird konterkariert durch das Aufkommen neuer Grenzen. Im Zusammenhang mit der geschichtlichen Rolle des Eisenbahnwesens wird das Begriffspaar Schuld und Sühne zum Thema, im Hinblick auf den bewegten Körper die Koinzidenz von Genuß und Gefährdung. In jedem dieser Fälle wird anhand des Eisenbahnmotivs eine geschichtliche Konstellation exemplarisch vorgeführt.

Auch als Zeitraum permanenter Erschütterung kann die Eisenbahnreise stellvertretend für die geschichtlich äußerst bewegte Nachkriegszeit stehen. Der durch den Zusammenbruch des eigenen Staates bewirkte Verlust nationaler und persönlicher Identität wurde kompensiert durch Hyperaktivität. Doch der Alltag in der Masse blieb nur der schattenhafte Erlebnishintergrund eigener Verlorenheit. Lediglich vereinzelt stand der Zerstörung von Lebenszusammenhängen der Aufbau neuer sozialer

---

13 Johannes Mahr: A.a.O. S. 265.

14 Zu dieser temporalen Komponente der Raumstruktur vgl. Ernst Bloch: Gesammelte Werke. Bd. IV: Erbschaft dieser Zeit. Erweiterte Ausg. Ffm., 1962. S. 116; und Reinhard Koselleck, Vergangene Zukunft. Zur Semantik geschichtlicher Zeiten. Ffm., 1979. S. 132.

Strukturen gegenüber. Die bunt zusammengewürfelten Abteilgemeinschaften, das Durcheinander von Körpern und Gepäck in Bahnhofshallen und das Chaos der von Hamsterfahrern überfüllten Bahnsteige – all das sagt über die gesellschaftliche Situation dieser Jahre oft mehr aus als die trockenen Beschreibungen der Geschichtsbücher. In der Tat kann, wer das Eisenbahnmotiv aufmerksam betrachtet, in ihm „ein ‚Speculum mundi', einen Weltspiegel" finden, „der unsere Situation auffängt, sowohl im soziologischen als auch im existentiellen Bezug".[15]

Die Eisenbahnreise als Metapher für die Situation des Nachkriegsdeutschen hat die vielfältigsten Ausprägungen gefunden. Auf die Spitze getrieben hat diesen Gedanken der Parallelität Wolfgang Borchert in seinem Prosastück *Eisenbahnen nachmittags und nachts*[16] aus dem Jahr 1946. Es beginnt emphatisch:

> Strom und Straße sind uns zu langsam. Sie sind uns zu krumm. Denn wir wollen nach Hause. Wir wissen nicht, wo das ist: Zu Hause. Aber wir wollen hin. Und Straße und Strom sind uns zu krumm.
>
> Aber auf Brücken und Dämmen hämmern die Bahnen. Durch schwarzgrünatmende Wälder und die sternbestickten seidigen samtenen Nächte fauchen die Güterzüge heran und davon mit dem unablässigen Hintereinander der Räder. Über Millionen schwieliger Schwellen vorwärtsgerumpelt. Unaufhaltsam. Ununterbrochen: Die Bahnen. Über Dämme hinhämmernd, über Brücken gebrüllt, aus Diesigkeiten herandonnernd, in Dunkelheiten verdämmernd: Summende brummende Bahnen. Güterzüge, murmelnd, eilig, irgendwie träge und ruhlos, sind sie wie wir.

Borcherts ganzer Text zehrt vom Spannungsmoment seiner Einleitung. Der Anfangsabschnitt formuliert die Problematik des Heimkehrers als erstes Thema; die dahinhämmernden Bahnen dominieren als zweites die folgende Passage. Beide Teilen stehen, durch das „aber" zu Beginn des zweiten Absatzes getrennt, hart nebeneinander. Die Frage nach der inneren Beziehung bleibt zunächst offen. Sprachlich zeichnet sich der erste Abschnitt durch große Klarheit und Kürze aus. Kein Wort hat mehr als zwei Silben, kein Satz mehr als acht Wörter. Um die Aussage über die eigene Orientierungslosigkeit („Wir wissen nicht, wo das ist:") herum

15 Heinrich Lützeler: Die Eisenbahn in der Malerei. Bonn, 1971. S. 23.
16 Wolfgang Borchert: Eisenbahnen, nachmittags und nachts. A.a.O. S. 61–64.

sind die übrigen Parataxen symmetrisch angeordnet und durch die drei Konjunktionen „denn“, „aber“, „und“ logisch verknüpft. Dem Eingeständnis der Unwissenheit kontrastiert ein unbändiger Wille zur Heimkehr („wir wollen nach Hause/hin“), dem selbst allerdings wiederum die als pars pro toto eingeführten, unbefriedigenden Transportmöglichkeiten („Straße und Strom“) entgegenstehen. So wird die positive Wendung „wir wollen...“ beide Male von negativen Aussagen umrahmt.

Der bleibende Eindruck der Negation weckt die Neugier auf das, was der Autor diesem Dilemma entgegenzusetzen hat. Seine Antwort ist – sachlich wie stilistisch – beeindruckend. Nach der Kargheit der ersten Zeilen, in denen schon der geläufige Stabreim von „Straße und Strom“ einen ausdrücklichen Hinweis wert wäre, schöpft Borchert nun aus der ganzen Fülle seines rhetorischen Formenvorrats. Mit der Wortballung „sternbestickten seidigen samtenen Nächten“ beginnt ein Trommelfeuer der Alliterationen. Ebenso durchziehen Assonanzen den gesamten Abschnitt: Dämme, hämmern und verdämmern; Brücken und brüllen; summen und brummen. Ist diese Versammlung von überkommenen Reizen Rilkescher und expressionistischer Stilkunst nur ein Jahrmarkt Borchertscher Spracheitelkeiten? Dann müßte man auch die zahlreichen Neologismen („schwarzgrünatmend“; „Diesigkeiten“), inkongruenten Verbindungen („seidig samtenen Nächten“; „schwielige Schwellen“) und onomatopoetischen Verben (hämmern, fauchen, rumpeln, donnern, summen, brummen) allein manieristischem Stil zurechnen – und würde dabei gerade das Entscheidende übersehen. Denn Borcherts Überstilisierung offenbart in ihrer Anwendung auf das unkonventionelle Thema der Eisenbahn eine überraschende Beziehung. Die lautlichen Reize vermitteln in ihrer stakkatohaften Abfolge das Gefühl genau jenes unbändigen Dranges, das mit den Kurzsätzen „Unaufhaltsam. Ununterbrochen: Die Bahnen.“ auch inhaltlich und strukturell im Zentrum der Passage steht. Und hier liegt zugleich das Übereinstimmungsmoment, das die Engführung am Ende des zweiten Abschnitts – „[...], sind sie wie wir“ – überhaupt erst möglich macht. Zunächst ist ja von einer Verbindung der beiden angeschlagenen Motive nichts zu erkennen. Das „wir“ des ersten Absatzes taucht im zweiten vorerst ebensowenig auf, wie das Motiv der Bahn zu Beginn – von der indirekten Andeutung in der Negation „Straße und Strom sind uns zu krumm“ einmal abgesehen. Umso origineller wirkt die

Zusammenführung am Ende der Passage, wobei die Inversion des Nachsatzes die durch die vorhergehende Partizipienreihung erzeugte Spannung überraschend auflöst.

„Das enge Beieinander des Disparaten",[17] das Peter Rühmkorf als Hauptmerkmal von Borcherts „Neuer Harmonielehre" ausmacht, ist auch hier das entscheidende Kompositionskriterium. Der frappierende Vergleich „sie sind wie wir" bindet mit doppelter Alliteration und vierfacher Assonanz das sachlich Auseinanderliegende und sprachlich Geschiedene zusammen. So kommt die „geraffte Ästhetik der Disproportion"[18] eindrücklich zum Vorschein:

> Sie sind wie wir. Keiner garantiert ihren Tod in ihrer Heimat. Sie sind ohne Ruh und ohne Rast der Nacht, und sie rasten nur, wenn sie krank sind. Und sie sind ohne Ziel. [...] Sie sind wie wir. Sie halten viel mehr aus, als alle geglaubt haben. Aber eines Tages kippen sie aus den Gleisen, stehen still oder verlieren ein wichtiges Organ. Immer wollen sie irgendwohin. Niemals bleiben sie irgendwo. Und wenn es aus ist, was ist ihr Leben? Unterwegssein. Aber großartig, grausam, grenzenlos. Eisenbahnen, nachmittags und nachts.

Borcherts Vergleich von Heimkehrerexistenz und Eisenbahn droht zu hinken, wo anthropologische Begriffe wie ‚Tod', ‚Krankheit' oder ‚Organverlust' zum Maß der Gemeinsamkeit gemacht werden. Es ist ein Verdienst seiner Sprache, daß der Spannungsbogen der Zusammenschau dennoch nicht bricht. „Diese Sprache hat es eilig";[19] sie verkörpert selbst das tertium comparationis des durchgeführten Vergleichs: das „Unterwegssein". Ziel-, Ruh- und Heimatlosigkeit verbinden den Menschen am Schienenstrang mit der Maschine auf ihm. „Unterwegs – unterwegs – unterwegs —", lautet das „Lied der Güterzüge", und auch über den Menschen ist dieses Machtwort gesprochen: „Unterwegs. Aber immer wieder wirst du auf Bahnhöfe ausgespien, ausgeliefert an Abschied und Abfahrt."

Abschied, Trennung und Aufbruch sind Konstanten in Borcherts Leben und Werk. Aber gerade im Hinblick auf diese Elementarerfahrungen

---

17 Peter Rühmkorf: Wolfgang Borchert, in Selbstzeugnissen und Bilddokumenten dargestellt. Reinbek, 1961. S. 152.

18 Ebenda, S. 151.

19 Ebenda, S. 154.

hat er selbst sein Schicksal immer als repräsentativ für das seiner ganzen Generation verstanden, eine „Generation ohne Bindung und ohne Tiefe" „ohne Abschied [...] und ohne Heimkehr."[20] Die Eisenbahn ist für ihn, wie sonst wohl nur noch der heimatlose Kuckuck,[21] *das* literarische Symbol dieses Lebensgefühls. Sie ist ein lebenslanges Leitmotiv des „Poeta Ahasverus" Borchert. „Unsere Herzen schreien nachts wie Lokomotiven vor Gier und vor Heimweh", schreibt er in seiner Erzählung *Im Mai, im Mai schrie der Kuckuck.* Doch die Beziehung zwischen Bahn und heimatlosem Menschen geht bei ihm über eine bloße Schicksalsgemeinschaft hinaus – bis hin zur körperlichen Identität. Am Ende von *Eisenbahnen, nachmittags und nachts* heißt es:

> Du bist selber Schienenstrang, rostig, fleckig, silbern, blank, schön und ungewiß. Und du bist in Stationen eingeteilt, zwischen Bahnhöfe gebunden. Und die haben Schilder und da steht dann Mädchen drauf, oder Mond oder Mord. Und das ist dann die Welt. Eisenbahn bist du, vorübergerumpelt, vorübergeschrien – Schienenstrang bist du – alles geschieht auf dir und macht dich rostblind und silberblank.

Wie schon bei der Anwendung menschlicher Kategorien auf die Bahn, so würde auch hier die Übertragung der Maschinenattribute auf den Menschen den Vergleich überstrapazieren, wenn nicht die Sprache selber über den Bereich des Konkreten hinauswiese. „Die Welt ist die Gesamtheit der Schilder", wäre mit Borchert im Anklang an Wittgenstein[22] zu formulieren, und dann: „Die Welt zerfällt in Worte." – „rostig, fleckig, silbern, blank, schön und ungewiß"; „Mädchen [...] Mond oder Mord".

Hier wird die Eisenbahn zum Ordnungsprinzip der Realität wie der Sprache. An ihrem Schienenstrang entlang wird Wirklichkeit erfahren und beschrieben. Sie verwaltet das Reservoir der Möglichkeiten, in dem Liebe und Tod ganz nahe beieinander liegen, ist die Schnur, an der sich Perlen und Steine einer gerissenen kosmischen Kette noch einmal reihen lassen. „Manchmal glaub' ich noch die Welt zu halten, / wo sie rings

---

20 Wolfgang Borchert: Generation ohne Abschied. In: W.B.: Das Gesamtwerk. A.a.O. S. 59–61.

21 Vgl. Wolfgang Borchert: Im Mai, im Mai schrie der Kuckuck. In: W.B.: Das Gesamtwerk. A.a.O. S. 226–243.

22 Vgl. Ludwig Wittgenstein: Tractatus logico-philosophicus. Ffm., 1963. S. 11.

schon auseinanderfällt",[23] formuliert Günter Eich diese zeittypische Erfahrung in einem – wen könnte das jetzt noch verwundern? – Eisenbahngedicht, das den Titel *Ausfahrender Zug* trägt. Im Motiv der Bahn spiegelt sich bei Borchert aber auch eine gebrochene *menschliche* Identität, die sich überhaupt nur noch durch die sprachliche Verbindung des Widersprüchlichen und Auseinanderliegenden aufrecht erhalten läßt. So wird die Identität des Selbst hier eine Funktion des Unidentischen. Der Graben einer unaussprechlichen, völlig dissoziierten Ich-Wirklichkeit ist sichtbar, wird aber durch eine, zum Teil fast „halsbrecherische" Kombinatorik noch überbrückt. Borchert läßt seiner polarisierenden Anrede „Eisenbahn bist du, [...] Schienenstrang bist du, [...], rostblind und silberblank" die Synthese folgen „Mensch bist du" – jedoch mit der Einschränkung: „giraffeneinsam ist dein Hirn irgendwo oben am endlosen Hals. Und dein Herz kennt keiner genau."

Die Tiermetapher „giraffeneinsam" mag als Anlaß zur Erinnerung daran dienen, daß Borcherts Erzählung in dieser Arbeit bereits im Exkurs zum Körper-Kapitel erwähnt wurde. Dort waren seine Tiermetaphern bei der Beschreibung von Zügen aufgefallen. Sie rückten die Bahn in die mythische Sphäre einer bedrohlichen, animalisch-bestialischen Macht, der sich der Mensch weitgehend hilflos ausgeliefert sieht. „Das Urtier"[24] ist auch sonst bei Borchert die Großmetapher, unter der er, vor allem bei der Beschreibung des städtischen Lebens, die Geschiedenheiten versammelt und bannt. Diese „alles umgreifende Elementarvorstellung"[25] konfrontiert er hier mit dem bewußt gewählten Bild des Menschen als einem „giraffeneinsamen" Wesen, zwar auch mit einer Tiermetapher, aber gerade nicht mit der eines Insekts, wie in den anderen der behandelten Texte. Borchert begegnet der Bahn nicht im Pulk der Reisenden, sondern als einsamer Einzelgänger, als ein ‚Nächtlicher' an und auf den Schienen.

Mit dem „Urtier" ist das Schlüsselwort für den mythischen Aspekt des Eisenbahn-Motivs gefallen. Er erscheint in den betrachteten Texten auf dem Hintergrund einer langen, von der „Dialektik der Aufklärung" ge-

---

23 Günter Eich: Ausfahrender Zug. In: G.E.: Gesammelte Werke. Bd. I. A.a.O. S. 240.

24 Wolfgang Borchert: Hamburg. In: W.B.: Das Gesamtwerk. A.a.O. S. 72.

25 Peter Rühmkorf: Wolfgang Borchert. A.a.O. S. 110.

prägten Tradition. Das ist hier umso mehr von Interesse, als Horkheimer und Adorno diese Dialektik gerade am Beispiel der Homerschen *Odyssee* herausgearbeitet haben. Basistext der Moderne ist somit die Beschreibung einer „Reise", die mit den Eisenbahnirrfahrten der Nachkriegszeit nicht nur das Element des Abenteuerlichen gemeinsam hat. Auch in den hier betrachteten Texten wurde die Fahrt mit der Bahn immer wieder zur Chiffre einer Lebensreise. Wie eng die Realität der *Odyssee* an der Erfahrungswirklichkeit der Nachkriegsdeutschen liegen kann, mag darüber hinaus daran deutlich werden, daß die oben in Anwendung auf Borchert gebrauchte Rede von der ‚Identität des Selbst als einer Funktion des Nichtidentischen' eigentlich eine Aussage der beiden Philosophen über den Protagonisten Homers ist. Ihrer Meinung nach ist bei Homer „die innerliche Organisationsform von Individualität, Zeit, [noch] so schwach, daß die Einheit der Abenteuer äußerlich, ihre Folge der räumliche Wechsel von Schauplätzen" bleibt. „Wann immer das Selbst geschichtlich solche Schwächungen später wiederum erfahren hat, [...] ist die Erzählung des Lebens abermals in die Abfolge von Abenteuern abgeglitten."[26]

Die in dieser Arbeit behandelten Texte belegen die Gültigkeit dieser These für die unmittelbare Nachkriegszeit. Identität wird in ihr kaum mehr historisch begründet, sondern vor allem als Einheit des Auseinanderliegenden behauptet. Die Bahn wirkt auf diesem Hintergrund deshalb identitätsstiftend, weil sie den Reisenden mit der Welt nicht als geschichtlicher Chronologie, sondern als Folge zusammenhängender Orte konfrontiert: die deutsche Grenze, der deutsche Strom, der deutsche Wald. „Mühselig und widerruflich löst sich [so] im Bilde der Reise historische Zeit ab aus dem Raum, dem unwiderruflichen Schema aller mythischen Zeit."[27]

Liegt in der *Odyssee* das *mythische* Urbild jeder Reise vor, so ist der Zusammenhang von Reise und Aufklärung in der Reise-Literatur des 18. Jahrhunderts begründet.[28] „Die Vorstellung, daß Kommunikation, Aus-

---

26 Max Horkheimer; Theodor W. Adorno: Dialektik der Aufklärung. Philosophische Fragmente. In: Th.W. Adorno: Gesammelte Schriften. Hg.v. R. Tiedemann. Bd. III. Ffm., 1981. S. 66.

27 Ebenda.

28 Vgl. Ralph-Rainer Wuthenow: Die erfahrene Welt. Europäische Reiseliteratur im Zeitalter der Aufklärung. Mit zeitgenöss. Illustrationen. Ffm., 1980.

tausch, Bewegung den Fortschritt und die Aufklärung der Menschheit bedeuten und daß Isolation und Abgeschlossenheit die zu überwindenden Hindernisse auf diesem Weg seien, ist so alt wie die bürgerliche Neuzeit."[29] So suchen die europäischen Bildungsreisenden, die als Vorläufer der späteren Touristen ab dem 18. Jahrhundert in die Fremde ziehen, dem Verdikt „selbstverschuldeter Unmündigkeit" zu entfliehen. Auch wenn von solchen Bildungsbestrebungen bei Bahnreisen in den Jahre nach 1945 nur in Einzelfällen die Rede sein kann, hatten diese nach den Erkenntnissen der vorliegenden Arbeit doch ebenfalls ein aufklärerisches Potential. Das war zum einen ein Verdienst der Fensterperspektive und ihrer spezifischen Wahrnehmungsbedingungen; zum anderen liegt es an der Nutzung der Eisenbahnreise als Mittel der Grenzüberschreitung und als Ort perspektivenreicher Erhellung.

Demgegenüber behauptet die Eisenbahn in der untersuchten Literatur jedoch auch ihre mythische Qualität. Diese gründet im Basismythos vom menschlichen Kampf mit den Naturgewalten. Eigentlich soll nach der Aufklärung „der Verstand, der den Aberglauben besiegt, [...] über die entzauberte Natur gebieten".[30] Aber die durch die neuzeitliche Technik gebändigten Urkräfte wirkten durch die Mittel ihrer Zähmung hindurch weiter; Aufklärung schlug wieder in Mythologie zurück. Emanuel Geibels Ballade *Mythus vom Dampf*[31] führt beispielhaft für das 19. Jahrhundert vor, wie Wasser und Feuer auch und gerade in ihrer vom Menschen erzwungenen Vereinigung zum Dampf weiterhin als bedrohliche Mächte betrachtet wurden. Der mythische Antagonismus von Natur und Technik hat in der Folge eine Vielzahl literarischer Texte um das Motiv des Eisenbahnunglücks hervorgebracht, Theodor Fontanes *Brücke am Tay*[32] mit dem shakespearisierenden Hexenvorspiel als bekanntesten. Auf dem Hintergrund dieser literarischen Tradition und befördert durch die Freudsche *Traumdeutung* von 1900, gründet die mythische Qualität des Eisen-

29 Wolfgang Schivelbusch: Geschichte der Eisenbahnreise. A.a.O. S. 173.

30 Max Horkheimer; Theodor W. Adorno: Dialektik der Aufklärung. A.a.O. S. 20.

31 Emanuel Geibel: Der Mythus vom Dampf. In: E.G.: Gesammelte Werke in acht Bänden. Bd. III. Stgt., ^{2}1888. S. 4–7.

32 Theodor Fontane: Die Brücke am Tay. In: Th. F.: Sämtliche Werke. Bd. VI. A.a.O. S. 285–287.

bahnmotivs in der Moderne vor allem in seiner Bedeutung als Bedrohungs- und Todessymbol.

In einer Zeit wie der nach 1945, da die gegenwärtige Lebenssituation selbst als Unglück und Katastrophe betrachtet wurde, bot sich das Motiv als Element und Kristallisationskern neuer, zeitgemäßer Mythen an. Von besonderem Gewicht wird dabei die literarische Beschreibung der Bahn als Schicksalsmacht, die ihre Passagiere im Schatten des Körpers des Lokomotivführers einer ungewissen, dunklen Zukunft entgegenführt oder gar in Tod und Verderben stürzt.

Von hier aus ließen sich die Linien ausziehen zu – auf existentiellem Gebiet – programmatischen Texten der frühen bundesrepublikanischen „Eisenbahnliteratur", wie beispielsweise der ersten Szene von Günter Eichs Hörspiel *Träume*[33] aus dem Jahr 1953. Drei Generationen einer Familie befinden sich in einem engen, lichtlosen Güterwaggon. Die Großeltern, die die Welt der Blumen, Berge und Sonntagsanzüge als einzige noch bewußt gesehen haben, sind vor vierzig Jahren aus ihren Betten geholt und in den Waggon verfrachtet worden. Eichs Anspielung an die Praktiken der GeStaPo und der Judendeportation, möglicherweise auch an Vorgehensweisen bei der Vertreibung der Deutschen – Träumer Wilhelm Schulz, jetzt Gütersloh in Westfalen, stammt aus Rügenwalde in Hinterpommern –, sind offensichtlich. So gibt das eintönige Geratter des Zuges dem „Traum" nicht nur seine akustisch-formale Einheit, sondern wirkt auch als ein Signal der Bedrohung, in der plötzlichen Beschleunigung am Ende, als Ankündigung einer Katastrophe.

Ganz ähnlich verhält es sich mit Friedrich Dürrenmatts Erzählung *Der Tunnel* [34] von 1951. Zahlreiche Eingangsmotive des Textes, wie das der überfüllten Waggons oder die Brille des Protagonisten, waren auch schon Gegenstand der vorliegenden Arbeit. Ebenso wie Eich, setzt Dürrenmatt der Eisenbahnreise als einer routinemäßigen, zeitlich und räumlich von vornherein fixierten Unternehmung die abenteuerliche, unberechenbare

---

33 Vgl. Günter Eich: Träume. In: G.E.: Gesammelte Werke in vier Bänden. Revidierte Ausgabe. Bd. II: Die Hörspiele I. Hg.v. K. Karst. Ffm., 1991. S. 349–390.; dazu: Peter Märki: Günter Eichs Hörspielkunst. Ffm., 1974. (Studien zur Germanistik, Studienreihe Humanitas). v.a. S. 20ff.

34 Vgl. Friedrich Dürrenmatt: Der Tunnel. A.a.O.

Fahrt in den Abgrund entgegen. Doch seine Geschichte will gerade keine Traumerzählung sein; sie legt mit ihren detaillierten Orts- und Zeitangaben alles Gewicht darauf, eine tatsächliche Wirklichkeit widerzuspiegeln, nämlich den Einbruch des Ungeheuerlichen, des Schrecklichen und Entsetzlichen in den scheinbar gesicherten Alltag des Nachkriegseuropäers.

Der Mythos hat also keineswegs abgedankt. Vielmehr nimmt die Eisenbahn einen hervorragenden Platz unter den modernen „Mythen des Alltags" ein. Die bisherige, allgemeine Beschreibung übergeht allerdings, daß die Bahn auch ein spezifisch deutscher Mythos ist.[35] So stammt vom Dampfmaschinendichter Geibel[36] wohl kaum zufällig auch die Parole, es möge „am deutschen Wesen / Einmal noch die Welt genesen".[37] Die Deutschen und die Eisenbahn, das ist von jeher weit mehr als nur eine Zufallsbekanntschaft. Auch der Grund für den weltweiten Ruf der Deutschen, ein besonders pünktliches Volk zu sein, liegt in der Organisation ihres Eisenbahnwesens. Nachdem 1880 die Eisenbahnzeit (= Greenwich-Zeit) allgemeine Standardzeit für ganz England geworden war, führte Deutschland 1893 die entsprechende Zonenzeit ein.[38] Damit trat die „Verwandlung des Fremdzwangs der sozialen Zeitinstitution in ein das ganze Leben umgreifendes Selbstzwangmuster des einzelnen Individuums"[39] in ihre letzte Phase – in Deutschland freilich außergewöhnlich nachhaltig. So berichtet Norbert Elias in seinem Buch *Über die Zeit* von einer „Frau aus Südamerika, die bei ihrer Rückkehr aus Deutschland als eine ihrer erstaunlichsten Erfahrungen berichtete, daß dort sogar die Bahnhofsuhren nicht nur zwei Zeiger, für Stunden und Minuten, sondern noch einen dritten, einen Sekundenzeiger haben".[40] Nicht weniger sprichwörtlich als die deutsche Pünktlichkeit ist inzwischen der deutsche

35 Vielleicht ist gerade das eine Erklärung dafür, daß die Bahn im entsprechenden Buch von Roland Barthes fehlt. (Vgl. R.B.: Mythen des Alltags. Deutsch v. H. Scheffel. Ffm., 1964.)

36 Vgl. auch Emanuel Geibel: Die junge Zeit. In: E.G.: Gesammelte Werke. Bd. III. A.a.O. S. 52–54.

37 Emanuel Geibel: Deutschlands Beruf. In: E.G.: Gesammelte Werke. Bd. IV. A.a.O. S. 214f.

38 Vgl. Wolfgang Schivelbusch: Geschichte der Eisenbahnreise. A.a.O. S. 44.

39 Norbert Elias: Über die Zeit. Arbeiten zur Wissensoziologie II. Hg.v. M. Schröter. Aus dem Englischen übers. v. H. Fliessbach u. M. Schröter. Ffm., 1984. S. XVIIIf.

40 Ebenda, S. 69f.

Vater, der unter dem ebenso typisch-deutschen Weihnachtsbaum mit der neuen Modelleisenbahn seines Sohnes spielt. Und wie, wenn nicht auf dem Hintergrund einer engen Verwandtschaft, könnte der Liedermacher Reinhard Mey die Geschichte Deutschlands im 20. Jahrhundert, die freilich in großen Teilen eine Geschichte der Rüstung und des Krieges war, als eine Geschichte der Eisenbahn schreiben?[41] Die Schlachtfelder der beiden von Deutschen begonnenen Weltkriege wären ohne das Transportmittel Eisenbahn ebenso undenkbar wie die Deportation von Millionen Menschen in die Vernichtungslager des „Dritten Reiches".

Diese enge Verbindung von Bahn und Zeitgeist im Rahmen einer „motorisierte[n] Geschichte"[42] hat sich auch nach 1945 erhalten. Zwar bekam die Bahn mit dem Auto eine Konkurrenz, die die Erfahrung selbstbeweglicher Individualität zum neuen Maßstab des gesellschaftlichen Mobilitätsgefühls machte. Gerade zu Beginn der fünfziger Jahre verkörperte das Automobil aufs Sinnfälligste den Wechsel in der historischen Erfahrung der Deutschen von der Trümmermentalität zum „Wir haben es geschafft"-Pathos.[43] Doch die ersten Nachkriegsjahre gehören noch ganz der Bahn, und auch später bleibt sie eine zentrale literarische Metapher für den inneren Zustand der Bundesrepublik.

Johannes Mahr nennt in diesem Zusammenhang zurecht vor allem Wolfgang Koeppens Roman *Das Treibhaus* aus dem Jahr 1952.[44] Zu Beginn des Textes reist der Bundestagsabgeordnete Keetenheuve „im Schutze der Immunität" mit dem Nibelungenexpreß durch die junge Republik:

> Es dunstete nach neuem Anstrich, nach Renovation und Restauration; es reiste sich gut mit der Deutschen Bundesbahn; außen waren die Wagen blutrot lackiert. Basel, Dortmund, Zwerg Alberich und die Schlote des Reviers; Kurswagen Wien Passau, Fememörder Hagen hatte sich's bequem gemacht; Kurswagen Rom München, der Purpur der Kardinäle lugte durch die Ritzen verhangener

---

41 Reinhard Mey: Die Eisenbahnballade. In: Balladen. Bln., 1988.

42 Max Horkheimer; Theodor W. Adorno: Dialektik der Aufklärung. A.a.O. S. 12.

43 Vgl. Wolfgang Sachs: Die Liebe zum Automobil. Ein Rückblick in die Geschichte unserer Wünsche. Reinbek, 1984. S. 80f.

44 Vgl. Johannes Mahr: Eisenbahnen in der deutschen Dichtung. A.a.O. S. 266f.

> Fenster; Kurswagen Hoek van Holland London, die Götterdämmerung der Exporteure, die Furcht vor dem Frieden.[45]

Der Abschnitt gehört in die Reihe der mythisch durchsetzten Romananfänge Koeppens. Mit der Impression „Flieger waren über der Stadt, unheilverkündende Vögel“, beginnen die *Tauben im Gras*, mit „Es war einmal eine Zeit, da hatten Götter in der Stadt gewohnt“, setzt der *Tod in Rom* ein. Den bedrohlichen Flugzeugen im ersten Band der Koeppenschen Trilogie entspricht im letzten das Motiv des schwarzen Automobils, dem der Faschist Judejahn entsteigt. Im *Treibhaus* nun, dazwischen, das mit dem Nibelungenmythos verbundene Bild der Bahn, das zugleich ein Spiegel gesellschaftlicher Zustände zwischen Renovation und Restauration ist. Das Blut an den Waggons ist nicht abgewischt, sondern im gleichen Farbton übermalt, und die anhand der Schilder entfaltete Assoziationskette spiegelt die deutsche Geschichte in den Mythos zurück. Wie schon bei Borchert zerfällt die Welt dabei in eine Reihe von Worten, zusammengehalten nur vom „Wagalaweia“ der Räder und dem ihm entsprechenden Gang der Gedanken. Das ruft bei Koeppens Protagonist Keetenheuve nicht zufällig die Erinnerung an die unmittelbare Nachkriegszeit wach, die ihn während der ganzen Fahrt am ruhigen Schlaf hindert.

Auch in Uwe Johnsons *Mutmaßungen über Jakob* (1959) ist das Eisenbahnmotiv gleichzeitig Initial der Erzählung und mythisches Motiv. Johnson, selbst Sohn einer zeitweilig als Schaffnerin tätigen Mutter und Freund der Eisenbahn, beschreibt zu Beginn einen Gang des vom Zug überfahrenen Helden und Eisenbahners Jakob, quer über die Gleise: „Je mehr er unter seinen Turm kam verdunsteten seine Umrisse zwischen den finster massigen Ungeheuern von Güterzugwagen und kurzatmigen Lokomotiven, die träge ruckweise kriechend den dünnen schrillen Pfiffen der Rangierer gehorchten im Nebel des frühen Morgens auf den nass verschmierten Gleisen“.[46] Der Bahnhof als Zirkus, auf dem die nur scheinbar domestizierten Maschinenungeheuer ihre Dompteure überfah-

---

45 Wolfgang Koeppen: Das Treibhaus. In: W.K.: Tauben im Gras. Das Treibhaus. Der Tod in Rom. Drei Romane. Ffm., 1986. S. 241.

46 Uwe Johnson: Mutmaßungen über Jakob. Roman. Ffm., 1959. S. 7.

ren – das ist nicht nur eine originelle, sondern auch eine konsequente Weiterentwicklung der Borchertschen Beschreibung der Bahn als Bestie.

Daß die in der Nachkriegszeit geschmiedete eilige Allianz zwischen Bahn und Buch bis heute hält, läßt sich ebenfalls am Beispiel Johnsons belegen. Am 5. September 1992 reiste eine Hundertschaft von Schriftstellern mit einem Sonderzug von Berlin nach Güstrow in Mecklenburg, wo Johnson bis 1959 lebte und dem er in seinem Werk ein Denkmal setzte. Auch bei dieser literarischen Pilgerfahrt – exakt 23 Monate nach der Einsenkung des Kanzlerwagens in das Bonner „Haus der Geschichte" – war die Zeitgeschichte als Eisenbahngeschichte präsent: Der Zug in dem die Literaten auf den Spuren und zum Gedenken des aus der DDR emigrierten Autors saßen, führte als letzten Anhänger den leeren Salonwagen Erich Honeckers.

„So ein Zug hat gleich etwas Nationales."[47] Martin Walser, der mit dieser Bemerkung 1965 seinen Text *Deutsche Szene im Zug* einleitete, ließ sich bei der Johnson-Gedenkfahrt durch Tochter Alissa vertreten. Dabei hätte er zum Thema „Literatur parallel und quer zum Schienenstrang" sicherlich Interessantes zu sagen gewußt. Schon 1964 begann er seine Erzählung *Eine Pflicht in Stuttgart* mit dem programmatischen Satz: „Den Einfluß, den die für mich undurchschaubaren Fahrpläne der Eisenbahn auf mein Schicksal haben, wird mit jeder Bahnfahrt größer."[48] Der Ich-Erzähler, der in Stuttgart nur auf einen Anschluß warten wollte, bleibt aufgrund einer Bahnhofsbekanntschaft dort neun Monate hängen. Die lebensbestimmende Macht der Bahn, die in den ersten Nachkriegsjahren so körperlich wir nur irgend möglich erfahren wurde, prägt auf indirektere Weise die literarische Verwendung des Motivs bis heute. So ist es sicherlich kein Zufall, daß die Szene der Bahnfahrt bei der Gestaltung von Romananfängen so beliebt ist.[49] In Walsers *Verteidigung der Kindheit* (1991) beispielsweise bedeutet sie für den Helden Alfred Dorn eine

---

47 Martin Walser: Deutsche Szene im Zug. In: M. W.: Erfahrungen und Leseerfahrungen. Ffm., 1965.

48 Martin Walser: Eine Pflicht in Stuttgart. In: M. W.: Lügengeschichten. Ffm., 1964. S. 71.

49 Vgl. neben den erwähnten Texten und dem behandelten Roman von Koeppen auch den Anfang von Helmut Heißenbüttels *Projekt Nr. 1. D'Alemberts Ende*. Neuwied, Bln., 1970.

Art „rite de passage“, wobei räumliche Grenzüberschreitung und zeitlicher Beginn eines neuen Lebensabschnitts zusammenfallen.[50] Bei Hanna Johansen, die mehrere ihrer Romane mit Bahnreisen beginnen läßt, ist eine ähnliche Funktion festzustellen: „Die Sache ist die, daß ich im Zug sitze. Der Zug fährt,“[51] erklärt die Ich-Erzählerin in *Die stehende Uhr* von 1978 und im zehn Jahre später erschienenen Roman *Ein Mann vor der Tür* heißt es noch direkter: „Ich saß im Zug nach Süden, um meinem Leben eine neue Richtung zu geben“.[52] Diesen Satz hätte auch schon Franziska in Alfred Anderschs *Die Rote* (1960) sprechen können, die zu Beginn des Romans auf die Frage nach ihrem Ziel am Fahrkartenschalter „irgendwohin“ antwortet und ein Ticket nach Venedig erhält.[53]

Noch ferner liegt das Ziel des Jünglings Andreas in einer von Wolfgang Hildesheimers zwischen 1948 und 1958 entstandenen *Lieblosen Legenden.* Mit dem Entschluß, »sein Leben der Suche nach der Wahrheit zu widmen«,[54] deren Quelle er im Orient vermutet, besteigt er den Zug nach Istanbul. Doch als seine Ablehnung aller verlogenen Konvention ihn nicht nur dazu verleitet, sich aus dem Fenster zu lehnen, sondern auch die Notbremse zu ziehen, gerät er in Verwicklungen. Dagegen stellt dieses Mittel, den Zug zum Stehen zu bringen, in Jakov Linds Erzählung *Reise durch die Nacht* (1962) die einzige Möglichkeit dar, um im Abteil zwischen Nizza und Paris der alptraumhaften Bedrohung durch einen mitfahrenden Menschenfresser zu entgehen.[55] Nicht ganz unnötig erscheint es auf diesem Hintergrund, wenn ein Bahnbeamter im ersten Kapitel von Klaus Nonnenmanns Roman *Teddy Flesh* dem Reisenden, der in einer „Art Notwehr, seinen arg aufgeputschten Nerven gegenüber“ die Notbremse gezogen hat, angesichts der drohenden Bestrafung versichert,

---

50 Vgl. Martin Walser: Die Verteidigung der Kindheit. Roman. Ffm., 1991.

51 Hanna Johansen: Die stehende Uhr. Roman. Mchn., Wien, 1978. S. 5.

52 Hanna Johansen: Ein Mann vor der Tür. Roman. Mchn., Wien, 1988. S. 5. – Zum Motiv vgl. auch den Anfang von *Zurück nach Oraibi.* Roman. Zürich, 1986.

53 Vgl. Alfred Andersch: Die Rote. Roman. Neue Fassung. Zürich, 1972.

54 Wolfgang Hildesheimer: Die Suche nach der Wahrheit. In: W.H.: Lieblose Legenden. Ffm., 1983. S. 22. – Zum Eisenbahnmotiv vgl. im selben Band v.a. auch die Erzählung *Eine größere Anschaffung,* S. 11–13.

55 Vgl. Jakov Lind: Reise durch die Nacht. In: J.L.: Eine Seele aus Holz. Neuwied, Bln., 1962. S. 107–115. – Vgl. auch den Anfang der Titelerzählung.

„man sei ja kein Menschenfresser".[56] Hier wird der mythische Charakter der Eisenbahn als menschenverschlingendes Ungeheuer zitiert und variiert. Der Griff zur Notbremse symbolisiert den verzweifelten Versuch, unter Einsatz äußerster Mittel der bedrohlichen Macht der Bahn zu entkommen und selbst wieder Herr des eigenen Schicksals zu werden.

Die Möglichkeiten für Komplikationen, die die scheinbar so geordnete Zugfahrt wieder zum aus der Nachkriegszeit bekannten Abenteuer werden lassen, sind fast unbegrenzt. Auch von der Bahn zu verantwortende Verwirrungen tauchen in der Nachkriegsliteratur in den unterschiedlichsten Varianten auf – angefangen mit dem Problem, eine günstige Verbindung zu finden, von dem Peter Handkes Text *Zugauskunft*[57] spricht; dann das alltägliche Unglück, im falschen Zug zu sitzen, das Kurt Kusenberg ebenso zum Thema einer Erzählung gemacht hat wie den weniger alltäglichen Fall, daß betrunkenes Lokpersonal den Zug an den Haltebahnhöfen vorbeirasen läßt;[58] und schließlich einzelne Extremsituationen wie in Ilse Aichingers Roman *Die größere Hoffnung*, wo ein Zugführer selbst nicht mehr weiß, wohin die Reise geht, und sich erst einmal auf die Suche nach dem Ziel macht.[59] In einer Erzählung von Reinhard Lettau hat ein (imaginäres) neues Kursbuch denselben Verunsicherungseffekt für die Reisenden. Aufgestellt wird es von einem, Peter Bichsels späterem *Mann mit dem Gedächtnis*[60] verwandten Eisenbahnliebhaber, der dem „höheren, in ihm selbst liegenden Inkommensurablen"[61] des Fahrplans endlich zur Geltung verhelfen will.

56 Klaus Nonnenmann: Teddy Flesh. Roman. Ffm., 1988. S. 11. – Vgl. vom gleichen Autor auch die Eisenbahnerzählung *Kurswagen nach Rom*. In: K.N.: Vertraulicher Geschäftsbericht. Olten, Freiburg, 1961. S. 104–111.

57 Peter Handke: Zugauskunft. In: P.H.: Die Innenwelt der Außenwelt der Innenwelt. Ffm., 1972. S. 16–18.

58 Vgl. Kurt Kusenberg: Im falschen Zug. In: K.K.: Gesammelte Erzählungen. Reinbek, 1969. S. 503–508; Der Lokomotivführer hat Geburtstag. Ebenda, S. 265–273.

59 Vgl. Ilse Aichinger: Die größere Hoffnung. Amsterdam, 1948. S. 276–284.

60 Peter Bichsel: Der Mann mit dem Gedächtnis. In: P.B.: Kindergeschichten. Neuwied, Bln., 1969. S. 61–69.

61 Reinhart Lettau: Ein neuer Fahrplan. In: R.L.: Schwierigkeiten beim Häuserbauen. Mchn., 1962. S. 18–27.

Angesichts der Bedeutung, die die Fahrpläne der Eisenbahn für Texte der deutschen Nachkriegsliteratur und ihre Protagonisten haben, kann es kaum überraschen, daß auch eine der wichtigsten literarischen Zeitschriften seit 1965 den Titel *Kursbuch* trägt. Zu dessen „Absicht" schrieb Herausgeber Hans Magnus Enzensberger seinerzeit: „Kursbücher schreiben keine Richtungen vor. Sie geben Verbindungen an, und sie gelten so lange, wie diese Verbindungen. So versteht die Zeitschrift ihre Aktualität."[62] Daß diese Aktualität weiterhin besteht, beweist die inzwischen auf über hundert Ausgaben angewachsene *Kursbuch*-Reihe. Dennoch meinte Marcel Reich-Ranicki nicht die Zeitschrift, sondern den Fahrplan der Bundesbahn, als er in seinem Jahresrückblick 1991 halb ironisch das erste gesamtdeutsche Kursbuch neben dem neuen *Duden* als wichtigstes Buch der letzten zwölf Monate nannte.[63] Er mag dabei an den Roman *Tynset* des 1991 verstorbenen Autors Wolfgang Hildesheimer gedacht haben, in dessen Werk das Eisenbahnmotiv präsent ist, „wohin man sieht und liest".[64] In *Tynset* studiert der Ich-Erzähler, zurückgezogen im Gebirge lebend und an chronischer Schlaflosigkeit leidend, das Kursbuch der norwegischen Staatsbahnen. Seine Gedanken hangeln sich an den Zeiten und Orten entlang, verlieren sich im „Spielraum, den die Daten einer Ankunft oder einer Abfahrt nur ungefähr umreißen",[65] Vergangenes und Gegenwärtiges aus der deutschen Geschichte wie aus der eigenen Biographie assoziierend. – „Denk ich an Deutschland in der Nacht, dann bin ich um den Schlaf gebracht",[66] könnte das Motto dieser ‚Aufarbeitungsleistung'[67] sein, vollbracht von einem Autor, der 1946 als Silmultandolmetscher die Nürnberger Prozesse begleitete und dokumen-

62 Ankündigung einer neuen Zeitschrift. In: Kursbuch. Hg.v. H.M. Enzensberger. Bd. I: Kursbuch 1–10, 1965–1967. Ffm., (o.J.). S. I.

63 Vgl. Marcel Reich-Ranicki im ARD-Jahresrückblick vom 29.12.91, 21.10 Uhr.

64 Hans Helmut Hillrichs: Der Dichter und die Eisenbahnen. Annäherung an Wolfgang Hildesheimer. In: Wolfgang Hildesheimer: Ich werde nun schweigen. Gespräch mit H.H.H. in der Reihe „Zeugen des Jahrhunderts". Hg. v. I. Hermann. Göttingen, 1993. S. 7.

65 Wolfgang Hildesheimer: Tynset. Ffm., 1965. S. 11.

66 Heinrich Heine: Nachtlied. In: H.H.: Sämtliche Schriften. Hg.v. K. Briegleb. Bd. IV. Darmstadt, 1971. S. 432f.

67 Vgl.: Wolfgang Hildesheimer: Tynset. A.a.O. S. 101: „Gut also, ich werde ein wenig aufarbeiten, [...]".

tierte. Der Ort „Tynset“, auf den Hildesheimers Kursbuchleser stößt und der ihn wegen seiner Unbekanntheit und scheinbaren Geschichtslosigkeit fasziniert, ist der Gegenpol zu einem unter den Schatten seiner Vergangenheit stehenden „Tyskland“.[68] Ist der Erzähler aus diesem schon länger geflohen, wird ihm nun jener zum Ziel. Auch wenn er die lange Bahnfahrt schließlich nicht antritt, ist er doch anhand des Kursbuches in Gedanken den ganzen Text hindurch dorthin unterwegs. So wird der Fahrplan der Bahn zu einem erzählerischen Leitfaden und sie selbst dem im Exil lebenden Kursbuchleser vom Gefährt zum Gefährten.

Auch in Gerhard Köpfs 1985 erschienenen Roman *Die Strecke*, der in einem Maße durch das Eisenbahnmotiv geprägt ist, daß sich die Ergebnisse dieser Arbeit an ihm noch einmal insgesamt rekapitulieren ließen, rührt die enge Bindung des Protagonisten an die Bahn weniger aus Fahrerfahrungen als vielmehr aus Gedankengängen. Dabei ist der Bahnwärter, der beim Abschreiten seiner von der Stillegung bedrohten Strecke, von Schwelle zu Schwelle gehend, „schweigende Selbstgespräche“[69] führt, Uwe Johnsons Streckendispatcher Jakob ebenso nah wie dem Ich-Erzähler Hildesheimers. Doch Köpf hat in noch stärkerem Maße als Johnson einen „Eisenbahn-Roman“ geschrieben. Bei ihm wird die Bahn auf dem Hintergrund ihres eigenen Verschwindens – auf der Strecke des Ich-Erzählers fahren schon keine Züge mehr – noch einmal zum bestimmenden Motiv eines Lebenslaufes und einer Lesereise.

Die Literatur der ersten Nachkriegsjahre stand bei diesem Projekt offensichtlich Pate. Auch bei Köpf erscheint die Bahn als Schicksalsmacht, deren „Weltfahrplan“[70] den Gang der Dinge bestimmt. Für den, der sich einmal mit ihr eingelassen hat, werden Entscheidung und Schicksal eins. Und wie bei Borchert, den Köpf stellenweise wörtlich aufnimmt, wird die Nähe zur Bahn bis zur fiktiven Identifikation vorangetrieben.

> Ich verwandle mich in einen Zug, trage die schwarze Haut, die immer wieder poliert, geölt und matt lackiert wird.

---

68 Zu *Tynset* als Deutschlandbuch vgl. Hilde Domin: „Denk ich an Deutschland in der Nacht“. In: H.D.: Aber die Hoffnung. Autobiographisches über Deutschland. Mchn., Zürich, 1982. S. 96–111.

69 Gerhard Köpf: Die Strecke. Roman. Frankfurt am Main, 1985. S. 7. – Vorabdruck dreier Kapitel unter dem Titel *Schwellengang*. Weingarten, 1984.

70 Ebenda, S. 21.

> Ich stehe für Fernweh und den Ritt in den Abgrund, für das ganz große Unglück und die Verheißung, auch noch das entfernteste Ziel erreichen zu können, indes ich auf das Umspringen einer Weiche warte und die tanzenden Mücken über den Brennesselstauden der handtuchschmalen Eisenbahnergärtchen am Rand des Schienenstrangs zur großen Welt zähle.
>
> Meinetwegen überschlagen sich scheppernde Lautsprecherstimmen.
>
> Ich färbe weißgestrichene Lattenzäune schwarz.
>
> Ich grüße die Schutthalden entlang der Gleise.
>
> Ich bewahre die nur von Stationen unterbrochenen Träume der Schlafwagen.
>
> Ich zerfetze jede Erinnerung, denn ich bin die Vergangenheit, wie ich die Hoffnung auf eine ungewisse Zukunft bin.
>
> Sobald ich in Fahrt gerate, kann mich keiner mehr aufhalten.
>
> Ich beginne zu schweben.
>
> Ich befahre die Strecke: den Reißverschluß zwischen Himmel und Erde. Mein Ziel ist jener Punkt im Unendlichen, an dem alle Gleise zusammenlaufen.
>
> Ich dampfe ab und pfeife drauf.[71]

In seiner Imagination eignet sich der Erzähler das Machtpotential der Bahn selbst an. Diese ins Bewußtsein des Siegers führende Verwandlung wird auch hier durch ein verborgenes „Inkommensurables" ermöglicht, das in seiner mythischen Aufladung sogar die Verheißung einer Transzendenzerfahrung birgt. Die „Vorstellung, als verknoteten sich eines Tages die Schienen im Unendlichen, und ich wäre Zeuge dieses Wunders",[72] ermutigt den Bahnbeamten, die „Kunst" des Vergeblichen,[73] den ungebeugten Gang entlang der unbefahrenen Gleise nicht aufzugeben. Zugleich will er dabei eine Welt, die ihm „nichts als eine Anspielung auf das Unheil" zu sein scheint – die Welt der Eisenbahn nämlich – durch erinnerndes Erzählen aus dem „Joch der Vergangenheit" befreien.[74] Indem er sich so nicht nur in einen Zug, sondern in die Geschichte der Eisenbahn verwandelt, wächst ihm selbst mythische Schicksalsmächtigkeit zu. Daß er sich und andere zwingt, die Vergangenheit „noch einmal zu erleben", nennt er selbst den „Fluch", den er über die Stillegung der Strecke verhängt.[75] Am schmerzhaftesten wird diese Erinnerungsarbeit, wenn die nationale Bedeutung der Bahn zur Sprache kommt:

---

71 Ebenda, S. 19f.

72 Ebenda, S. 22.

73 Ebenda, S. 27.

74 Vgl. ebenda, S. 26f..

75 Vgl. ebenda, S. 20.

> [...] wir errichten das Nationalverteidigungsinstrument, wir ermöglichen das Kulturbeförderungsmittel, wir walten als Assekuranzanstalt gegen Teuerung und Not, als Gesundheitsanstalt und Stärkungsmittel des Nationalgeistes, als Nervensystem des Gemeingeistes wie der gesetzlichen Ordnung, wir vom Gleisbau legen einen festen Gürtel um die Lenden der deutschen Nation. [...] Aber was haben sie daraus gemacht? Was ist aus unserer Plagerei geworden? Ein Feldeisenbahnwesen, tauglich für die Anforderung eines Mehrfrontenkrieges, der Stolz der deutschen Heeresleitung. Dabei hätte die Eisenbahn doch der Leichenwagen des Unrechts sein können.[76]

Es macht die nicht abtragbare Schuld der Bahn aus, daß sie auch mit den Güter- und Viehwaggons, die dem Terrorregime des „Dritten Reiches" für seine Todestransporte dienten, „Leichenwagen des Unrechts" nicht im Sinne des genitivus objectivus, sondern des genitivus subjectivus geworden ist. Der von Köpf in diesem Zusammenhang zitierte Satz „Mir war aber, als führe ich mit der Eisenbahn in das Herz meines Volkes hinein"[77] enthüllt jenseits aller Romantik seine bitterste Wahrheit.

Wird man dem Motiv der Bahn in der deutschen Literatur also nur gerecht, wenn man seine nationale Gebundenheit berücksichtigt, so würden die vorliegenden philologischen und literarischen Studien nach dem Urteil von Ernst Robert Curtius wohl dennoch nur dem geisteswissenschaftlichen Stand von 1850 entsprechen,[78] wenn sie den Blick nicht auch für die Verwendung des Motivs in anderen europäischen Literaturen öffnen würden. Deshalb sei an dieser Stelle auf zwei Autoren aus dem romanischen Sprachraum wenigstens verwiesen. Antoine de Saint-Exupery beschreibt in seinem „Weltraummärchen" *Der kleiner Prinz*, das in Frankreich schon 1943, in deutscher Übersetzung 1950 erschien, die existentielle Situation des modernen Menschen mit einer Eisenbahnparabel. Der kleine Prinz trifft einen „Weichensteller", der die Reisenden nach Tausenderpaketen sortiert, „bald nach rechts, bald nach links" schickt:

---

76 Ebenda, S. 30f.

77 Ebenda, S. 42.

78 Dieser Stand war für Curtius „von 1950 aus gesehen ebenso veraltet wie das Eisenbahnsystem von 1850", nur – die Eisenbahnen habe man „modernisiert, das System der Traditionsübermittlung nicht." (E.R. Curtius: Europäische Literatur und lateinisches Mittelalter. Bern, ^{6}1967. S. 27.)

Und ein lichterfunkelnder Schnellzug, grollend wie der Donner, machte das Weichenstellerhäußchen erzittern.

„Sie haben es sehr eilig", sagte der kleine Prinz. „Wohin wollen sie?"

„Der Mann von der Lokomotive weiß es selbst nicht", sagte der Weichensteller.

Und ein zweiter blitzender Schnellzug donnerte vorbei, in entgegengesetzter Richtung.

„Sie kommen schon zurück?", fragte der kleine Prinz...

„Das sind nicht die gleichen", sagte der Weichensteller. „Das wechselt."

„Waren sie nicht zufrieden dort, wo sie waren?"

„Man ist nie zufrieden dort, wo man ist", sagte der Weichensteller. Und es rollte der Donner eines dritten Schnellzuges vorbei.

„Verfolgen diese die ersten Reisenden?" fragte der kleine Prinz.

„Sie verfolgen gar nichts", sagte der Weichensteller. „Sie schlafen da drinnen oder sie gähnen auch. Nur die Kinder drücken ihre Nasen gegen die Fensterscheiben."[79]

Das Leben als zielloses Hin und Her, wie es Saint-Exupery hier beschreibt, war für die deutschen Leser von 1950 gerade in Verbindung mit dem Eisenbahnmotiv keine neue, und deshalb eine sehr gut nachvollziehbare Erfahrung. Kein Wunder, daß das Buch schon bald nach seinem Erscheinen auch in Deutschland zum Bestseller wurde.

Am anderen Ende der literarischen Tradition, die das Eisenbahnmotiv innerhalb der europäischen Nachkriegszeit ausgebildet hat, steht das erste Kapitel in Italo Calvinos Roman *Wenn ein Reisender in einer Winternacht*. „Der Roman beginnt auf einem Bahnhof, eine Lokomotive faucht, Kolbendampf zischt über den Anfang des Kapitels, Rauch verhüllt einen Teil des ersten Absatzes."[80] Das ist, wohlgemerkt, der Beginn eines Romans, nicht die sekundäre Wiedergabe seines Inhalts. Calvino spielt mit dem Verhältnis von Gegenstand, Text und Lektüre. Bei ihm „wird das Milieu ‚Bahnhof' und der materielle Text, der Vorgang in der Lebenswelt und der Vorgang in der Lektüre, so ineinander gespiegelt, daß der Prozeß der Verschriftlichung an ihrem Gegenstand selbst vor Augen tritt."[81] Hans Robert Jauss, der diese Erkenntnis so formuliert hat, ver-

79 Antoine de Saint-Exupery: Der kleine Prinz. Mit Zeichnungen des Verfassers. Ins Deutsche übertragen von G. u. J. Leitgeb. Düsseldorf, 1956. S. 72f.

80 Italo Calvino: Wenn ein Reisender in einer Winternacht. Aus dem Italienischen von Burkhart Kroeber. Mchn., Wien, 1983. S. 15.

81 Hans Robert Jauß: Studien zum Epochenwandel der ästhetischen Moderne. Ffm., 1989. S. 285.

mutet, daß diese spezifische Figur der Selbstreflexivität von Calvino „erfunden" ist. Die Ergebnisse der vorliegenden Arbeit sprechen eher dafür, daß der Autor hier die Erfahrung der Weltwahrnehmung vom Eisenbahnfenster aus auf die Literatur übertragen hat. „Die Buchseiten sind beschlagen wie die Fenster eines alten Zuges",[82] schreibt Calvino selbst. Auch der reisende Betrachter wird ja immer wieder auf sich selber und die Bedingungen seiner Wahrnehmung zurückgeworfen. Ist aber das Blatt des Buches das vernebelte Fenster, durch das der Leser auf die ihm dargebotene Wirklichkeit blickt, dann ist die „Vermischung der Bildfelder von Bahnhof und Buch, Abfahrt der Lokomotive und Anfang des Kapitels"[83] in der Tat „mehr ist als nur kühne Metaphorik". Calvinos Bahnhofskapitel ist dann eine zu lesende Bahnreise.

2. Schwellenkunde

Von Passagier und Passage

Dieses letzte Kapitel der vorliegenden Arbeit soll nicht mehr als ein essayistisches Nachwort sein. Es versucht, einen bereits wiederholt angeklungenen, aber noch nicht konsequent verfolgten Gedanken auszuführen. Dabei sollen gleichzeitig die Ergebnisse dieser Arbeit in einen größeren Rahmen gestellt werden. Zu fragen ist nach der besonderen Rolle des Eisenbahn-Motivs in der Literatur der Moderne überhaupt.

Der Titel dieses Kapitels verweist auf Walter Benjamin und dessen epochales *Passagen-Werk*. Was hat dieser Entwurf einer „materiale[n] Geschichtsphilosophie des neunzehnten Jahrhunderts"[84] mit dem Eisenbahnmotiv in der Literatur der Nachkriegszeit zu tun? – Benjamin plante die Teile seiner kommentierten Zitatmontage um Themen wie ‚Passagen,

82 Italo Calvino: Wenn ein Reisender in einer Winternacht. A.a.O. S. 15.

83 Hans Robert Jauß: Studien zum Epochenwandel der ästhetischen Moderne. A.a.O. S. 285.

84 Rolf Tiedemann: Einleitung des Herausgebers. In: Walter Benjamin: Das Passagen-Werk. Hg.v. Rolf Tiedemann. Bd. I. Ffm., 1983. S. 11.

Panoramen und Weltausstellungen, Interieur und Mode, Sammler und Flaneur' herum anzuordnen. In einer späteren, nachdrücklicher auf die Sozialgeschichte rekurrierenden Konzeption kam unter anderem auch das Thema der Eisenbahn hinzu. Benjamins Interesse an diesen Motiven galt ihrem gemeinsamen Schwellencharakter, ihrer Übergangsform. Sie sind für ihn „Rückstände einer Traumwelt",[85] „Lumpen"[86] aus der „Urgeschichte" der Moderne, die im dialektischen Denken, dem „Organ des geschichtlichen Aufwachens",[87] zugleich aber auch als Keim einer neuen Epoche erkennbar werden. „In dem Traum, in dem jeder Epoche die ihr folgende in Bildern vor Augen tritt, erscheint die letztere vermählt mit Elementen der Urgeschichte, das heißt einer klassenlosen Gesellschaft. Deren Erfahrungen, welche im Unbewußten des Kollektivs ihr Depot haben, erzeugen in Durchdringung mit dem Neuen die Utopie, die in tausend Konfigurationen des Lebens, von den dauernden Bauten bis zu den flüchtigen Moden, ihre Spur hinterlassen hat."[88]

Die zahlreichen Entsprechungen, die das in dieser Arbeit betrachtete Textkorpus zu den von Benjamin ins Zentrum gerückten Motiven bietet, lassen eine Anwendung seiner geschichtsphilosophischen These auch auf die Epoche der Nachkriegszeit fruchtbar erscheinen. So kann die Eisenbahnreise der Nachkriegsjahre als die Passage des 20. Jahrhunderts gelten, der Passagier als sein Flaneur; das Abteil ist sein – umgekehrtes – Museum, das Fensterbild sein Panorama. Die gewendeten „Lumpen" des 19. Jahrhunderts werden mit den regressiven Tendenzen der Nachkriegszeit zum Kleid einer Mini-Epoche, die die Urgeschichte der Moderne noch einmal im Zeitraffer wieder-holt. Ihrem Schwellencharakter gemäß, in dem Benjamin die Moderne sich ankündigen sah, gehören sie auch hier zu einer Zeit des Umbruchs, die von Absetzungsbewegungen gegen das Jüngstvergangene nicht weniger geprägt ist als von Bildphantasien des Neuen. Das Archaische, das mit dem Krieg und seinen Folgen das „Moderne" an vielen Stellen verdrängt hat, wirkt dabei ebenso bestim-

---

85 Walter Benjamin: Paris. Die Hauptstadt des XIX. Jahrhunderts. In: W.B. Das Passagen-Werk. Bd. I. A.a.O. S. 59.

86 Walter Benjamin: Das Passagen-Werk. Aufzeichnungen und Materialien. In: W.B. Das Passagen-Werk. Bd. I. A.a.O. S. 574.

87 Walter Benjamin: Paris. Die Hauptstadt des XIX. Jahrhunderts. A.a.O. S. 59.

88 Ebenda, S. 47.

mend wie der neue zivilisatorische Impetus. Wichtig ist freilich vor allem, daß das vom Krieg in nahezu vorindustriellem Zustand zurückgelassene Deutschland den Prozeß der Industrialisierung innerhalb weniger Jahre noch einmal durchmacht. Wie die mit der Eisenbahn verbundenen Hoffnungen auf sozialen Ausgleich belegen, wird dabei zugleich mit Elementen aus der Urgeschichte der Moderne auch hier der Gedanken einer „klassenlosen Gesellschaft" zitiert. Die zerbombten Bahnhöfe der Nachkriegszeit beherbergten noch Wartesäle des Zuges ad Utopiam. Auch wenn dessen Waggons heute, mehr als vier Jahrzehnte später, fast menschenleer auf einem Abstellgleis der Geschichte stehen, sind in den Eisenbahnreisen dieser Jahre doch „Spuren" der Hoffnung noch erhalten.

Aber nicht nur in wirtschaftlicher Hinsicht entsprach der Ausgangspunkt der Nachkriegsentwicklung der Situation von über hundert Jahren zuvor. Auch die veränderten Wahrnehmungsbedingungen und Verhaltensmuster der Eisenbahnreisenden können hier durchaus als repräsentativ gelten. Sie nehmen die Erfahrungen eines Jahrhunderts zurück, um sie in einem Jahrzehnt zu wiederholen. Benjamin bemerkte, daß die Entstehung der Passagen ebenso wie die Architektur der Ausstellungshallen über die im Schienenwesen liegenden Anfänge des Eisenbaus mit der Geschichte der Eisenbahn verbunden ist. Für den Bahnreisenden der Nachkriegszeit wird das Prinzip der Passage als einer „Welt im kleinen" noch einmal zum Modell der Welterfahrung. Zwischen diesen Beziehungspunkten liegt die ganze Breite der Erfahrungen, in denen die Moderne durch das Elementarmotiv der Eisenbahn maßgeblich geprägt ist. Es ist in allen seinen Variationen ebenso eine Chiffre der modernen Existenz im Unterwegs wie ein Symbol des Transitorischen überhaupt.[89]

Weiter denn als Lehrstück der Schwellenkunde auf geschichtsphilosophischem Gebiet führt Benjamins Werk allerdings noch als ein erzähltheoretisches Modell. Sein poetisches Verfahren, das statt dem Subjekt eines Helden oder der Person eines Erzählers die „Architektur" einer Stadt zum Organisationsprinzip des Textes nimmt, ist prägend für große Teile der Literatur im 20. Jahrhundert. Wie der Leser des *Passagen-Wer-*

---

89 Vgl. dazu z.B. die Verwendung des Eisenbahnmotivs bei Wolfgang Hilbig (Grünes grünes Grab. Erzählungen. Ffm., 1993) oder in der Titelerzählung von Brigitte Kronauers Band Hin- und herbrausende Züge. Stgt., 1993.

kes selbst zum Flaneur werden muß, macht die moderne Literatur die Flanerie zu einem „Strukturmerkmal“[90] ihres Erzählens. Grundlegend ist dafür, wie schon bei Benjamin, die „Kategorie des illustrativen Sehens“.[91] Der Flaneur schreibt „seine Träumerei als Text zu den Bildern“. An die Stelle eines zusammenhängenden und teleologischen Erzählens tritt dabei das Strukturprinzip der Montage. In ihrem Rahmen wird nicht mehr ‚eine Geschichte erzählt‘; vielmehr geht es um die Wiedergabe von Gedankengängen und Bewußtseinszuständen angesichts einer erlebten Realität. Alles Geschehen wird auf das wahrnehmende bzw. schreibende Subjekt zentriert, das als flanierendes Ich allein die Einheit der „Handlung“ verbürgt.

Diese poetologische Entwicklung liefert eine Erklärung dafür, warum die Eisenbahnfahrt in der modernen Literatur so oft zum bestimmenden Motiv wird. Sie kann nicht nur, wie die Romane von Hildesheimer, Köpf und Calvino gezeigt haben, textorganisierendes Prinzip und erzähltheoretisches Modell sein,[92] sondern ermöglicht auch, wie kaum ein Motiv sonst, eine adäquate Darstellung moderner Welt- und Ich-Erfahrung.[93] So spiegelt sich in der Situation des Eisenbahnreisenden das moderne Phänomen eines Abgrundes zwischen Ich und Welt ebenso wie zwischen Ich und Selbst. Der Erfahrung einer zerbrochenen Seinstotalität entspricht die Wahrnehmung vom Waggonfenster aus, bei der die Welt in eine Reihe von Bildern, Orten und Worten zerfällt. Zwar kann jeder Versuch, die verlorene Heimat wiederzugewinnen, auch hier nur „ein paradoxes Verschmelzen heterogener und diskreter Bestandteile zu einer immer wieder gekündigten Organik“[94] sein; stets bleibt eine, durch die Fensterscheibe noch verstärkte Distanz zur vorbeiziehenden Landschaft

---

90 Rüdiger Severin: Spuren des Flaneurs in deutschsprachiger Prosa. Ffm. u.a., 1988. (Bochumer Schriften zur deutschen Literatur, 6). S. 151.

91 Walter Benjamin: Das Passagen-Werk. Aufzeichnungen und Materialien. A.a.O. S. 528.

92 Vgl. dazu auch Peter Bichsel: Eisenbahnfahren. In: P.B.: Der Busant. Von Trinkern, Polizisten und der schönen Magelone. Darmstadt, 1985. S. 39–56.

93 Von dieser Qualität macht beispielsweise Jürgen Becker in seinem Text *Erzählen bis Ostende* Gebrauch (vgl. J.B.: Erzählen bis Ostende. Ffm., 1981).

94 Georg Lukács: Die Theorie des Romans. Ein geschichtsphilosophischer Versuch über die Formen der großen Epik. Darmstadt, Neuwied [11]1987. S. 73

bestehen.[95] Doch eben auf diesen paradoxen Verschmelzungsprozeß, den das Ineinander von Impression, Assoziation und Reflexion ermöglicht, kommt es an. In loser Bindung können sich die Gedanken des Reisenden an der Bewegung des Zuges orientieren. Dessen Mobilität bringt die Fragmente der Wahrnehmung und ihre inneren Entsprechungen in einen neuen Zusammenhang. Zustande kommt so ein „zerstreutes Hinausschaun“, wie es Reinhard Lettau anhand einer gleichnamigen Prosaskizze von Franz Kafka als Modell des Schreibens ausgemacht hat.[96] Um von dieser schöpferischen Qualität der Bahnfahrt zu profitieren, werden in der deutschen Nachkriegsliteratur selbst größere Ausgaben nicht gescheut: „Die Wahrheit ist, daß ich gern im Zug sitze und aus dem Fenster sehe, meine Phantasie in Gang kommen lasse und allerlei Pläne mache. Das einzige, was mich bisher daran gestört hat, war die Zumutung, irgendwo aussteigen zu müssen, weil die Fahrt zu Ende war. Aus diesem Grunde kaufte ich mir die Netzkarte.“[97]

Schließlich entfaltet sich für den Reisenden im erfahrenen Raum vor allem die Zeit seines Unterwegs. Die Strecke ist dabei eine Form materialisierter Geschichte. In ihr steckt „das Geheimnis der Zeit, verkörpert durch die zwei Schienen, von denen eine vorwärts zeigt, die andere aber zurück. Während die eine noch dauert, hat die andere schon begonnen. Und dennoch treffen sich beide erst im Unendlichen.“[98] Diese Konzeption steht freilich dem traditionellen, in der Parallelisierung von Leben und Geschichte linear-chronologisch strukturierten Erzählbegriff entgegen. Gerade deshalb aber kann die moderne Erzählung einer Eisenbahnreise nicht einfach Bericht eines Geschehens sein, sondern allenfalls die Entfaltung individuell erfahrener Zeit in einem poetischen Raum. Und deshalb ist der Bahnreisende, den man im Anklang an Gottfried Benn

95 Mit „Mobilität und Distanz“ nennt Günter Grass im *Rückblick auf die Blechtrommel* zwei für die Eisenbahnreise typische Kriterien als Hauptmerkmale seiner „entrückten“ Erzählperspektive. (Vgl. G.G.: Rückblick auf die Blechtrommel. A.a.O. S. 627.)

96 Vgl. Reinhard Lettau: Zerstreutes Hinausschaun. Vom Schreiben über Vorgänge in direkter Nähe oder in der Entfernung von Schreibtischen. Mchn., Wien, 1980. S. 191.

97 Sten Nadolny: Netzkarte. Mchn., 1981. S. 10.

98 Gerhard Köpf: Die Strecke. A.a.O. S. 297.

einen literarischen „Phänotyp" der Moderne nennen könnte,[99] auch der Prototyp des Zeitreisenden:

> Der Zeitreisende pendelte aus und verharrte schließlich in der Dimension, in der sich alle Prozesse abspielen, die wir *die Zeit* nennen. Er hatte gewaltige Abschnitte von ihr ausgelassen, war gelegentlich eingetaucht, hatte kurz die Realität wahrgenommen und sich wieder ausgeklinkt. Er empfand es als großartig und beängstigend zugleich, daß *er selbst* es war, der *rechts und links der Zeit* reiste und in ihr abschnittweise nicht existent war. Und doch interessierte ihn die Reise nicht, sondern allein ihr Ziel, denn er war auf der Suche nach dem Ort und der Zeit, wo er seinen großen Plan verwirklichen konnte.[100]

99 Vgl. Gottfried Benn: Roman des Phänotyp. In: G.B.: Prosa und Autobiographie in der Fassung der Erstdrucke. Hg.v. B. Hillebrand. Ffm., 1984.

100 Reinhard Heinrich; Erich Simon: Etemenanki. In: Zeitreisen. Utopische Erzählungen. Hg.v. G. Zschocke. Halle, Lpz. 1986. S. 5. (Hervorhebungen im Original).

V. Anhang

1. Literaturverzeichnis

Behandelte Primärtexte

Die mit einem Stern (*) versehenen Titel werden zitiert nach: In Deutschland unterwegs. Reportagen, Skizzen, Berichte 1945–1948. Hg.v. Klaus R. Scherpe. Stuttgart, 1982. (Reclams Universal-Bibliothek, 7858).

Aichinger, Ilse: Die größere Hoffnung. Amsterdam, 1948.

Andersch, Alfred: Jahre in Zügen. Ein Bericht. In: Der Ruf. (1946/47) Nr. 2. S. 9–11. * S. 72–84.

ders.: Der richtige Nährboden für die Demokratie. Bericht von einer Reise in den deutschen Westen. In: Der Ruf. Eine deutsche Nachkriegszeitschrift. Hg.v. H. Schwab-Felisch. München, 1962. S. 272ff.

ders.: Die Rote. Roman. Neue Fassung. Zürich, 1972.

Becker, Jürgen: Erzählen bis Ostende. Frankfurt am Main., 1981.

Benjamin, Walter: Das Passagen-Werk. Hg.v. R. Tiedemann. 2 Bde. Frankfurt am Main, 1983.

Benn, Gottfried: Prosa und Autobiographie in der Fassung der Erstdrucke. Hg.v. B. Hillebrand. Frankfurt am Main, 1984.

Bichsel, Peter: Kindergeschichten. Neuwied, Bln., 1969.

ders: Der Busant. Von Trinkern, Polizisten und der schönen Magelone. Darmstadt, 1985.

Böll, Heinrich: Werke. Hg.v. Bernd Balzer. Köln, o.J.

Borchert, Wolfgang: Das Gesamtwerk. Mit einem biographischen Nachwort von B. Meyer-Marwitz. Hamburg, 1949.

Brecht, Bertolt: Gesammelte Werke in 20 Bänden. (Werkausgabe). Frankfurt am Main, 1967.

Brücher, Ernst: „Wenn sie etwas sagten, sprachen sie von der Arbeit“. Ein Reisebericht aus der Ostzone. In: Der Ruf. (1946/47). Nr. 13. S. 6f. * S. 172–184.

Calvino, Italo: Wenn ein Reisender in einer Winternacht. Aus dem Italienischen von B. Kroeber. München, Wien, 1983.

Carossa, Hans: Sämtliche Werke. Bd. I. Frankfurt am Main, 1962.

Döblin, Alfred: November 1918. Eine deutsche Revolution. Erzählwerk in drei Teilen. (Ausgewählte Werke in Einzelbänden). Olten, Freiburg, 1991.

ders.: Schicksalsreise. Bericht und Bekenntnis. (Ausgewählte Werke in Einzelbänden). Solothurn, Düsseldorf, 1993.

Dönhoff, Marion Gräfin: Menschen im Abteil. In: Die Zeit. Hamburg, 18.9.1947. * S. 105–107.

Dürrenmatt, Friedrich: Der Hund. Der Tunnel. Die Panne. (= Werkausgabe in dreißig Bänden, Bd. XX). Zürich, 1980.

Drews, Richard: Der andere Kopf. In: Tausend Gramm. Hg.v. W. Weyrauch. Reinbek, 1989. S. 123–125.

Eich, Günter: Gesammelte Werke in vier Bänden. Rev. Ausg. Frankfurt am Main, 1991.

Eichendorff, Joseph: Werke. Bd. I: Gedichte, Versepen, Dramen, Autobiographisches. München, 1970.

Elten, J.A.: Zwischen Bahnhof und Messe. Hannover. In: Der Ruf. (1947). Nr. 22. S. 12. * S. 84–86.

Enzensberger, Hans Magnus: Ankündigung einer neuen Zeitschrift. In: Kursbuch. Hg.v. H.M. E. Bd. I: Kursbuch 1–10. 1965–1967. Frankfurt am Main, (o.J.).

ders.: Die Gedichte. Frankfurt am Main, 1983.

Europa in Trümmern. Augenzeugenberichte 1944–1948. Ges. v. H.M. Enzensberger. Frankfurt am Main, 1990. (Die andere Bibliothek).

Fischer, Kurt Joachim: US-Zone 1947. In: Die Stunde Eins. Erzählungen, Reportagen, Essays aus der Nachkriegszeit. Hg. v. B. Schmidt u. H. Schwenger. München, 1982. S. 57–88.

Fontane, Theodor: Sämtliche Werke. Hg.v. W. Keitl. Darmstadt, 1963.

Fried, Erich: Befreiung von der Flucht. Gedichte und Gegengedichte. Erweiterte Neuauflage. Düsseldorf, 1983.

Frisch, Max: Gesammelte Werke in zeitlicher Folge. 6 Bände. Hg.v. H. Mayer unter Mitwirkung von W. Schmitz. Frankfurt am Main, 1976.

G. (Verfasserkürzel): Im Westen viel Neues. Interview mit dem Mann auf der Straße. In: Sie. Berlin, 29.9. und 6.10.1946. * S. 127–135.

Geibel, Emanuel: Werke in acht Bänden. Stuttgart, ^{2}1888.

Goethe, Johann Wolfgang: Gedichte 1756–1799. Hg.v. K. Eibl. (Sämtliche Werke, Bd. I). Frankfurt am Main, 1987.

Grass, Günter: Werkausgabe in zehn Bänden. Hg.v. V. Neuhaus. Darmstadt, Neuwied, 1987.

Grass, Günter: Schreiben nach Auschwitz. Frankfurter Poetik-Vorlesung. Frankfurt am Main, 1990.

Grubbe, Peter: Kinder zwischen den Mühlsteinen der Zeit. In: Süddeutsche Zeitung. 26.3.1946. * S. 87–90.

ders.: Eine Frau. Roman. Darmstadt, Neuwied, 1974.

Handke, Peter: Die Innenwelt der Außenwelt der Innenwelt. Frankfurt am Main, 1972.

Haushofer, Marlen: Schreckliche Treue. Erzählungen. München, 1990.

Heine, Heinrich: Sämtliche Schriften. Hg.v. K. Briegleb. Bd. IV. Darmstadt, 1971.

Heinrich, Reinhard; Simon, Erich: Etemenanki. In: Zeitreisen. Utopische Erzählungen. Hg.v. G. Zschocke. Halle, Leipzig, 1986. S. 5ff.

Heißenbüttel, Helmut: Projekt Nr. 1. D'Alemberts Ende. Neuwied, Berlin, 1970.

Heym, Stefan: Wege und Umwege. Streitbare Schriften aus fünf Jahrzehnten. Hg.v. P. Mallwitz. Frankfurt am Main, 1983.

Hilbig, Wolfgang: Grünes grünes Grab. Erzählungen. Frankfurt am Main, 1993.

Hildesheimer, Wolfgang: Tynset. Frankfurt am Main, 1965.

ders.: Lieblose Legenden. Ffrankfurt am Main, 1983.

Hochhuth, Rolf: Der Stellvertreter. Schauspiel. Mit einem Vorwort von E. Piscator. Hamburg, 1984.

Johansen, Hanna: Die stehende Uhr. Roman. München, Wien, 1978.

dies.: Zurück nach Oraibi. Roman. Zürich, 1986.

dies.: Ein Mann vor der Tür. Roman. München, Wien, 1988.

Johnson, Uwe: Mutmaßungen über Jakob. Roman. Frankfurt am Main, 1960.

Kästner, Erich: Das fliegende Klassenzimmer. In: Gesammelte Schriften. Bd. VII: Romane für Kinder. Köln, 1959. S. 7–119.

ders.: Gesammelte Schriften. Bd. V: Vermischte Beiträge. Köln, 1959.

ders.: ... und dann fuhr ich nach Dresden. In: Die Neue Zeitung. München, 30.9.1946. *251–257.

Kafka, Franz: Hochzeitsvorbereitungen auf dem Lande und andere Prosa aus dem Nachlaß. (Gesammelte Werke. Hg.v. M. Brod). Frankfurt am Main, 1989.

Kasack, Hermann: Die Stadt hinter dem Strom. Frankfurt am Main, 1947.

Kasack, Hermann; Nossack, Hans Erich: Correspondance (1945–1949). Présentée par H. Giraud. In: Recherches Germaniques 2, 1972. S. 204–250.

Kaschnitz, Marie Luise: Tagebuch 1945. In: M.L. K.: Gesammelte Werke. Hg.v. Chr. Büttrich u. N. Miller. Bd. VII: Die essayistische Prosa. Frankfurt am Main, 1989. S. 420ff.

dies.: Orte. Aufzeichnungen. Frankfurt am Main, 1973.

Köpf, Gerhard: Schwellengang. Prosa. Weingarten, 1984.

ders.: Die Strecke. Roman. Frankfurt am Main, 1985.

Koeppen, Wolfgang: Tauben im Gras. Das Treibhaus. Der Tod in Rom. Drei Romane. Frankfurt am Main, 1986.

Kolbenhoff, Walter: Heimkehr in die Fremde. Roman. München, 1949.

Korn, Karl: Trip nach München. In: Der Kurier. Berlin., 30.9.1947. * S. 257–261.

Kronauer, Brigitte: Hin- und herbrausende Züge. Stuttgart, 1993.

Kunert, Günter: Kramen in Fächern. o.O.u.J.

ders.: Im toten Winkel. Ein Hausbuch. München, Wien, 1992.

Kusenberg, Kurt: Gesammelte Erzählungen. Reinbek, 1969.

Lander, Jeanette: Die Töchter. Frankfurt am Main, 1976.

Langgässer, Elisabeth: Erzählungen. Hamburg, 1964.

Lenz, Hermann: Tagebuch vom Überleben und Leben. Roman. Frankfurt am Main, 1978.

Lenz, Siegfried: Deutschstunde. Roman. Hamburg, 1974.

Lettau, Reinhart: Schwierigkeiten beim Häuserbauen. München, 1962.

ders.: Zerstreutes Hinausschaun. Vom Schreiben über Vorgänge in direkter Nähe oder in Entfernung von Schreibtischen. München, Wien, 1980.

Lind, Jakov: Eine Seele aus Holz. Neuwied, Berlin, 1962.

Loehning, Kurt: Unsentimentale Reise durch Deutschland I. In: Neubau 1 (1946/47). H. 12. S. 678–684. * S. 108–113 (Auszüge).

Mann, Thomas: Gesammelte Werke in dreizehn Bänden. Frankfurt am Main, 1960.

Menschen und Schicksale. Dies war mein Leben. Interview mit einer „politischen Frau". Vorspann. In: Die Welt. Hamburg., 2.4.1946.

Mey, Reinhard: Die Eisenbahnballade. In: Balladen. Berlin, 1988.

Nadolny, Sten: Netzkarte. München., 1981.

Nonnenmann, Klaus: Vertraulicher Geschäftsbericht. Olten, Freiburg, 1961.

ders.: Teddy Flesh. Roman. Frankfurt am Main, 1988.

Richter, Hans Werner: „Wo sollen wir landen, wo treiben wir hin...". Skizzen von einer Reise in die östliche Zone. In: Der Ruf (1946/47) Nr. 1/2. S. 6. * S. 185–200.

ders.: Unterhaltungen am Schienenstrang. In: Der Ruf. (1946). Nr. 4. S. 6f. * S. 96–100.

ders.: Die Geschlagenen. München, 1949.

ders.: Deutsche Kommentare. Der totale Friede. In: Der Ruf. Eine deutsche Nachkriegszeitschrift. Hg.v. H. Schwab-Felisch. München, 1962. S. 170–174.

ders.: Bruchstücke der Erinnerung. In: Literaturmagazin 7. Nachkriegsliteratur. Hg.v. N. Born u. J. Manthey. Reinbek, 1977. S. 134–138.

ders.: Linus Fleck. Ein satirischer Roman. Nachwort 1978. München, 1978.

Rosin, Hildegard: Führt noch ein Weg zurück? Als der Krieg vorbei war noch drei Jahre in Königsberg. Leer, 1983. (Stunde Null und danach, Bd. II).

Saint-Exupery, Antoine de: Der kleine Prinz. Mit Zeichnungen des Verfassers. Ins Deutsch übertragen v. G. u. J. Leitgeb. Düsseldorf, 1956.

Scheer, Maximilian: An Rhein und Ruhr. In: Ost und West 2. (1948). H. 2. S. 26ff. * S. 201–220.

Schuh, Johannes: Die Schwalben überm Bett. In: Tausend Gramm. Hg.v. W. Weyrauch. Reinbek, 1989. S. 67–69.

Seghers, Anna: Das siebte Kreuz. Roman. Berlin, 1946.

Stelly, Werner: Die da, mit den grauen Haaren. In: Tausend Gramm. Hg.v. W. Weyrauch Reinbek, 1989. S. 103–107.

Sternberger, Dolf: Reise in Deutschland – Sommer 1947. In: Die Wandlung 1 (1945/46). S. 7–13 und 99–102. * S. 153–165.

ders.: Tagebuch – Wieder auf einem Bahnhof. In: Die Wandlung 1. (1945/46). S. 14–17. * S. 101–104.

ders.: Gefühl der Fremde. Frankfurt am Main, 1958.

Walser, Martin: Lügengeschichten. Frankfurt am Main, 1964.

ders.: Erfahrungen und Leseerfahrungen. Frankfurt am Main, 1965.

ders.: Heimatkunde. Aufsätze und Reden. Frankfurt am Main, 1968.

ders.: Über Deutschland reden. Frankfurt am Main, 1989.

ders.: Die Verteidigung der Kindheit. Roman. Frankfurt am Main, 1991.

Weiss, Peter: Die Ermittlung. Oratorium in elf Gesängen. Frankfurt am Main, 1965.

ders.: Rapporte. Frankfurt am Main, 1968.

Wendulin: Äpfel und Ministerialräte. Ein Reisebericht. In: Der Ruf. (1947). Nr. 20. S. 4. * S. 91–95.

Weyrauch, Wolfgang: Die Irrtümer. In: Ich sah aus Deutschlands Asche keinen Phönix steigen. Rückkehr und Hoffnung in poetischen Zeugnissen. Hg.v. B. Jentzsch. München, 1979. S. 19.

Benutzte Fachliteratur

Adorno, Theodor W.: Prismen. In: Gesammelte Schriften. Hg.v. R. Tiedemann. Bd. X,1: Kulturkritik und Gesellschaft. Prismen, Ohne Leitbild. Frankfurt am Main, 1977.

ders.: Minima Moralia. Reflexionen aus dem beschädigten Leben. (Gesammelte Schriften. Hg.v. R. Tiedemann. Bd. IV.) Frankfurt am Main, 1980.

Alewyn, Richard: Probleme und Gestalten. Essays. Frankfurt am Main, 1974.

Andersch, Alfred: Das Unbehagen in der Politik. In: Frankfurter Hefte 2, 1947. S. 915ff.

Bachelard, Gaston: Poetik des Raumes. Aus dem Französischen übertragen v. K. Leonhard. München, 1960. (Literatur als Kunst).

Bahr, Hans-Dieter: Über den Umgang mit Maschinen. Tübingen, 1983.

Balzer, Bernd: Heinrich Bölls Werke: Anarchie und Zärtlichkeit. Vorwort zu: Werke. Romane und Erzählungen I. Hg.v. B.B. Köln, (o.J.). S.

Barthes, Roland: Mythen des Alltags. Deutsch v. H. Scheffel. Frankfurt am Main, 1964.

Bennholdt-Thomsen, Anke: Die Bedeutung des Ortes für das literarische Geschichtsbewußtsein. In: Geschichte als Literatur. Formen und Grenzen der Repräsentation von Vergangenheit. Hg.v. H. Eggert, U. Profitlich u. K.R. Scherpe. Stuttgart, 1990.

Bie, Oskar: Fahrrad-Ästhetik. In: Theorie des literarischen Jugendstils. Hg.v. J. Mathes. Stuttgart, 1984. S. 65–68.

Bierbaum, Otto Julius: Eine empfindsame Reise im Automobil. Von Berlin nach Sorrent und zurück an den Rhein. München, 1903.

Bloch, Ernst: Gesammelte Werke. Bd. IV: Erbschaft dieser Zeit. Erweiterte Ausg. Frankfurt am Main, 1962.

Brenner, Peter J.: Die Erfahrung der Fremde. Zur Entwicklung einer Wahrnehmungsform in der Geschichte des Reiseberichts. In: Der Reisebericht. Die Entwicklung einer Gattung in der deutschen Literatur. Hg.v. P.B. Frankfurt am Main, 1989. S. 14–49.

Brode, Hanspeter: Die Zeitgeschichte im erzählenden Werk von Günter Grass. Versuch einer Deutung der Blechtrommel und der Danziger Trilogie. Frankfurt am Main, 1977. (Regensburger Beiträge zur deutschen Sprach- und Literaturwissenschaft, Bd. 11)

Canetti, Elias: Masse und Macht. Hamburg, 1960.

Curtius, Ernst Robert: Europäische Literatur und lateinisches Mittelalter. Bern, ^{6}1967.

Deutschland zwischen Krieg und Frieden in Berichten, Dokumenten, Bildern. Hg.v. K.-J. Ruhl. Darmstadt und Neuwied, 1984.

Domin, Hilde: Aber die Hoffnung. Autobiographisches über Deutschland. München, Zürich, 1982.

Dreitzel, Hans Peter: Der Körper als Medium der Kommunikation. In: Der Mensch und sein Körper. Von der Antike bis heute. Hg.v. A.E. Imhof. München, 1983. S. 179–195.

Drews, Axel; Gerhard, Ute; Link, Jürgen: Moderne Kollektivsymbolik. Eine diskurstheoretisch orientierte Einführung mit Auswahlbibliographie. In: Internationales Archiv für Sozialgeschichte der deutschen Literatur. Sonderheft Forschungsreferate 1985. S. 256–375.

Dücker, Burkhard: Peter Härtling. München, 1983.

Durzak, Manfred: Der deutsche Roman der Gegenwart. Entwicklungsvoraussetzungen und Tendenzen. 3. erweiterte u. ergänzte Auflage Stuttgart u.a., 1979. (Sprache und Literatur, 70).

Die Eisenbahn. Gedichte, Prosa, Bilder. Hg.v. W. Minaty. Frankfurt am Main, 1984.

Eisenbahnlyrik. Lieder und Balladen aus dem Reich der Schienen. Hg.v. L. Denecke u. W. Brügmann. Leipzig, 1905.

Das eiserne Leben. Eine Sammlung von Eisenbahngedichten aus den Werken deutscher Dichter. Hg.v. F. Swoboda. Heilbronn, 1926.

Elias, Norbert: Über die Zeit. (= Arbeiten zur Wissenssoziologie II). Hg.v. M. Schröter. Aus dem Englischen übers. v. H. Fliessbach u. M. Schröter. Frankfurt am Main, 1984.

Enzensberger, Hans Magnus: Eine Theorie des Tourismus. In: H.M. E.: Einzelheiten I. Bewußtseins-Industrie. Frankfurt am Main, 1979. S. 179–205.

Eschenburg, Theodor: Jahre der Besatzung 1945–1949. Stuttgart, 1983.

Frank, Manfred: Die unendliche Fahrt. Ein Motiv und sein Text. Frankfurt am Main, 1979.

Freud, Sigmund: Gesammelte Werke. 23 Bände. London, 1940ff.

Frühsorge, Gotthardt: Fenster: Augenblicke der Aufklärung über Leben und Arbeit. Zur Funktionsgeschichte eines literarischen Motivs. In: Euphorion 77, 1983. S. 346–358.

Giersch, Ulrich: Der gemessene Schritt als Sinn des Körpers. Gehkünste und Kunstgänge. In: Das Schwinden der Sinne. Hg.v. D. Kamper u. Chr. Wulf. Frankfurt am Main, 1984. S. 261–275.

Glaser, Hermann: Kulturgeschichte der Bundesrepublik Deutschland. Bd. I: Zwischen Kapitulation und Währungsreform 1945–1948. München, Wien, 1985.

Glaser, Hermann; Pufendorf, Lutz von; Schöneich, Michael: So viel Anfang war nie. Deutsche Städte 1945–1949. Berlin, 1989.

Grimm, Reinhold: Romane des Phänotyp. In: Positionen des Erzählens. Analysen und Theorien zur deutschen Gegenwartsliteratur. Hg.v. H.L. Arnold u. Th. Buck. München, 1976. S. 15–29.

Habermas, Jürgen: Der philosophische Diskurs der Moderne. Zwölf Vorlesungen. Frankfurt am Main, 1985.

Hage, Volker: Max Frisch in Selbstzeugnissen und Bilddokumenten dargestellt. Reinbek, 1983.

Hart Nibbrig, Christiaan L.: Die Auferstehung des Körpers im Text. Frankfurt am Main, 1985.

Hegel, Georg Wilhelm Friedrich: Ästhetik. 2 Bde. Hg.v. F. Bassenge. Mit einer Einführung von G. Lukacs. 2. Aufl. Frankfurt am Main, (o.J.).

Hempel, Eberhard: Ruinenschönheit. In: Zeitschrift für Kunst. Jg. 2 (1948). S. 76ff.

Hermand, Jost: Kultur im Wiederaufbau. Die Bundesrepublik Deutschland 1945–1965. München, 1986.

Hilberg, Raul: Sonderzüge nach Auschwitz. Vorwort von A. Rückerl. Mainz, 1983. (Dokumente zur Eisenbahngeschichte, XVIII)

ders.: Die Vernichtung der europäischen Juden. 3 Bde. Aus dem Amerikanischen von Chr. Seeger u.a. Frankfurt am Main, 1990.

Hillrichs, Hans Helmut: Der Dichter und die Eisenbahnen. Annäherung an Wolfgang Hildesheimer. In: Wolfgang Hildesheimer: Ich werde nun schweigen. Gespräch mit H.H.H. in der Reihe „Zeugen des Jahrhunderts". Hg. v. I. Hermann. Göttingen, 1993.

Hocke, Gustav R.: Deutsche Kaligraphie oder Glanz und Elend der modernen Literatur. In: Der Ruf. Unabhängige Blätter für die junge Generation. Eine Auswahl. Hg.v. Hans A. Neunzig. München, 1976. S. 168–173.

Holthusen, Hans Egon: Der unbehauste Mensch. Motive und Probleme der modernen Literatur. München, 1951.

Horkheimer, Max; Adorno, Theodor W.: Dialektik der Aufklärung. Philosophische Fragmente. (= Adorno, Theodor W.: Gesammelte Schriften. Hg.v. R. Tiedemann. Bd. III.) Frankfurt am Main, 1981.

Hüppauf, Bernd (Hrsg.): „Die Mühen der Ebenen". Kontinuität und Wandel in der deutschen Literatur und Gesellschaft 1945–49. Heidelberg, 1981.

Husemann, Friedrich W.: Beredte Zeugen von Jubel und Jammer. In: Deutsches Allgemeines Sonntagsblatt. Nr. 26. Hamburg, 28.06.91. S. 32.

Ich sah aus Deutschlands Asche keinen Phönix steigen. Rückkehr und Hoffnung in poetischen Zeugnissen. Hg.v. B. Jentzsch. München, 1979.

Jäckel, Eberhard: Geschichtliche Grundlagen der BRD. In: Theodor Eschenburg: Jahre der Besatzung 1945–1949. (= Geschichte der BRD, Bd. I). Stuttgart, Wiesbaden, 1983. S.

Jauß, Hans Robert: Studien zum Epochenwandel der ästhetischen Moderne. Frankfurt am Main, 1989.

Kamper, D; Wulf, Chr. (Hrsg.): Die Wiederkehr des Körpers. Frankfurt am Main, 1982.

Koopmann, Helmut: Nullpunkt und Kontinuität des Ich im deutschen Roman der Nachkriegszeit. In: Literatur und Medien in Wissenschaft und Unterricht. Hg.v. W. Seifert. Köln, 1987. S. 27–36.

Koselleck, Reinhart: Vergangene Zukunft. Zur Semantik geschichtlicher Zeiten. Frankfurt am Main, 1979.

Krause, Markus: Poesie & Maschine. Die Technik in der deutschsprachigen Literatur. Köln, 1989.

Kurzke, Hermann: Strukturen der „Trauerarbeit" in der deutschen Literatur nach 1945. In: Literatur für Leser. 1983. S. 234–243.

Landschaft und Raum in der Erzählkunst. Hg.v. A. Ritter. Darmstadt, 1975. (Wege der Forschung, Bd. 148)

Lippe, Rudolf zur: Der Sinn der Sinne. „Der Körper" – eine Fiktion. In: Das Schwinden der Sinne. Hg. v. D. Kamper u. Chr. Wulf. Frankfurt am Main, 1984. S. 298–328.

Literaturmagazin 7. Nachkriegsliteratur. Hg.v. Nicolas Born und Jürgen Manthey. Reinbek, 1977.

Lobsien, Eckhard: Landschaft in Texten. Zu Geschichte und Phänomenologie der literarischen Beschreibung. Stuttgart, 1981. (Studien zur allgemeinen und vergleichenden Literaturwissenschaft, XXIII).

Lützeler, Heinrich: Die Eisenbahn in der Malerei. Bonn, 1971.

Lukács, Georg: Die Theorie des Romans. Ein geschichtsphilosophischer Versuch über die Formen der großen Epik. Darmstadt, Neuwied, 1971.

Märki, Peter: Günter Eichs Hörspielkunst. Frankfurt am Main, 1974. (Studien zur Germanistik, Studienreihe Humanitas).

Mahr, Johannes: Eisenbahnen in der deutschen Dichtung. Der Wandel eines literarischen Motivs im 19. und im beginnenden 20. Jahrhundert. München, 1982.

ders.: „Tausend Eisenbahnen hasten ... Um Mich. Ich nur bin die Mitte!". Eisenbahngedichte aus der Zeit des deutschen Kaiserreiches. In: Technik in der deutschen Literatur. Hg.v. H. Segeberg. Frankfurt am Main, 1987. S. 132–173.

Mann, Golo: Deutsche Geschichte des XX. Jahrhunderts. Frankfurt am Main u.a., 1966.

Massarrat, Mohssen: Der Golfkrieg. Historische, politische, ökonomische und kulturelle Hintergründe. In: Nachgedanken zum Golfkrieg. Hg.v. G. Stein. Heidelberg, 1991. S. 22–57.

Mattenklott, Gert: Der übersinnliche Leib. Beiträge zu einer Metaphysik des Körpers. Reinbek, 1982.

Mayer, Hans: Das Geschehen und das Schweigen. Aspekte der Literatur. Frankfurt am Main, 1969.

Mayer, Hans: Die umerzogene Literatur. Deutsche Schriftsteller und Bücher. Bd. I: 1945–1967. Berlin, 1988.

Menninghaus, Winfried: Schwellenkunde. Walter Benjamins Passage des Mythos. Frankfurt am Main, 1986.

Meyer, Herman: Raumgestaltung und Raumsymbolik in der Erzählkunst. In: Landschaft und Raum in der Erzählkunst. Hg.v. A. Ritter. Darmstadt, 1975. (Wege der Forschung, Bd. 148). S. 208–231.

Mitscherlich, Alexander und Margarete: Die Unfähigkeit zu trauern. Grundlagen kollektiven Verhaltens. München, 1969.

Neuber, Wolfgang: Zur Gattungspoetik des Reiseberichts. Skizze einer historischen Grundlegung im Horizont von Rhetorik und Topik. In: Der Reisebericht. Die Entwicklung einer Gattung in der deutschen Literatur. Hg.v. P. Brenner. Frankfurt am Main, 1989. S. 50–67.

Pross, Harry: Dialektik der Restauration. Frankfurt am Main, 1965.

Rademacher, Gerhard: Das Technik-Motiv in der deutschen Literatur und seine didaktische Relevanz. Am Beispiel des Eisenbahngedichtes im 19. und 20. Jahrhundert. Bern, 1981. (Europäische Hochschulschriften, Reihe 1, Bd. 425).

Raulff, Ulrich: Ortstermine. Literatur über kollektives Gedächtnis und Geschichte. In: Merkur. Deutsche Zeitschrift für europäisches Denken 43, 489, 1989. S. 1012–1018.

Reichel, Norbert: Der erzählte Raum. Zur Verflechtung von sozialem und poetischem Raum in erzählender Literatur. Darmstadt, 1987. (Impulse der Forschung, Bd. 52).

Richter, Hans Werner: Zwischen Freiheit und Quarantäne. Eine Einführung. In: Bestandsaufnahme. Eine deutsche Bilanz 1962. Hg.v. H.W. R. München, Wien, Basel, 1962. S. 11–25.

ders.: Wie entstand und was war die Gruppe 47. In: Hans Werner Richter und die Gruppe 47. Hg.v. H.A. Neunzig. München, 1979. S. 41–176.

Rothenberg, Jürgen: Günter Grass. Das Chaos in verbesserter Ausführung. Zeitgeschichte als Thema und Aufgabe des Prosawerks. Heidelberg, 1976. (Beiträge zur neueren Literaturgeschichte, 3. Folge; Bd. 27)

Rühmkorf, Peter: Wolfgang Borchert, in Selbstzeugnissen und Bilddokumenten dargestellt. Reinbek, 1961.

ders.: Das lyrische Weltbild der Nachkriegsdeutschen. In: Bestandsaufnahme. Eine deutsche Bilanz 1962. Hg.v. H.W. Richter. München, Wien, Basel, 1962. S. 447–476.

ders.: Über das Fressen und die Moral. (Bemerkungen zu einem Leitmotiv bei Wolfgang Borchert). In: Literaturmagazin 7. Nachkriegsliteratur. Hg.v. N. Born und J. Manthey. Reinbek, 1977. S. 287–295.

Der Ruf. Unabhängige Blätter für die junge Generation. Eine Auswahl. Hg. v. Hans A. Neunzig. München, 1976.

Sachs, Wolfgang: Die Liebe zum Automobil. Ein Rückblick in die Geschichte unserer Wünsche. Reinbek, 1984.

Schafroth, Heinz F.: Günter Eich. München, 1976. (Autorenbücher, Bd. 1)

Scheer, Maximilian: Das deutsche Volk klagt an. Hitlers Krieg gegen die Friedenskämpfer in Deutschland. 1936.

Scherpe, Klaus R.: Erzwungener Alltag. Wahrgenommene und gedachte Wirklichkeit in der Reportageliteratur der Nachkriegszeit. In: Hermand, Jost; Peitsch, Helmut; Scherpe, Klaus R.: Nachkriegsliteratur in Westdeutschland 1945–1949. Schreibweisen, Gattungen, Institutionen. Berlin, 1982. (Argument-Sonderband 83). S. 35–102.

ders.: „Beziehung" und nicht „Ableitung". Methodische Überlegungen zu einer Literaturgeschichte im sozialen Zusammenhang (am Beispiel der Nachkriegsliteratur). In: Argument 25, 1983. S. 10–19.

ders.: Bilder des „Zusammenbruchs" und der „Befreiung" in der Literatur der unmittelbaren Nachkriegszeit. In: Zusammenbruch oder Befreiung. Zur Aktualität des 8. Mai 1945. Eine Berliner Universitätsvorlesung. Hg.v. G. Albrecht u.a. Berlin, 1989. S. 140–153.

Severin, Rüdiger: Spuren des Flaneurs in deutschsprachiger Prosa. Frankfurt am Main u.a., 1988. (Bochumer Schriften zur deutschen Literatur, Bd. 6).

Schivelbusch, Wolfgang: Geschichte der Eisenbahnreise. Zur Industrialisierung von Raum und Zeit im 19. Jahrhundert. München, Wien, (1977). (Hanser Anthropologie).

Schlaffer, Heinz: Denkbilder. Eine kleine Prosaform zwischen Dichtung und Gesellschaftstheorie. In: Die Parabel. Parabolische Formen in der deutschen Dichtung des 20. Jahrhunderts. Hg.v. Th. Elm u. H.H. Hiebel. Frankfurt am Main, 1986. S. 174–194.

Schlösser, Hermann: Reiseformen des Geschriebenen. Selbsterfahrung und Weltdarstellung in den Reisebüchern Wolfgang Koeppens, Rolf Dieter Brinkmanns und Hubert Fichtes. Wien u.a., 1987. (Literatur und Leben. N.F.; Bd. 34)

Schlüter, Henning: Das volle Ausmaß der Erniedrigung. In Frankfurter Allgemeine Zeitung, 6.12.1993 (Beilage *Bilder und Zeiten*)

Schröter, Klaus: Heinrich Böll in Selbstzeugnissen und Dokumenten dargestellt. Reinbek, 1982.

Schwab-Felisch, Hans (Hrsg.): Der Ruf. Eine deutsche Nachkriegszeitschrift. München, 1962.

Smuda, Manfred: Natur als ästhetischer Gegenstand und Gegenstand der Ästhetik. Zur Konstitution von Landschaft. In: Landschaft. Hg.v. M.S. Frankfurt am Main, 1986. S. 44–69.

Spengler, Oswald: Der Untergang des Abendlandes. Umriß einer Morphologie der Weltgeschichte. 2 Bände. München, 1960.

Sternberger, Dolf: Panorama oder Ansichten vom 19. Jahrhundert. Hamburg, 1955.

ders.: Gefühl der Fremde. Frankfurt am Main, 1958.

ders.: Kriterien. Ein Lesebuch. Frankfurt am Main, 1965.

Sternberger, Dolf; Storz, Gerhard, Süskind, W.E.: Aus dem Wörterbuch des Unmenschen. Hamburg, 1957.

Tausend Gramm. Ein deutsches Bekenntnis in dreißig Geschichten aus dem Jahr 1949. Hg.v. W. Weyrauch Überarb. u. erw. Neuausg. Reinbek, 1978.

Terror und Spiel. Probleme der Mythenrezeption. Hg.v. M. Fuhrmann. München, 1971. (Poetik und Hermeneutik, Bd. IV).

Theweleit, Klaus: Männerphantasien. 2 Bände. Frankfurt am Main, 1977.

Thränhardt, Dietrich: Geschichte der Bundesrepublik Deutschland. Frankfurt am Main, 1986. (Neue historische Bibliothek).

Tiedemann, Rolf: Einleitung des Herausgebers. In: Walter Benjamin: Das Passagen-Werk. Hg.v. R.T. Bd. I. Frankfurt am Main, 1983. S. 11–41.

Trees, Wolfgang u.a.: Stunde Null in Deutschland. Die westlichen Besatzungszonen 1945–1948. Ein Bild/Text-Band. Bindlach, 1989.

Trommler, Frank: Der Nullpunkt 1945 und seine Verbindlichkeit für die Literaturgeschichte. In: Basis. Jahrbuch für deutsche Gegenwartsliteratur. Hg.v. R. Grimm u. J. Hermand. Bd. I. Frankfurt am Main, (1970). S. 9–25.

ders.: Realismus in der Prosa. In: Tendenzen der deutschen Literatur seit 1945. Hg.v. Th. Koebner. Stuttgart, 1971. S. 179–275.

Vaterland, Muttersprache. Deutsche Schriftsteller und ihr Staat seit 1945. Ein Nachlesebuch für die Oberstufe. Berlin, 1979.

verboten und verbrannt. Deutsche Literatur 12 Jahre unterdrückt. Hg.v. R. Drews u. A. Kantorowicz. Neu hg. mit einem Vorwort v. H. Kindler u. einem Nachwort v. W. Jens. München, 1983.

Vormweg, Heinrich: Deutsche Literatur 1945–1960. Keine Stunde Null. In: Deutsche Gegenwartsliteratur. Hg.v. M. Durzak. Stuttgart, 1981. S. 14–31.

ders.: Günter Grass mit Selbstzeugnissen und Bilddokumenten dargestellt. Reinbek, 1986.

Waldenfels, Bernhard: Gänge durch die Landschaft. In: Landschaft. Hg.v. M. Smuda. Frankfurt am Main, 1986. S. 29–43.

Wehdeking, Volker: Der Nullpunkt. Über die Konstituierung der deutschen Nachkriegsliteratur (1945–1948) in den amerikanischen Kriegsgefangenenlagern. Stuttgart, 1971.

Wehdeking, Volker; Blamberger, Günter: Erzählliteratur der frühen Nachkriegszeit (1945–1952). München, 1990.

Westdeutschlands Weg zur Bundesrepublik 1945.1949. Beiträge von Mitarbeitern des Instituts für Zeitgeschichte. München, 1976.

Wichert, Adalbert: Alfred Döblins historisches Denken. Zur Poetik des modernen Geschichtsromans. Mit einem Geleitwort von Walter Müller-Seidel. Stuttgart, 1978. (Germanistische Abhandlungen, 48).

Widmer, Urs: 1945 oder die „Neue Sprache“. Studien zur Prosa der „Jungen Generation“. Düsseldorf, 1966.

Wittgenstein, Ludwig: Tractatus logico-philosphicus. Frankfurt am Main, 1963.

Wölfflin, Heinrich: Kunstgeschichtliche Grundbegriffe. Das Problem der Stilentwicklung in der neueren Kunst. Basel, Stuttgart, 1984.

Wuthenow, Ralph-Rainer: Die erfahrene Welt. Europäische Reiseliteratur im Zeitalter der Aufklärung. Mit zeitgenössischen Illustrationen. Frankfurt am Main, 1980.

Zeitgeschehen 1900–1970 in deutschsprachiger Literatur. London, 1975.

Zeitgestaltung in der Erzählkunst. Hg.v. A. Ritter. Darmstadt, 1978. (Wege der Forschung, Bd. 447).

Zürcher, Gustav: „Trümmerlyrik“. Politische Lyrik 1945–1950. Kronberg, 1977. (Monographien Literaturwissenschaft, Bd. 35).

Zug der Zeit – Zeit der Züge. Deutsche Eisenbahn 1835–1985. 2 Bde. Bln., 1985.

Zur literarischen Situation 1945–1949. Hg.v. G. Hay. Kronberg, 1977.

2. Autorenregister

GPSR Compliance

The European Union's (EU) General Product Safety Regulation (GPSR) is a set of rules that requires consumer products to be safe and our obligations to ensure this.

If you have any concerns about our products, you can contact us on ProductSafety@springernature.com

In case Publisher is established outside the EU, the EU authorized representative is:

Springer Nature Customer Service Center GmbH
Europaplatz 3
69115 Heidelberg, Germany

Batch number: 10578186

Printed by Printforce, the Netherlands